广西审判实务与探索

执行异议之诉专辑

2022年　第2辑　总第24辑

卢上需／主编

GUANGXI JUDICIARY
PRACTICE AND STUDIES

法律出版社
LAW PRESS·CHINA
北京

图书在版编目(CIP)数据

广西审判实务与探索. 2022年. 第2辑 : 总第24辑 / 卢上需主编. -- 北京 : 法律出版社, 2022
ISBN 978-7-5197-7502-5

Ⅰ. ①广… Ⅱ. ①卢… Ⅲ. ①法院-审判-工作-研究-广西 Ⅳ. ①D926.22

中国国家版本馆CIP数据核字(2023)第011194号

广西审判实务与探索(2022年第2辑)(总第24辑)
GUANGXI SHENPAN SHIWU YU TANSUO
(2022 NIAN DI 2 JI)(ZONG DI-24 JI)

卢上需 主编

责任编辑 章 雯 慕雪丹
装帧设计 汪奇峰

出版发行 法律出版社
编辑统筹 法商出版分社
责任校对 赵明霞
责任印制 胡晓雅
经　　销 新华书店

开本 710毫米×1000毫米 1/16
印张 17.75 **字数** 309千
版本 2022年11月第1版
印次 2022年11月第1次印刷
印刷 固安华明印业有限公司

地址:北京市丰台区莲花池西里7号(100073)
网址:www.lawpress.com.cn
投稿邮箱:info@lawpress.com.cn
举报盗版邮箱:jbwq@lawpress.com.cn
销售电话:010-83938349
客服电话:010-83938350
咨询电话:010-63939796

书号:ISBN 978-7-5197-7502-5
定价:48.00元

《广西审判实务与探索》编辑委员会

目　录

Contents

专题研究三：涉夫妻财产执行异议之诉

审判实务研究

案例分析

卷首语

执行异议之诉是审执分离体制改革的核心要素。执行法律关系复杂,执行中多种利益存在冲突的情形在所难免。执行异议之诉作为一种执行救济,是执行法律体系中不可或缺的内容,是依法保护执行案件当事人及案外人合法权益,提高执行效率的重要诉讼制度。

广西作为全国法院首个审执分离体制改革的试点地区,在全区法院的共同努力下,进行了许多实践探索,为最高人民法院提供了大量案例,取得了不错的成绩。自 2015 年以来,全区法院执行异议之诉案件每年均呈增长趋势,但由于执行异议之诉立法供给薄弱,裁判理念存在差别,导致案件发改率一直居高不下。本辑通过向全区法院干警征稿的方式,收集全区法院关于执行异议之诉的相关理论研究和典型案例,激发全区法院干警对执行异议之诉审判理论与实务问题展开研讨,汇聚审判智慧,交流审判理念,以期推动执行异议之诉审判工作,提升执行异议之诉案件的审判质效,保障当事人合法权益,助力执行效率。

专题研究一:案外人执行异议之诉

论案外人执行异议之诉

余龙飞*

摘要:随着我国社会经济的不断发展,社会主义民主与法治进程建设的大力推进,公民的法律意识不断增强,社会主体之间权利义务所发生的纠纷越来越多地诉至法院,要求国家司法权力审判、解决,保证权利人的权利得以实现。民事强制执行是保障当事人之间实体权利义务实现的最后防线,其是由国家强制机关来保障实现的。民事执行异议之诉是提高执行效率,保证执行的准确性,避免执行行为缺陷导致当事人、案外人与本案实际权利义务发生变动而设置的一种救济方式。

一、案外人执行异议之诉基本问题

(一)案外人执行异议之诉的概念内涵

所谓案外人执行异议之诉,是指案外人基于对执行标的物的某种权利,从而阻却法院的强制执行行为,同时向法院提出执行标的不再被执行的诉讼请求。案外人执行异议制度是民事诉讼法中对案外人权利的一项救济措施,目的在于当案外人的合法权益受到侵害时,可以采取有效手段予以救济,保障自身的合法权益。

(二)历史背景

执行异议制度,是我国救济制度中的重要组成部分,虽然起步较晚,

---

* 余龙飞,融安县人民法院执行局五级法官助理。

但有其独特的一面。而且随着社会经济的高速发展以及建设法治化国家进程的不断推进,其越来越受到重视。

1991 年 4 月我国颁布的《民事诉讼法》第 208 条规定了有关执行异议制度的大概框架,该条对在执行过程中案外人对法院的执行提出异议有关情况做出了简要说明,同时规定法院对案外人提出的异议须进行审查,若理由成立由院长准予中止执行,理由不成立驳回该异议。该条款虽然没有对执行异议之诉制度做详细说明分析,只是简单带过,但是其对后面执行异议制度的成型具有很大的意义。

为了适应新形势、新发展,2007 年我国对《民事诉讼法》进行了修订,此次修订优化了执行异议的程序,使其更加符合时代背景和经济发展的需要,其中特别建立了执行复议和执行异议之诉相关程序制度,在对法院作出驳回执行异议裁定不服时采取的救济措施,大致形成了执行救济的途径。

2015 年 2 月 4 日《最高人民法院关于适用〈中华人民共和国民事诉讼法〉的解释》开始实施,其中涉及执行程序部分共有 60 多条,基本涉及了执行程序的各种制度和整个过程,意味着执行程序越来越受到重视,我国在执行程序方面迈上了新的台阶。

(三)我国执行异议之诉的基本特征

1. 我国《民事诉讼法》第 234 条规定:"执行过程中,案外人对执行标的提出书面异议的,人民法院应当自收到书面异议之日起十五日内审查,理由成立的,裁定中止对该标的的执行;理由不成立的,裁定驳回。案外人、当事人对裁定不服,认为原判决、裁定错误的,依照审判监督程序办理;与原判决、裁定无关的,可以自裁定送达之日起十五日内向人民法院提起诉讼。"[1] 由此可见,在我国提起民事诉讼法规执行异议之诉具有前置条件,即须有案外人对法院的执行行为提出异议,且异议被法院驳回这一前提。从立法原理来看,提起执行异议之诉是案外人的相关实际权利因法院的执行行为而发生变动,向法院提出异议而被驳回后所提起的诉讼,因此提起执行异议之诉首要前提是案外人提出执行异议被驳回。这是我国民事诉讼法中对执行异议之诉的相关规定。

一些国家和地区对于民事执行异议之诉是否需要以案外人提出异议被驳回这一要件为前提并无规定。早先在立法时,有部分专家学者提议,在立法上先简要进行规

---

〔1〕 2021 年修订《中华人民共和国民事诉讼法》第 234 条。

定,[1]不要做过多的限制,经过试验后根据具体司法实践情况再进行修订。但基于当前形势以及我国的实情,仍对执行异议之诉设置了前置程序,即要求案外人或申请执行人在发起执行异议之诉前,必须先向执行法院提出书面执行异议。

2. 提起执行异议之诉主体只能是案外人。国家机关不能依职权主动、积极启动,只有案外人才能向开展执行行为的法院申请启动。通常而言,同一民事法律关系中的权利人及其相对义务人为民事诉讼的当事人,而执行异议之诉的当事人除申请执行人和被执行人外,还包括案外人。"案外人"是指除申请执行人与被执行人外,主张对执行标的物享有民事权益,且主张其民事权益因执行行为而遭受侵害的人。显然,案外人对执行标的物主张所享有的民事权益应当是某种"足以排除法院强制执行"的实体权利,故而,"有权提起实体上的执行异议之诉的案外人主体范围,主要包括:所有权人、共有物之共有人、抵押权人、典权人、占有人,以及其他于裁判的特定标的物有合法权利的人"。因此,执行异议之诉的当事人具有其特定性。

3. 诉讼目的具有特定性。当事人提起执行异议之诉究其根本目的是阻却或者恢复对执行标的的执行程序。一般民事诉讼是以确定和保护当事人的某种民事权益为目的,无须考虑能否执行的问题,其裁判结果只是作为执行的依据,但并不能对执行行为直接产生对抗效力。在执行异议之诉中,案外人发起执行异议之诉的根本目的是阻却法院对涉案标的物的执行,其有足以排除法院强制执行的实体权利,要求法院解除对涉案标的物采取强制执行措施。因此,执行异议之诉的核心焦点在于解决应否对涉案标的物继续采取执行措施的问题,其诉讼裁判结果会直接对原执行行为产生约束力。可见,与普通诉讼相比,执行异议之诉的诉讼目的具有独特性。

4. 管辖法院的专属性。根据民事诉讼法司法解释的相关规定,执行异议之诉由执行法院专属管辖,其目的是方便法院执行和审判相互之间的协调,节约司法资源,因为案件的材料都在执行法院手里,方便执行,避免案件时间、流程过长,提高司法效率,更好地保护胜诉方的合法权益。

(四)执行异议之诉的意义

案外人执行异议之诉的目的是确定执行标的归自己所有而不能被执行,即不能作为执行对象,阻却法院的执行行为。因为在实践中当案外人或者实际权利人知道自己的权利受到侵害时,基本上案件已进入执行程序正在执行或者已经执行完毕了,此时案外人就不能以第三人身份再参与诉讼,只能向作出执行行为的法院提出执行

〔1〕 葛弈超:《案外人执行异议之诉的研究——存在的问题与完善构想》,载《社会与法治》2012 年第 12 期。

异议,若法院驳回该异议,则可以提起执行异议之诉。

建立执行异议之诉的作用实际上是一种事后救济方式,因为法院受理执行案件时,对于被执行人财产的性质、权利归属不能完全了解,有可能存在误执行的情形,因此,民事诉讼法设置执行异议之诉的目的在于保障案外人的实体权利,完善司法救济制度,切实保护各方主体的合法权益。

二、域外国家和地区执行异议制度的不同

大陆法系国家和地区民事诉讼法或强制执行法中都规定了执行异议之诉程序,具体包括被执行人(债务人)执行异议之诉和案外人异议之诉两种。所谓债务人异议之诉,是指债务人所主张的执行依据所记载的请求权,与债权人在实体法上的权利现状不符,请求法院通过判决的方式排除执行为目的的诉讼。我国《民事诉讼法》并未规定债务人异议之诉程序。因此,对债务人而言,其只能根据具体情况选择《民事诉讼法》第 232 条规定的执行复议程序寻求救济,与大陆法系的债务人异议之诉程序没有可比性。关于案外人实体权利的救济程序,大陆法系国家和地区普遍规定了案外人异议之诉制度对案外人的权益予以救济。如在《德国民事诉讼法》中规定:“第三人主张在强制执行的标的物上有阻止让与的权利时,可以向实施强制执行的地区法院提出异议之诉。”《日本民事执行法》第 38 条规定:“对强制执行的标的物,第三人拥有所有权或其他妨碍标的物转让或交付的权利时,可对债权人提起请求不准许强制执行的异议之诉。”[1]我国台湾地区也规定了案外人就执行标的物享有足以排除执行之权利者,得于强制执行程序终结前,向执行法院对债权人提起异议之诉。如债务人亦否认其权利时,并得以债务人为被告。

(一)案外人提起执行异议之诉的原因不同

在我国提起执行异议之诉,不能直接申请提起执行异议之诉,案外人基于对法院的执行行为侵害了其合法权益,且经向法院提出异议,法院审查并被驳回后而申请启动的。大陆法系国家和地区案外人可以基于自身合法权益受到侵害而直接提起执行异议之诉。因此,大陆法系国家和地区案外人主张权利是否受到侵害是启动执行异议之诉的直接原因,我国只有当事人对法院处理的结果是否认可才是提起执行异议之诉的原因。

---

〔1〕 李浩:《强制执行法》,厦门大学出版社 2004 年版,第 101 ~ 103 页。

(二)诉讼理由和审理范围不同

在大陆法系国家和地区的案外人异议之诉中,案外人仅仅因为其对于执行标的物享有实体权利提起异议之诉,法院审查的范围也仅限于案外人的权利能否被确认,能否排除执行。而我国执行异议之诉由于存在前置程序,案外人提起异议之诉的原因,一方面案外人主张其对执行标的享有实体权利,另一方面也是其对于执行法院的裁定不服;如果申请执行人提起异议之诉,则一方面因为其主张案外人对执行标的物不享有实体权利,另一方面也是因为其对于执行法院中止执行的结果不服。因此,无论法院审理案外人异议诉讼,还是申请执行人异议之诉,都不只是简单地审查案外人是否享有实体权利,而是会对执行法院的前置程序中的法律适用和事实认定作出判断。

(三)程序构造不同

大陆法系国家和地区的案外人异议之诉,在程序构造和设置上与普通民事诉讼没有区别,仅仅对受理后诉讼主张上有特别规定。而我国的执行异议之诉,在程序设置上还包含执行机构的前置程序和审判组织的执行异议之诉程序之间的衔接和两个组织间的权力分配。

三、实务中执行异议之诉存在的问题及现实困境

(一)案件情况复杂,涉及多方,耗时较长

司法实务中,执行异议之诉案件涉及多方主体,有申请执行人、被执行人和案外人等,涉及的人数较多,范围广,情况复杂。在案件中,既存在案外人就执行标的是否享有民事权益的争议,又存在是否应当停止执行的争议,各方当事人之间的利益矛盾冲突明显,既有双方当事人之间的冲突,也有案外人与当事人就执行标的之间的冲突。因民事权益种类繁多,案外人主张的民事权益所依据的基础法律关系也是多样,从而使执行异议之诉案件的审理往往又涉及其他各类案件,如合同纠纷、物权纠纷和知识产权纠纷等。执行异议之诉与保全程序、执行程序紧密相连,这又使在审理执行异议之诉案件时,不仅涉及各种实体法律关系,还涉及程序性问题,致使案件中的法律关系错综复杂。执行异议之诉案件较之其他诉讼类型案件进展较慢,加之并非每个执行案件都必然会启动执行异议之诉,部分办案法官对该类案件尚缺乏足够的审判实践经验,而且实践中可供参考的典型案例也较为缺乏,如最高人民法院发布的公报典型案例中执行异议之诉少之又少,使该类案件审理难度进一步加大。

此外,有的案外人之所以提起执行异议之诉,是因为法院作出的执行行为涉及了

案外人，如与被执行人存在亲属朋友关系，该执行标的属于他们共有，因此某些事实双方会相互自认，这有可能导致申请执行人收集证据遇到阻碍，当事人虽然对他们相互自认的事实提出合理怀疑，但又难以提出有力的证据来推翻他们自认的事实，其亦会加大法官对整个案件事实的认定难度。当然有些案件中申请执行人会申请法院调取证据，但有些案件法院也无法及时、迅速收集到材料，如司法鉴定，有的需要很长时间，耗时又耗力。

（二）虚假诉讼频发，防范任务艰巨

司法是维护社会公平正义的最后一道防线〔1〕。对人民法院而言，案件能否得到高效、精准的执行，不仅关乎债权人经生效法律文书所确定的合法权益能否最终实现，社会公平正义能否得到伸张的问题，也是关乎司法尊严以及司法权威能否得到有效维护的问题。近几年来，随着人民群众法律意识及对自身权利保护意识的不断增强，执行异议之诉也越来越进入公众视野，重视程度不断提高，执行异议之诉案件的数量较以往也在增多。值得思考的是，其中不乏部分人之间恶意串通，为自身的利益虚构案件事实和法律关系，恶意提起执行异议之诉，隐匿、转移财产，逃避执行。在审判实务中，最常见执行异议之诉中涉嫌虚假诉讼的案例，如夫妻双方假离婚，对财产进行分割处置，甚至赠与子女以转移财产逃避执行。又如案外人和被执行人串通，被执行人伪造买卖合同、借条等证据，以远低于市场价的价格将该标的物出售给案外人或者无偿赠与案外人，伪造执行标的财产在被法院采取执行措施前，该标的权属已转移，不属于被执行人财产的事实来躲避执行。此类案件常表现为案外人与被执行人之间存在亲属或朋友关系，在诉讼中相互配合，对对方陈述的事实相互自认，这很容易出现被执行人与案外人对于案件事实的陈述和相关问题的意见完全一致的情形。这就要求承办法官在案件审理过程中提高警惕，加大调查力度，多方进行核查，尽最大努力防范虚假诉讼，以免对申请执行人的合法权益造成侵害。

（三）矛盾较大，多方对抗情绪激烈

很大意义上，诉讼只是一个手段，而自身合法权益得到切实保障才是目的所在。因此当执行程序遭遇案外人提起执行异议之诉时，首先申请人就会对此不服，认为这会有损其切身利益。案外人提出异议的目的在于排除执行维护自身权益，而申请执行人希望通过该标的物的执行以实现其已经生效法律文书确认的合法权益，显然两者的立场是对立冲突、相互排斥的，这也使双方相互之间的利益争执激烈。这种情形

〔1〕 葛弈超：《案外人执行异议之诉的研究——存在的问题与完善构想》，载《法制与社会》2012年第12期。

在房产类型案件中尤其突出，有些房地产开发商为了能尽快套现，进行一房二卖或买卖抵押房屋，当该房地产开发企业因民间借贷、金融贷款、材料买卖、设备租赁等法律关系引发诉讼而被法院强制执行时，往往涉及查封其开发建设的商品房，而由此引发的执行异议之诉案件往往涉及众多的购房者、金融机构、建设工程施工单位甚至大量农民工讨薪群体，案件当事人之间存在尖锐的矛盾冲突。还有就是共有房产的纠纷案件，多方共有的房子但只登记在一方名下，登记其名下的一方私下与他人达成买卖合同，此类案件往往涉及多方利益，一旦处理不当，容易形成难以调和的群体性纠纷争议，不利于维护社会稳定，而各方之间尖锐的矛盾也会给案件的审理造成极大的压力。

也正因如此，各方当事人之间的诉求缺乏调解基础，致使审判实务中，此类纠纷案件很难以调解方式结案。同时，由于执行异议之诉案件双方当事人的诉求相互排斥，审判结果的胜负对双方而言至关重要，因此，在此类案件审理过程中，各方当事人必将围绕涉案标的物的权利归属问题以及法院能否执行该标的物的问题展开激烈争论，并竭尽全力投入诉讼，诉讼的对抗性相当突出，当事人的对抗情绪也尤为强烈，致使审判实务中，当事人不服一审判决，提起上诉的情况普遍存在。

四、完善执行异议之诉制度的相关建议

（一）坚持利益平衡原则[1]

执行异议之诉案件审理的关键问题在于对执行标的物上同时存在又相互排斥的多项权利的优先顺位进行判断，即判断何种权利应当在该案中得到法律的优先保护。由于权利类型繁多，性质不尽相同，涉及的判断标准比较复杂。《最高人民法院关于人民法院办理执行异议和复议案件若干问题的规定》确立了一些规则，但还不够全面、具体。总的来说，执行异议之诉案件最终的裁判结果不仅关系到案外人，也涉及申请执行人的切身利益。站在申请执行人角度，一旦案外人所提异议得到法院支持，法院就会停止对该标的物的执行，这意味着该标的物暂时或者不能再被法院执行了，那么申请人要维护自身的合法权益，只能重新寻找线索，如被执行人的其他财产，否则如果没有其他财产可供执行的话，申请人诉讼的目的无法达成，这无疑会加大申请人的损失。而从案外人的角度来看，假如该执行标的关乎日常居住，涉及基本人权问题或者重大利益，那么案外人必然会提起执行异议之诉，如房产、车辆、股权等，这些

〔1〕 肖雯雯：《执行异议之诉若干实务问题研究》，西北政法大学2017年硕士学位论文。

都是涉及重大利益,其意义价值都不能被忽视。同时从我们法院的角度来看,如果不能处理好这些关系,对于司法公信力可能会造成冲击。

因此,在法官在办理相关执行异议之诉案件时,必须遵循利益平衡原则,认真分析各方当事人的利益实现可能,结合他们自身及所享有的权利综合考量,同时根据相关法律法规合法合理作出决定。总体而言,可以考虑遵循下列原则:一是坚持生存权优于发展权,生存是根本,没有生存谈何发展;二是物权优先于债权;三是法律规定的特殊债权优先于普通债权等。在实践中不免遇到很多这些问题,如房产交易。传统观念里,房子是一家人的寄托,在实务中,因房产而引发的纠纷数不胜数,而且花样百出。法官作为客观公正的裁判者,必须正视这一现实,要理清思路,在进行个案利益权衡时,相较于大型企业、经济利益等,应在法律允许的范围内,优先选择相对弱势方,给予适度的倾斜保护。

(二)证据审查从严原则[1]

以事实为依据,以法律为准绳。证据制度是民事诉讼中的一项重要制度,证据的真伪性、关联性、合法性是裁断案件的重要因素,而举证责任问题是证据制度中的核心问题,因为举证责任直接关系到案件最终的结果,具体表现为各方当事人依照法律的相关规定,各自应当对某些特定案件事实承担证明责任。如案外人说法院执行的房子是其与被执行人共有的,那么案外人就要承担证明其是该房子共有人的举证责任,同时举证人还要对该证据的真实性承担责任,因为一旦这些特定案件事实不能被证明真伪时,则须由负有证明责任的一方负担不利后果。[2]

根据《最高人民法院关于适用〈中华人民共和国民事诉讼法〉的解释》第 311 条规定,在执行异议之诉案件中,案外人应当就其对执行标的享有足够排除强制执行的民事权益承担举证责任。在部分案件中,案外人无论是以原告身份还是以被告身份参与诉讼,始终应当就其对执行标的享有足以阻却执行标的物交付、转让的实体权利承担举证责任。因此,执行异议之诉案件中证据审查应当遵循证据审查从严原则,严格落实举证责任的分配。因为在司法实务中,执行异议之诉案件出现虚假诉讼的情况时有发生,案外人与被执行人恶意串通,伪造证据,非法转移执行财产的现象屡见不鲜。所以为防止案外人与被执行人恶意串通规避执行,执行异议之诉案件的审理也应当坚持对证据进行从严审查的原则。具体而言,落实证据审查从严原则,一是要

〔1〕 肖雯雯:《执行异议之诉若干实务问题研究》,西北政法大学 2017 年硕士学位论文。

〔2〕 乔宇:《论强制执行程序中的证明责任》,载《法律适用》2014 年第 11 期。

慎用自认规则,所谓自认,是指在诉讼中,一方当事人就对方当事人所主张的不利于自己的事实表示承认其真实性的陈述,即案外人的举证责任并不能因为被执行人对案外人所主张的事实和权利表示承认而轻易免除。二是要对相关证据进行全面核查,一旦发现存在虚假诉讼的可能,应当依职权主动调查取证,对案件关键的待证事实进行调查核实。三是应当慎重适用调解结案方式,即便双方当事人均自愿同意调解,亦应坚持在案件事实清楚、法律关系明确的前提下组织双方调解,避免出现事后冲突的现象。四是一旦案外人主张的异议事由真伪难辨,严格按照举证责任,判决由案外人承担举证不利的后果。当然,一旦发现恶意串通逃避执行的行为,还应当依法进行严厉追责。

结　语

案外人执行异议之诉,是指案外人就执行标的物享有足以有效阻止强制执行的权利,如所有权或者足以阻止执行标的的转让、交付等的实体权利,并且在执行程序终结前,向法院对申请人提起的旨在阻止对执行标的物的强制执行的诉讼。它的目的在于当案外人的合法权益受到侵害时,可以采取有效手段予以救济,保障自身的合法权益,同时维护司法公正。案外人执行异议之诉是一种救济方式,其意义在于降低案外人的损失,但是也不可避免地会出现滥用或者恶意诉讼的问题,案外人与被执行人相互串通,虚构事实,损害申请人的合法权益。因此,在实务中,要注意此类问题,查清问题和证据,审慎决断,在保护申请人合法权益的同时,也要保持司法的公正性。

如何完善案外人执行异议之诉

杨胜文*

摘要：案外人执行异议之诉是民事诉讼法中案外人救济制度的一种，于2007年我国民诉法修改时被确立下来。通过司法实践中的制度运行，原来在案外人执行异议程序中存在的审执不分的混乱情况基本不复存在，且极大改善了案外人的实体权益被不当执行行为侵害而难以有效救济的困境，但由于我国立法并未对案外人执行异议之诉制度进行详细规定，加之司法实践缺乏统一标准，导致刚刚度过幼年期的制度又迎来了司法实践中的异化。如何从整体上完善我国案外人执行异议之诉制度，如何继续改造乃至规制我国案外人执行异议之诉制度，成为一个值得我们深思的具有急迫的现实意义的问题。有鉴于此，笔者选择案外人执行异议之诉作为研究对象。本文深入研究了案外人执行异议之诉制度，首先，对我国案外人执行异议之诉的含义进行分析；其次，研究案外人执行异议之诉制度的正当性基础；再次，讨论案外人执行异议之诉的要件分析，及在司法实践中的运行；最后，提出了完善我国案外人执行异议之诉的具体方法。

案外人异议之诉，是指案外人基于对执行标的有足以排除强制执行的实体权利，向执行法院提起的不许对该标的实施强制执行的诉讼。该制度为遭受不当执行的案外人提供了救济方式，我国民事诉讼法采纳了这一制度，但其规范过于简陋，理论界提出诸多质疑，下文将提出如何完

* 杨胜文，三江侗族自治县人民法院民事审判庭五级法官助理。

善案外人执行异议之诉。

一、案外人执行异议之诉的概念

案外人执行异议之诉,是指案外人为了排除执行机关的强制执行对其权益造成损害而提起诉讼的制度。执行机关在实施强制执行时,仅依据权利表象确定被执行人的责任财产,但在现实生活中,通常存在权利表象所表彰的权利与真实权利背离的情形,此时执行机关难以避免误对案外人的财产进行强制执行从而损害案外人的合法权益。法律允许案外人以诉讼的方式来解决执行标的是否归属自己的责任财产这一实体法律问题,此即案外人执行异议之诉。

对于案外人执行异议之诉的概念,各学者见仁见智,论述诸多,在此不一一赘述。实际上各种观点大同小异,均能准确概括出案外人执行异议之诉的概念及特征。笔者认为,所谓案外人执行异议之诉,是指案外人对执行机关强制执行的标的享有实体权利足以排除强制执行,据此提起诉讼请求法院阻止对该标的的强制执行。由此可见,本诉是在执行过程中请求对实体权利进行审理的特殊诉讼,兼具程序性与实体性;同时,本诉也是由于执行机关的不当执行行为侵犯了案外人的合法权益而产生的诉讼,兼具一定的公法性与私法性;此外,案外人出于对自身权益的保护而对执行标的权利的主张势必对原执行过程中的申请执行人与被执行人产生影响,兼具救济性与纠纷性。因此,案外人执行异议之诉作为一种特殊的诉讼制度,与普通民事诉讼存在较大区别,具体如下:

第一,就诉的原因而言,普通民事诉讼产生的原因是民事纠纷,所谓民事纠纷,是指平等主体之间发生的,以民事权利义务为内容的社会纠纷。而案外人执行异议之诉的产生原因却不同,执行机关的不当执行行为损害了案外人的合法权益,案外人有足以排除强制执行的实体权利并据此提起诉讼,力图解决与执行当事人之间的权利义务纠纷。即普通民事诉讼是由于当事人之间的私法行为所引起的,而案外人执行异议之诉则是基于案外人对国家强制执行公权力侵犯其合法权利的不服,进而卷入实体权利义务纠纷所引发的。

第二,就救济途径而言,普通民事诉讼的当事人可以选择私力救济如和解、社会型救济如调解和仲裁等多种方式,而不仅限于民事诉讼这一公力救济途径。而在案外人执行异议之诉中,由于国家公权力的介入,案外人只能以异议的方式向法院声明不服,并没有其他的救济途径。

第三,就诉的目的而言,普通民事诉讼是为了解决当事人之间的纠纷、保障当事人的合法权利。传统民事诉讼法学说将诉的种类分为给付之诉、确认之诉、形成之诉三种，给付之诉指的是原告请求被告履行一定的民事义务之诉，确认之诉指的是原告请求人民法院确定其主张的法律关系存在或不存在之诉，而形成之诉则指原告请求人民法院变更某法律关系之诉。[1] 而案外人执行异议之诉的目的则具有双重性，一是请求法院确认案外人对执行标的物是否有实体权利，二是请求判决这种实体权利能否足以排除执行机关对执行标的物的强制执行。表面上看，案外人执行异议之诉的性质兼具确认之诉与形成之诉，然而其最主要的诉讼目的是阻止执行机关对标的物的不当执行从而保障自身合法权益，而法院对实体法律关系的确认只是阻断执行依据，实际上案外人执行异议之诉为形成之诉。

第四，就诉讼标的物的状态而言，普通民事诉讼案件中的标的物非经当事人申请或法院依职权在诉前或诉中采取了保全措施都是自由的，处于正常状态；而案外人执行异议之诉则发生在执行过程中，此时执行机关已经采取了查封、扣押、冻结、拍卖、变卖等强制执行措施，诉讼标的处于执行机关的控制之下，不得任意流转。[2]

第五，就诉的发生时间而言，普通民事诉讼只要不超过法律规定的诉讼时效，原告即可自主决定何时起诉。而案外人执行异议之诉并不适用上述诉讼时效，根据我国民事诉讼法规定，案外人只能在异议被驳回后的15日内起诉。其发生时间和前提有严格的限制。

第六，就诉讼要件而言，普通民事诉讼按照民事诉讼法中管辖的具体规定确定符合要求的管辖法院，而案外人执行异议之诉则专门由执行法院管辖；普通民事诉讼的当事人为具备民事诉讼资格的适格当事人，而案外人执行异议之诉原告为案外人，被告则存在多种形态，可能是申请执行人，也有可能申请执行人与被执行人为共同被告。

二、案外人执行异议之诉与第三人撤销之诉的区别

第三人撤销之诉是指法律上有利害关系之第三人，因客观原因而未获参加诉讼机会，致不能提出足以影响判决结果的攻击防御方法时，得以前诉讼原、被告为共同被告提起撤销之诉，请求法院撤销生效判决、裁定、调解书中对其不利的部分。这一制度于2012年《民事诉讼法》修改后确立，至此，民事诉讼中案外人救济体系日臻完

[1] 陈婀灵：《我国民事执行异议之诉研究》，湖北人民出版社2009年版，第65页。

[2] 宋朝武主编：《民事诉讼法学》，中国政法大学出版社2015年版，第494页。

善。其中，第三人撤销之诉针对的是生效法律文书损害案外人的合法权益；案外人执行异议之诉则是基于案外人对执行标的有足以排除强制执行的实体权利；案外人直接申请再审则是源于案外人对原法律文书所确定的执行标的物主张权利。案外人执行异议之诉与第三人撤销之诉存在以下区别：

其一，两者的适用阶段不同。案外人执行异议之诉存在于执行阶段，只有案外人对执行标的物的异议被驳回且其认为与原裁判无关的情况下，才有权提起案外人执行异议之诉。而第三人撤销之诉不仅限于执行程序，案外人可以在知道或应当知道其民事权益受到生效裁判侵害之日起6个月内提出。

其二，两者的目的不同。案外人执行异议之诉直接针对执行标的物，目的就是排除执行机关对执行标的的不当执行行为，并非针对执行当事人之间的执行依据。而第三人撤销之诉的目的则是推翻原判决，即请求对原判决进行撤销或改变。

其三，原告不同。案外人执行异议之诉的原告有较大任意性，不要求与原裁判有利害关系，只要认为自己对执行标的享有合法权益的案外人均为适格原告。而第三人撤销之诉的原告学界并无通说，存在只能为有独立请求权第三人、仅是被告型无独立请求权第三人及两种第三人均不适格这三种观点。

三、案外人执行异议之诉制度的正当性基础

（一）案外人执行异议之诉的现实基础

1. 权利表征所表彰的权利与真实权利的背离

法律在保障权利人利益的同时，必须保护义务人，两者之间的利益平衡是权利实现的基本保证。这就要求权利人在主张权利时，必须首先证明其权利存在。法律规定的用以表彰权利的特定外在形式，就是权利表征。[1] 譬如，不动产所有权的登记。孙宪忠教授认为，由于物权变动的公示原则而导致事实物权与法律物权可能存在不一致的情形。[2] 由法定公示方法表征的物权是法律物权，真正权利人实际享有的物权则为事实物权。现实生活中，存在借名买房等诸多权利表征所表彰的权利与真实权利背离的情况，这也是案外人主张对执行标的享有合法权利的前提。

2. 执行标的的非抗辩性

执行机构依据执行依据采取执行措施，并不要求申请执行人充分举证证明，也无

〔1〕 吴国喆：《权利表象及其私法处置规则》，商务印书馆2009年版，第17页。

〔2〕 孙宪忠、常鹏翱：《论法律物权和事实物权的区分》，载《法学研究》2001年第5期。

须执行机构查证证明某项财产确实属于被申请执行人所有或受其支配，更无须在执行程序中进行言词辩论确认财产系被申请执行人所有或受其支配，这便是执行标的的非抗辩性。执行标的非抗辩性的特点是出于执行效率的考虑，然而在现实生活中权利表象所表彰的权利与真实权利相背离的情形比比皆是，而执行标的的非抗辩性就决定了案外人和被执行人之间的实体争议难以被执行机关知晓。执行标的并非被执行人的责任财产，执行机关依据形式审查错误对其执行，这就很容易造成对案外人合法权益的损害。

3. 不当执行行为

案外人执行异议是由于执行机关的不当执行行为侵害案外人合法权益所引起的，因此不当执行行为是引发本诉的前提。民事执行具有国家强制性，涉及对公民财产的处分，对民事主体的权益有较大影响。为了避免强制执行对个人权利的侵害，民事诉讼法对执行作出严格限制。只有严格按照法律规定的程序实施执行，才能确保公权力的恰当行使，保障当事人的合法权益，防止滥用民事执行权、肆意侵害当事人合法权益的执行乱象。执行机关不依据民事执行相关法律的规定作出的执行行为，便是不当执行行为。在执行标的上权利表征所表彰的权利与真实权利存在背离，执行机关仅依据形式审查原则将执行标的确认为被执行人的责任财产，便在事实上侵犯了案外人的合法权益。此外，不当执行行为也可能造成申请执行人的权利受到损害。

（二）案外人执行异议之诉的理论基础

1. 权利救济论与权力制约论原理

法谚云："无救济即无权利，有权利必有救济。"民事诉讼法通过赋予当事人诉权来对其合法权利进行救济。所谓诉权，是指当事人请求人民法院对其民事财产权和人身权进行司法保护的权利。基于诉权理论，司法救济是权利救济的重要途径，而当事人之所以可以启动司法救济，在于法律赋予其诉权。所谓诉权，指的是当事人请求人民法院对其民事财产权与人身权进行司法保护的权利。即只要法律规定人们享有某种权利，就要规定启动司法救济的诉权。倘若法律仅赋予人们权利而不规定其救济途径，那这样的权利难以真正实现。基于权利救济理论，案外人的合法权益在受到执行机关不当执行行为的侵害时，为了救济案外人，法律便通过规定案外人执行异议之诉这种制度赋予案外人诉权。本诉的重要特点便是案外人以私法上的实体权利对抗执行权这种公权力，具有制约公权力的作用。由此可见，本诉的价值基础在于权利救济与权力制约。自国家产生后，私权利保护与公权力制约便是重要命题。公权力所具有的国家性决定了其注定庞大,可以肆意侵入私权利领域,加之公权力终究由人来掌控,滥用公权力自古以来便难以遏制。现代民主法治国家强调限制公权力以保障私权利,这也意味着当公民的合法权益受到公权力侵害时,必须赋予公民救济途径。执行机关所享有的强制执行的权力具有国家性、强制性、被动性的特点,即执行主体为国家机关,所采取的执行措施具有强制性、一般情况下非经当事人申请不得主动出击。实际上,由于执行过程重在尽快实现申请执行人的合法权益,加之法院执行工作考核压力,使执行机关只关注被执行人有哪些财产可供执行,形式审查下不免造成执行错误,损害案外人的合法利益。一经取得胜诉判决的债权人申请执行,执行机关便可行使其执行权,主动调查被执行人的财产情况并采取强制措施,这种公权力可能肆意处分公民的财产,仅凭执行异议与复议制度难以制约。因此,本诉的法理基础在于保障案外人私权利的救济及制约执行机关所行使的国家公权力。

2. 审执分离原理

审执分离原则是现代法制国家所普遍认可并遵循的,即民事司法分为民事审判程序与民事执行程序。前者由法院审判庭对双方当事人所争议的权利义务进行裁决,其中,双方当事人处于对抗的地位,法官则居中裁判。在审理过程中,经过双方当事人的举证、质证、辩论使事实明了,法官以认定的事实和相关法律作出裁决。后者则是双方当事人所争议的权利义务已经由法律文书确定,执行机关根据当事人的申请(或者执行机关依据职权)运用执行权通过对被执行人的权利、财产采取强制措施,以实现申请执行人在生效判决中所载的权利。由此可见,民事审判程序与民事执行程序存在诸多不同,实现两者分离是必然的。大陆法系国家和地区将违反程序法的执行行为称为违法的执行行为,并没有违反程序法但执行没有实现实体正义的执行行为称为不当执行行为。并依据这一原理建立了执行救济的二元体系,即将执行救济划分为实体救济与程序性救济。由于案外人对执行行为具有的异议涉及其实体上的权利,所以必须采取实体性救济办法来保障其合法权利。因此要给予案外人通过诉讼来解决其所主张的实体权利,在审判过程中经过法庭调查等查清事实、明确权利。倘若仅设立案外人执行异议,以程序性救济的方式来解决争议,难以有效保护案外人,毕竟执行机关仅进行书面审查,缺乏如审判那样的必要程序保障。因此,审执分离原则以及其所引发的执行救济二元论阐明了建立案外人执行异议之诉的必要性。

四、案外人执行异议之诉的要件分析

民事诉讼法和司法解释虽然对案外人异议之诉制度进行了规定,但这些规定过于简单,并没有完全解决实务中所遇到的问题,如案外人执行异议之诉的原告、被告、诉讼请求以及如何判决等,集中对案外人异议之诉的主体要件和时间要件予以分析。

（一）案外人执行异议之诉的主体要件

民事诉讼法上的当事人即诉讼主体,不同于实体法上的当事人,但在民事诉讼中扮演着重要角色。对于诉讼而言,适格的当事人是决定其是否能启动的重要因素。案外人执行异议之诉的主体要件,即要成为适格的“案外人”所必须具备的条件。案外人执行异议之诉作为民事诉讼的一种,首先,必须符合民事诉讼的主体要件,即具备民事诉讼权利能力与民事诉讼行为能力。其次,案外人执行异议之诉,是指案外人为了排除执行机关的强制执行对其权益造成损害而提起诉讼的制度,这就要求原告还要符合实体法上的要求,这是案外人执行异议之诉的当事人与普通民事诉讼的不同之处,即本诉当事人有其特殊的资格要件。

1. 原告

根据本诉的字面意思,所谓案外人,就是执行当事人以外的其他主体,即不受执行依据所约束的第三人。依据本诉的概念界定,本诉适格原告还需要对执行标的物享有足以排除强制执行的权利。此外,根据民诉法的规定,要想提起案外人执行异议之诉,必须先向执行机关申请执行异议,只有被执行机关裁定驳回后才能提起异议之诉。由此可见,要想成为本诉的适格原告需要满足以上三个条件。

需要注意的是,须有足以阻却不当执行的实体权利是适格原告的实质要件,这一判断标准并非要求案外人享有对执行标的物的所有权,这种实体权利只要能够有阻却不当执行的效力即可。因此,除了所有权,用益物权、担保物权等都有可能起到排除不当执行的效力。由于我国采取异议前置模式,倘若案外人对执行行为有异议,不能够直接提起诉讼,而应当先向执行机关提出书面异议,执行机关审查完毕后作出异议成立或者驳回异议的决定,只有案外人的异议被驳回后,才可以提起诉讼。这是适格当事人所应具备的形式要件,另一形式要件则为执行当事人以外的第三人。除此之外,有学者认为,由于我国没有规定被执行人实体救济的途径,特定情况下也应允许其作为案外人提起本诉,譬如限定继承、信托财产中。对此,笔者认为,债务人异议与案外人异议在目的、功能、适用范围等方面都不相同,且大陆法系国家和地区都建立了独立的债务人异议之诉,因此笔者认为债务人异议之诉有其单独存在的价值,不易与案外人执行异议之诉混同,故不应承认被执行人部分情况下具有案外人的身份。

2. 案外人执行异议之诉的被告

本诉在于案外人依据自己所享有的对执行标的物的实体权利来阻却执行机关的

不当执行,而执行机关是基于申请执行人的申请与生效判决作出执行行为的。

因此,从逻辑上看,应当将申请执行人作为本诉的被告。除此之外,其他基于胜诉判决的债权人参与到对执行标的物的分配中时,应当被列为共同被告。大陆法系国家和地区均认为本诉应当以申请执行人为被告,只有被申请人否认案外人所主张的实体权利时,才可以将申请执行人与被执行人作为共同被告。然而,通过案例检索可以看出,我国司法实践并没有明确本诉的被告,而是存在以下三种情形:以申请执行人为被告、以申请执行人与被申请执行人为共同被告和以申请执行人为被告、被执行人为第三人。

以申请执行人为被告这种情况在司法实践中较为普遍,绝大部分案件中案外人均以申请执行人为被告。此处存在两个问题,第一个是两个以上申请执行人依据不同的生效法律文书对案外人所主张实体权利的执行标的提出参与分配时,应当将其列为共同被告,此时是必要共同诉讼还是普通共同诉讼呢?必要共同诉讼指的是当事人一方或者双方为二人以上,其诉讼标的是共同的,人民法院合并审理并作出同一判决的诉讼形式。普通共同诉讼指的是当事人一方或双方为二人以上,其诉讼标的属于同一种类,当事人同意合并诉讼,人民法院认为可以合并审理的诉讼。笔者认为由于本诉在于案外人对全体申请执行人均主张阻却不当执行,即案外人的异议权也是本诉的诉讼标的对全体申请执行人是一致的,应当认为是必要共同诉讼。

以申请执行人与被申请执行人为共同被告,前文已经介绍了大陆法系将申请执行人与被执行人作为共同被告的条件,这与本诉的性质是分不开的。倘若案外人仅以申请执行人为被告,则其诉讼目的主要是阻却强制执行,而以申请执行人与被执行人为共同被告时,由于被执行人极有可能否认案外人所主张的实体权利,案外人会请求法院确认自己的实体权利并据此排除不当执行。两者的诉讼目的与请求均不相同,应当属于普通共同诉讼。

以申请执行人为被告、被执行人为第三人,案外人以申请执行人为被告提起本诉时,被执行人除了否认案外人所主张的实体权利以外,也有可能持既不支持也不反对的态度,但是被执行人应当作为利害关系人参加诉讼是必然的。此种情况下被执行人处于什么样的诉讼地位呢?根据我国民事诉讼法关于当事人的规定,将第三人分为有独立请求权第三人与无独立请求权的第三人。划分依据便是根据第三人对诉讼标的是否具有独立的请求权。笔者认为,无法将被执行人划为第三人中的任何一种。至于被执行人在本诉中的地位,应当取决于案外人提起本诉时的起诉对象以及所提出的诉讼请求。

（二）案外人执行异议之诉的时间要件

案外人在什么时候才能提起执行异议之诉呢？这便是本诉的时间要件问题。根据《民事诉讼法》的规定，我国实行异议审查前置制度，即案外人必须先向执行机关提出书面异议，执行机关进行审查后作出异议成立或驳回异议的裁定，一旦案外人的异议被裁定驳回，其便可在 15 日之内提起执行异议诉讼。这是由于前置程序的设置所产生的案外人起诉的时间要件。此外，案外人提起本诉需要在执行程序开始后终结前，这是本诉的另一时间要件。本诉在于不当执行行为损害了案外人的合法权益，倘若执行程序尚未开始，那么案外人未遭受不法侵害，何谈权利救济呢？笔者认为，此时并不能提起诉讼，缺乏诉的利益，法院对案外人所提起的诉讼请求并无审理的必要。同样，由于本诉的目的在于阻却不当执行，倘若案外人在执行程序终结后提起本诉，则本诉的目的无法实现，案外人只能寻求其他救济途径。

五、案外人执行异议之诉的完善

通过对我国案外人执行异议制度的运行现状的考察和存在问题的反思，结合典型外国法律的成熟经验，笔者尝试对执行救济制度中存在问题提供解决方案，以期为该制度的改善提供合理、可操作的建议。同时，因为我国该制度的塑造以及发展，也有相应的渊源以及社会条件，因此并未直接复制域外的做法或者是当前的经验。也没有盲目学习域外经验，应结合我国司法实践经验进行分析和整合。

（一）对执行异议前置程序予以完善

大陆法系国家多数没有建立相关的前置程序，该程序是我国独有的制度，但在实践中，并未实现最初的立法目的，反而造成了司法资源的浪费，因此我国设置执行异议前置程序并无必要，但因我国的国情及法律的历史沿革，前置程序在我国执行救济中已经具有较为重要的地位，如果按照国际通行规则贸然废除前置程序，会产生执行程序和审判程序衔接困难等问题，且废除前置程序并无迫切要求，故笔者结合司法实践，提出了自己的观点，现阶段可保留执行异议前置程序，细化、完善前置程序的相关规定，以增强前置程序自身的作用，与此同时，积极探索废除前置程序的立法技术，在条件成熟时废除执行异议前置程序。

1. 现阶段保留执行异议前置程序

考虑到立法的难度及民众心理的接受程度，现阶段可保留执行异议前置程序，但仍有必要对该前置程序的各项规定予以完善。要实现执行异议制度的前置性筛滤作用，执行部门需要优先认知审查的关键性，执行异议的核心目标为排除一些简易、非必要的争议,同时过滤一部分恶意拖延执行的虚假诉讼。尽量去除前置程序“干扰”案外人寻求司法救济的多余流程。并最大限度发挥其息讼引流的作用。笔者认为,主要应从以下几个方面进行改进。

首先,明确前置程序的审理范围,可通过立法进一步细化前置程序审理的证据规则等,简化前置程序的审判流程。笔者认为,执行异议的审判过程中,极易造成与执行异议之诉审理重合的现象,应制定具体的实施细则,分别按照各种案件类型,明确划分执行异议和执行异议之诉各自的审理范围。

其次,简化前置程序的审查组织,我国对执行异议的审查,必须组成合议庭进行,而不得实行独任审查。但执行异议前置程序具有审限短(仅有 15 日)以及形式审查的特点,且大部分执行异议可以以书面形式对证据进行形式审查。我国民事诉讼法规定,简单的民事案件由审判员一人独任审理。笔者认为,执行异议程序亦可以参照民事审判中的简易程序,将现行的执行异议前置程序由 3 名法官组成合议庭进行审查改为由 1 名法官独任审查。这样做的好处一是可以节约时间,由 1 名法官审查则无须进行合议,从而更迅速地作出决定。二是节约司法资源,案外人执行异议之诉案件虽然逐年增加,但是与数量巨大的民事、刑事案件相比,份额仍然较小,如果按照现行的程序设置,则一个基层法院的执行审查庭至少需要配备 6 名法官,才能满足前置程序和执行异议诉讼程序由不同的合议庭受理的要求,如执行异议由一名法官独任审理,可以减少至 4 名法官,降低法院的法官配置压力。

再次,增加向当事人释法、分析案情的工作,加大调解力度。设置前置程序原本是为了对案件起到过滤的作用,以使纠纷得以更加快速、高效的处理,充分利用有限的司法资源。笔者认为,在前置程序中,各方当事人提交初步证据后,法官可以对证明责任或基本案情进行解释说明,推动各方当事人根据其证据材料,考虑败诉的可能性,从而主动和解或积极配合调解,以达到“息讼罢访”的目的。

最后,明确申请再审和案外人执行异议之诉及第三人撤销之诉的选择规则。目前我国司法实践中,采取的做法是在执行异议裁定书中载明:如不服可以申请再审,也可以提起执行异议之诉。其容易造成实践中的混乱。笔者认为,在现阶段保留执行异议前置程序的情况下,在执行异议程序中确定该案的后续救济程序,由审理执行异议的法官在执行裁定书中确定案外人阻却执行的理由是否与原审判决有关,并在执行裁定书中明确该异议申请与原判决有关,按照审判监督程序处理,或者与原判决无关,应提起案外人执行异议之诉。如此,有利于明确下一步的救济程序,也避免了实践中审判的混乱。

2. 条件成熟时取消执行异议前置程序

在前文中,已论述了前置程序存在的诸多弊端,笔者认为,避免这些弊端的最行之有效的方法就是废除执行异议这一前置程序。即案外人基于对执行标的主张实体权利而要求阻却执行的,可直接提起执行异议,不再需要先向执行法院提出书面的执行异议申请。结合民事诉讼的基础原则,针对案外人权利通过诉、非诉的形式开展救济,关键为相关对象是否关系到实体事项或者是权利义务。若是关系到相关的实体事项,应对此依靠诉讼程序的方式加以处理。我国的立法体例,从整体的视角分析和大陆法系较为接近,因此可参考德国、日本与我国台湾地区的相关立法经验,采取取消前置程序的改进方案。

在制度设置上,废除前置程序后,应另行设计执行程序与审判程序衔接的制度。执行异议程序分为两种:一种是对执行行为本身存在异议,该种执行异议作出裁决结果后,当事人不服的,向上级法院提出执行复议,该种执行异议并不涉及民事审判,故应当予以保留;另一种即作为前置程序而存在的对执行标的存在异议的执行异议,该执行异议如予以废除,则应另行设置相应的程序,进而保障相关执法程序可以与此类诉讼实现有效的衔接。发起此类诉讼后,案外人提供担保执行机关可及时中止执行,并在执行异议之诉审结后,按照判决结果继续或调整执行措施。笔者认为,按照我国目前的立法及司法体制,可通过案外人向相关执行机构提出相应的执行异议申请,通过执行机构开展初步审查,确认系对执行标的的权属提出异议,要求阻却执行,执行部门即告知案外人可提供担保先行中止对案涉执行标的的执行,根据案外人的申请决定是否中止执行,并将起诉材料移交立案部门立案,按照民事程序进行实体审理,审结后,合议庭除向当事人送达裁判文书之外,同时应向执行机关送达裁判文书,以保障后续执行程序的顺利进行。

(二)放宽案外人执行异议之诉的提起时间

前文已经简单概述了我国案外人执行异议之诉的起诉期限仅为执行异议裁定送达之日起15日内,过分强调了诉讼效率,而忽略了诉讼与执行异议之间在性质、诉讼难度等方面的不同之处,不利于保护案外人的正当民事权益,未给案外人提供充分的行使诉讼权利的时间。为保障执行合理合法地进行,需要重新设立相应的起诉期限。大陆法系国家或地区的司法实务界以及理论领域的普遍观点是,起诉期限主要是执行程序开始之后、终结之前的时间段。我国民事诉讼法规定,若是案外人对于司法机关提出执行异议,希望停止相关执行活动,应在执行终结之前提出。由此可见,我国立法本意也是在执行终结前,案外人均可提出异议,以此为前提,再规定案外人在执行异议裁定送达之后的15日内起诉,过于仓促。理由包括:(1)案外人提起执行异议之诉的目的是阻却执行,因此执行中的整个过程都关系到案外人的权益,将起诉时间进一步放松至执行终结之前,有益于更好地保障案外人之权利。(2)留给案外人充足的准备时间。案外人是在执行程序中才参与到案件中来的,将起诉期限放宽至执行程序终结前,案外人可以获得更多的准备证据的时间,证据越充足,案情越容易被了解清楚,对于案外人执行异议之诉的审理及后续执行更加有效率。笔者认为,如果废除执行异议前置程序,则应当参照国际通行做法和我国的立法本意,从争议执行标的开始执行之日起至执行终结之日止,案外人均可随时起诉;如果保留执行异议前置程序,则案外人在执行过程中,可随时提出执行异议,执行异议裁定作出后,不宜限制起诉的期限,案外人或申请执行人仍可在执行终结前随时起诉,以便于案外人或申请执行人在诉前做好充分准备,有利于各方当事人接受最终的诉讼结果,避免当事人产生认为己方时间仓促导致败诉的情绪。但执行异议裁定作出后,执行机关即可根据裁定结果继续或调整执行措施,如此设置也不会导致执行程序的拖延,同时可以带给案外人或申请执行人一定压力,督促其尽快提起诉讼。

(三)明确被执行人在执行异议之诉中的诉讼地位

案外人提起此类诉讼的核心目标即阻却执行,因此需要以案外人作为对应原告,执行人则是相应的被告,我国目前主要存在两个问题:一是因执行异议前置程序的存在,导致案外人有可能在执行异议中获得支持,而由申请执行人提起执行异议之诉,该种诉讼本质上仍然属于案外人执行异议之诉,但案外人却是作为被告而存在的,法官、律师等法律工作者当然清楚各方当事人的地位及该诉的性质,但没有相关法律知识的人却可能混淆,可能降低民众对于执行异议之诉的理解和接受程度,故解决该问题的办法仍然如前文所述,取消前置程序,案外人为原告,以申请执行人为被告直接提起诉讼,清楚明了。二是被执行人应当以何种身份参加诉讼,被执行人作为执行标的的名义所有者,对案件查清及执行程序的顺利推进有至关重要的作用,因此,被执行人加入诉讼是有必要的,但对于被执行人而言,无论执行异议之诉的结果为何,其都不能再分享争议执行标的中应执行部分的利益,故案外人执行异议之诉对被执行人的权利影响不明显。我国目前实行的以被执行人的态度作为确定被执行人诉讼地位的规定,完全依照被执行人的态度决定其诉讼地位,不但不符合诉讼主体的内涵,也存在不稳定情况,因为被执行人的态度可能前后不一致或表达不明确,笔者认为,应在立法中明确被执行人的诉讼地位,在案外人执行异议之诉中将被执行人统一列为第三人为宜,如此,被执行人仍可独立、自由地表达其态度,并且避免了在司法实践中被执行人态度模糊不明或前后不一致难以处理的情况。

（四）落实恶意利用执行异议程序阻碍执行的罚则

执行异议之诉审理过程中，是否中止执行，就这一问题，民诉法解释进行了相应的规定，但在司法实践中，各地对该法条的理解存在差异，执行过程中，为了谨慎起见，通常的做法是，无论案外人在诉讼期间是否提供担保，均停止对案涉执行标的的执行，在判决结果做出后再继续或终止对该执行标的的执行。我国许多地区都采用该种做法。由此造成的结果就是，如果案外人和被执行人存在恶意诉讼的情形，可以很轻易地阻碍执行的正常进行，拖延执行时间，给申请执行人造成损失。但是相应的补救措施却没有进行细致的规定，民诉法解释规定申请执行人因此受到损害的，可以另行起诉。实际可操作性不强，且只能由申请执行人主动发起，事实上增加了申请执行人维权的难度和成本。民诉法的规定亦比较模糊笼统，实践中被应用的情况极少。笔者认为，要解决案外人滥用及恶意利用异议程序的现象，应从以下几个方面入手，以期对虚假诉讼起到预防和打击的效果。

首先，严格执行案外人提供担保才能终止执行这一规定。对于在案外人执行异议之诉审理过程中中止执行设置门槛，我国《民事诉讼法》中已明确规定，案外人提供相应担保，人民法院应当裁定中止执行，但在实践中，执行法院却往往出于谨慎，无论案外人是否提供了担保，均先行中止对执行标的的执行，等待诉讼结果作出后再恢复执行，因此，笔者认为，当异议之诉发展至诉讼审理的情况下，若是想要阻止相关执行措施，需要有配套的担保支持，再由受诉法院判断是否中止相关的执行活动。如此一方面可以保障执行人的利益，另一方面也可依靠增长诉讼成本等方式，规避恶意诉讼问题的出现，最后大幅提升执行效率，减少相应的司法成本。

其次，提起诉讼前，应告知异议人虚假异议的后果，目前实践中，虽然《民事诉讼法》中规定了一些当事人恶意诉讼的后果，但是实践中适用不是很多，应当制定实施细则，建立审查机制，可以将案外人最终没有得到支持的案件，纳入强制审查程序，进一步审查判断案外人及申请执行人是否存在恶意诉讼的情形，是否对申请执行人造成了损失，强化强制措施的使用，如果法官认为案外人系出于恶意提起执行异议之诉，则应当对恶意诉讼人进行惩罚，对于情节严重的，如伪造证据进行虚假异议的，更应当移送公安机关处理。另外，根据民事诉讼法相关解释的规定，加强对恶意诉讼的追责，针对案外人因恶意提起执行异议之诉的行为，设立侵权损害赔偿诉讼，并且，在案外人执行异议之诉审理过程中，司法机关如发现有恶意诉讼的可能性，应当主动向申请执行人释明其提起诉讼追责的权利。

最后，对于规制虚假诉讼，还需要加强相关机构的作用。诸如，《民事诉讼法》规定，检察机关可以针对民事诉讼开展监督活动，要充分发挥检察机关的监督职能。应当将案外人提起虚假执行异议纳入检察机关的监督范围内，依靠提起抗诉等形式更正生效判决及裁定，除此之外，对发起虚假诉讼的相关当事人，应依法追究责任，触犯刑法的，应将线索移交公安机关，以有效震慑意图提起虚假诉讼的案外人，阻却虚假诉讼的发生。

试述案外人执行异议之诉

李香丽*

摘要：我国《民事诉讼法》新增设的执行异议之诉，主要分为两类，按提出主体来进行划分，分为案外人执行异议之诉和申请人执行异议之诉，本文只论述案外人执行异议之诉。民事诉讼执行程序的设置是为了保证生效判决的真正落实，更是保护当事人的合法利益。司法实践中因执行财产导致案外利益人的合法权益受损现象增多，因此新增设了执行异议之诉，保护案外人的合法权益，更体现了对物权的有效保护。本文围绕案外人执行异议之诉主题入手，简要分析案外人执行异议之诉一些问题。第一部分是关于案外人执行异议之诉的基本理论，对案外人执行异议之诉的定义、相关概念的辨析，得出案外人执行异议之诉的价值所在及对我国法律结构的构建具有非常重要的作用。第二部分是案外人执行异议之诉的适用条件，分别从执行异议之诉的特别要件、法院管辖、举证证明三个方面阐述。第三部分是对案外人执行异议之诉的主体及特点的研究。第四部分是人民法院对案外人执行异议之诉的审理，通过案例分析和研究，认识案外人执行异议之诉的审判程序。第五部分是对案外人执行异议之诉管辖制度的意见建议，该部分论述了我国案外人执行异议之诉在现实生活中及实践中存在的问题并提出了自己的浅见。

一、案外人执行异议之诉的概念

所谓执行异议之诉，是指在执行过程中当事人和案外人对执行标的

---

* 李香丽，武宣县人民法院民事审判庭书记员。

实体权利存在争议，请求执行法院解决此争议而引起的诉讼。案外人执行异议之诉是案外人对驳回执行标的异议的裁定不服，且与生效裁判无关的情况下向执行法院提起的诉讼，目的是阻止对执行标的的强制执行，维护自己的合法权益。浙江省中级人民法院于 2020 年 11 月 19 日公报案例[（2020）浙 01 民终 4120 号]“杭州杭挂机电有限公司、浙江省浙江商资产管理有限公司执行异议之诉”就是案外人执行异议的一个典型案例，由此案例看得出执行异议之诉对案外人实体权利的保护。

二、案外人执行异议之诉起诉的适用条件

案外人执行异议之诉起诉的适用条件亦包括形式要件与实质要件。就形式要件而言，案外人执行异议之诉的原告是对强制执行标的物享有所有权或者足以排除标的物处分的实体权利的案外第三人，案外人执行异议之诉的被告一般是申请执行人，特殊情况下可将被申请执行人作为共同被告；提起案外人执行异议之诉的期间比较短暂，限于法院有关执行异议的裁定送达之日起 15 日内；案外人执行异议之诉的管辖法院为实施民事执行的执行法院，其他法院无权受理该诉。就实质要件而言，案外人提起执行异议之诉必须有明确的排除对特定执行标的物强制执行的主张，同时该主张及根据是单独成立的，与作为执行依据的原生效裁判没有直接因果关联。

（一）执行异议之诉的特别要件

案外人提起执行异议之诉，除应当符合《民事诉讼法》第 122 条的规定外，还应当具备下列条件：

1. 案外人的执行异议申请已经被人民法院裁定驳回；
2. 有明确的排除对执行标的的执行的诉讼请求，且诉讼请求与原判决、裁定无关；
3. 自执行异议裁定送达之日起 15 日内提起。人民法院应当在收到起诉状之日起 15 日内决定是否立案。

案外人提起的执行异议之诉不符合上述条件的，应当裁定不予受理；已经受理的，裁定驳回起诉。

（二）管辖法院的确定

立法规定由执行法院管辖，但执行法院受理案件后，还可能存在“委托执行”的情形。从法理上分析，受托法院的执行行为应当视为委托法院的行为，案外人应当向委托法院提出异议之诉。然而，这样对当事人和法院都会产生不便，特别是对执行处分的具体内容等难以查明。而且受委托法院具体实施的行为，都应当是其可以自主裁定和实施的。那么，既然是受委托法院的执行行为侵害了案外人的权利，执行异议之

诉也应当向该法院提起,由该法院审理并撤销执行行为才为妥当。因此,在存在委托执行的情况下,受理执行案件的法院只是行使了形式意义上的执行管辖权,而实质意义上的执行管辖权是由受托法院行使的,此时受托法院应当理解为执行法院。

案外人的证明责任。立法明确规定了执行异议之诉的证明责任都是由案外人来承担。针对案外人执行异议之诉来说,将证明责任分配给案外人是无可厚非的。为何在申请执行提起的执行异议之诉中,案外人也承担着证明责任呢?执行异议之诉正是基于案外人的前置程序的裁定来处理实体权利主张,导致了执行申请人无法通过充分的前置程序维护实体权益,因此法院在作出停止强制执行裁定时再给予执行申请人提起异议之诉的机会。所以不管何类主体提起,诉讼实质上处理的都是同一诉讼标的,简单来讲就是阻碍强制执行的措施,这符合的是案外人的利益主张,所以应当要求案外人对存在足以排除强制执行的民事权益承担证明责任,从本质上看,这仍符合证明责任的一般规律。

三、案外人执行异议之诉的主体及特点

(一)案外人执行异议之诉的主体

在执行过程中,由于执行人员仅根据标的物的外观判断权属,难免会出现将案外人的财产作为被执行人的财产查封、扣押、冻结以及其他侵害案外人实体权益的情况。这里的“案外人”,是指执行当事人以外的,对执行标的主张权利,认为法院对某一项或几项财产的执行侵害其实体法上权利的公民、法人和其他组织。案外人执行异议有以下两个特点:一是案外人认为法院的执行侵害了其所有权或其他实体权利,是基于对执行标的物的实体权利提出的异议,是一种实体上的异议。案外人所主张的实体权利必须是依法可以阻止该标的物执行(包括将标的物让与他人和交付他人)的实体权利,而并非所有的实体权利;二是案外人异议的诉讼请求一般为“对执行标的主张实体权利,并请求对执行标的停止执行”,对于案外人主张的实体权利是否可以阻止法院对特定财产的执行,不能一概而论,而应结合案件具体情况确定。通常情况下,案外人大多基于对执行标的物享有所有权而提出案外人异议,因此,实践中最具有典型性的案外人异议是基于所有权提出的异议。然而案外人异议所主张的实体权利并不仅限于所有权,还包括建设用地使用权、宅基地使用权等用益物权,或者其对标的物占有、使用的权利因强制执行而受到妨害,或者其他足以阻止标的物交付或者让与的权利的,均可以提出案外人异议。

案外人异议之诉的目的在于通过诉讼排除对执行标的物的强制执行,是法律赋

予案外人的一种实体上的救济途径。诉讼的目的也不是单纯地确认标的物的所有权或者交付标的物,而是在提出异议无效的情况下进一步通过诉讼排除对特定标的物的执行,这与其他类型诉讼的目的不同。案外人必须先对执行标的提出异议,对法院所作裁定不服的,才可以起诉,而且起诉还要受15日期间的限制,这与通常情况下的诉讼也存在很大差别。

(二)案外人执行异议之诉的特点

与一般的诉讼程序相比较,案外人执行异议之诉有以下特点:

1. 诉讼请求的特殊性。案外人执行异议之诉的诉讼请求是请求法院停止对执行标的物的执行,诉讼的目的在于通过诉讼阻却对执行标的物的强制执行,而非单纯确认标的物所有权或者交付标的物。同时,案外人的诉讼请求应当与原判决裁定内容无关,否则应通过审判监督程序申请再审。

2. 诉讼提起的前置程序。案外人执行异议之诉的启动有法定的前置程序,即只有在执行终结前,案外人对执行标的提出书面异议,待执行法院对书面异议作出驳回其申请的裁定后,案外人才可以提起诉讼。同时,案外人应当在驳回其异议裁定送达之日起15日内提起执行异议之诉,否则人民法院不予受理。

3. 诉讼主体的特殊性。案外人执行异议之诉的原告为案外人,且案外人对执行标的物享有足以排除强制执行的实体权利。被告是申请执行人,在被执行人否认案外人权利时,可以将其列为被告。

4. 举证责任。案外人提起执行异议之诉的,应当就其对执行标的享有足以排除强制执行的民事权益承担举证证明责任。

5. 审理结果。对案外人提起的执行异议之诉,人民法院经审理,按照下列情形分别处理:(1)案外人就执行标的享有足以排除强制执行的民事权益的,判决不得执行该执行标的,原执行异议裁定失效;(2)案外人就执行标的不享有足以排除强制执行的民事权益的,判决驳回诉讼请求。

四、人民法院对案外人执行异议之诉的审理

案外人执行异议之诉以排除对特定标的物的执行为目的,从程序上而言,案外人依据《民事诉讼法》第234条提出执行异议被驳回的,即可向执行人民法院提起执行异议之诉。人民法院对执行异议之诉的审理,一般应当就案外人对执行标的物是否享有权利、享有什么样的权利、权利是否足以排除强制执行进行判断。至于是否作出具体的确权判项,视案外人的诉讼请求而定。案外人未提出确权或者给付诉讼请求

的,不作出确权判项,仅在裁判理由中进行分析判断并作出是否排除执行的判项即可。但案外人既提出确权、给付请求,又提出排除执行请求的,人民法院对该请求是否支持、是否排除执行,均应当在具体判项中予以明确。执行异议之诉不以否定作为执行依据的生效裁判为目的,案外人如认为裁判确有错误的,只能通过申请再审或者提起第三人撤销之诉的方式进行救济。

案外人执行异议之诉是指在执行过程中,案外人主张对执行标的享有足以排除强制执行的实体权利,在法院驳回执行异议申请后又提起诉讼,旨在排除法院对特定执行标的的强制执行。可见,案外人执行异议之诉的出发点是执行程序,落脚点却是审判程序。我国案外人执行异议之诉制度建立时间较短,法律和相关司法解释的规定也较为原始,实践中存在裁判尺度不够统一的情况,因此有必要通过分析研判典型案例,为案外人执行异议之诉的裁判路径提供些许有益参考。

(一)准确判断案外人执行异议之诉的起诉条件

根据《最高人民法院关于适用〈中华人民共和国民事诉讼法〉的解释》(以下简称《民诉法解释》)第303条的规定,案外人提起执行异议之诉,除符合《民事诉讼法》第122条规定外,还应具备三个条件,即案外人的执行异议申请已经被人民法院裁定驳回,有明确的排除对执行标的执行的诉讼请求,且诉讼请求与原判决、裁定无关,自执行异议裁定送达之日起15日内提起。其中,法院审查的重点有两个方面:

1.有明确的排除对执行标的执行的诉讼请求。最高人民法院在(2015)民提字第109号五矿钢铁广州有限公司、广发银行股份有限公司湛江开发区支行等案外人异议之诉案的提审民事判决书中认为,"案外人执行异议之诉的目的,在于排除人民法院对执行标的的强制执行。因此,案外人在执行过程中,提出明确的排除对执行标的强制执行的诉讼请求,是案外人执行异议之诉的必备要件。本案五矿公司的诉讼请求仅为请求确认对案涉钢材的所有权,并没有提出明确的阻却对案涉钢材强制执行的诉讼请求。本案性质为所有权确认之诉,而非案外人执行异议之诉。"可见,案外人提起执行异议之诉的诉讼请求的内容中必须要有明确的对执行标的停止执行的请求,如果案外人仅请求确权,而未请求排除执行的,就不符合案外人执行异议之诉的起诉条件,法院不能按照执行异议之诉的相关规定进行审理。

2.诉讼请求与原判决、裁定无关。如何理解判断诉讼请求与原判决、裁定无关呢?最高人民法院在(2019)最高法民再375号贾某、中天建设集团有限公司等执行异议之诉案中认为,"'与原判决、裁定无关'是指案外人提出的执行异议不含有其认为原判决、裁定错误的主张。案外人主张排除建设工程价款优先受偿权的执行与否定建设工程价款优先受偿权权利本身并非同一概念。前者是案外人在不否认对方权利的前提下，对两种权利的执行顺位进行比较，主张其根据有关法律和司法解释的规定享有的民事权益可以排除他人建设工程价款优先受偿权的执行；后者是从根本上否定建设工程价款优先受偿权权利本身，主张诉争建设工程价款优先受偿权本身不存在。”在该案中，贾某提出的诉讼请求和具体理由并没有否定原生效判决确认的中天建设集团有限公司所享有的建设工程价款优先受偿权，而是意在请求法院确认其对案涉房屋享有可以排除强制执行的民事权益。

（二）明确划定案外人执行异议之诉的审理范围

在案外人执行异议之诉中，法院在审理案外人主张的事实和理由能否排除执行之外，是否应当审理案外人主张的实体权利的性质和归属呢？对此可以从理论、法律适用和实践三个层面进行探讨：

1. 从理论上讲，实体权利确认是基石，排除执行是目标。案外人执行异议之诉是执行法院通过审判程序对案外人是否享有“足以阻止执行标的转让、交付的实体权利”进行审查处理，目的在于排除对该执行标的的强制执行，所以其内在逻辑是：实体权利的确认审查是基石，排除执行的异议审查是目标。如果不审理实体权利的性质和归属，不对执行标的进行确权，就无法判断案外人所主张的事实和理由能否排除执行。因此案外人执行异议之诉的审理范围一般应包括确认案外人是否享有实体权利和该实体权利是否足以排除执行。

2. 就法律适用而言，案外人执行异议之诉包括确权诉讼的审理和是否排除执行问题的审查。根据《民诉法解释》第 303 条、第 310 条第 2 款的规定，案外人提起执行异议之诉时，必须提出明确的排除对执行标的强制执行的诉讼请求，同时提出对执行标的予以确权的诉讼请求的，法院可以在判决中一并作出裁判。同时《最高人民法院关于人民法院立案、审判与执行工作协调运行的意见》第 8 条规定：“审判部门在审理确权诉讼时，应当查询所要确权的财产权属状况。需要确权的财产已经被人民法院查封、扣押、冻结的，应当裁定驳回起诉，并告知当事人可以依照民事诉讼法第二百二十七条〔1〕的规定主张权利。”这意味着执行程序开始后，案外人对执行标的物主张实体权利的，应提起执行异议之诉而非另案确权之诉，如果案外人提起执行异议之诉后又对执行标的物提起确权之诉，法院可以一并审理。因此从相关司法解释来看，案外人执行异议之诉中，一般包括是否排除执行问题的审查以及确权诉讼的审理。

---

〔1〕 现为《民事诉讼法》第 234 条。——编者注

3. 司法实践也逐步形成共识，法院的审理范围既包括实体审查，还包括异议审查。如果不审理实体权利的性质和归属，在受理执行异议之诉以后就无法作出有效的处理，所以审理中无论当事人的诉讼请求是否包括确权的请求，法院在审理执行异议之诉时均要查清实体权利的性质和归属，然后对该权利能否排除执行进行审查判断。

首先进行实体审查，即确认案外人就执行标的物是否享有权利、享有什么样的权利。在(2017)津民终151号李某某、天津铁合金交易所有限公司等执行异议之诉案中，天津市高级人民法院首先对李某某就讼争房屋是否享有实体权利进行审查分析，确认其对讼争房屋享有应受法律保护的物权期待权。根据《最高人民法院关于人民法院办理执行异议和复议案件若干问题的规定》第28条之规定，天津高院认为，“李某某与张某某之间签订了合法有效的房屋买卖合同，李某某按照合同的约定履行了支付全部购房款的义务，并已实际占有讼争房屋。虽因不动产变更登记事项尚未完成，李某某还不是房屋所有权人，但其因合法有效的房屋买卖合同而对讼争房屋享有物权期待权，该权利依法应受法律保护。”

然后进行异议审查，以判断案外人享有的实体权利是否足以排除强制执行。天津高院在对李某某享有的实体权利作出认定后，就对李某某所享有的物权期待权是否优先于执行依据的请求权进行比较分析，从而对是否足以排除强制执行作出判断。天津高院认为，“从性质上而言，物权期待权属于债权范畴，但该债权不同于一般的债权。李某某已经依照合同履行完毕支付取得物权之对价等义务，预期物权将确定无疑地变更到其名下，在与申请执行人实现一般债权发生冲突时，应优先保护李某某的物权期待权。”故“原审法院认定李某某享有足以排除强制执行的民事权益，并据此停止对讼争房屋的执行，并无不当”。

(三)合理设定案外人执行异议之诉的判决主文

案外人执行异议之诉判决主文的构成，尤其是是否作出具体的确权判项，应视案外人的诉讼请求而定。基于2016年9月28日发布的《民事判决书(案外人执行异议之诉用)文书样式》所确立的三种不同的判决主文，可进行选择使用：

1. 案外人未提出确权请求的，不作出确权的判项，但应在裁判理由中对案外人是否享有实体权利，享有何种实体权利进行分析判断，并作出是否排除执行的判项。在这种情况下，根据《民诉法解释》第310条的规定，参考文书样式，案外人执行异议之诉的判决主文大致表述为：第一种，案外人就执行标的享有足以排除强制执行的民事权益的，写明“不得执行(写明执行标的)，并依法解除对(特定标的物)的查封、扣押、冻结、拍卖等执行措施和程序”。第二种，案外人就执行标的不享有足以排除强制执行的民事权益的，写明“驳回（原告姓名或名称）的诉讼请求”。

2. 案外人仅提出确权请求，未提出排除执行请求的，法院确权判决主文不产生排除执行的效力。首先，应明确在执行过程中案外人对执行标的物主张实体权利的，应提起执行异议之诉而非另案确权之诉。其次，如果案外人仅提出确权请求，而未提出排除执行请求的，法院就此作出判决，在裁判主文仅表述实体权利审查结果，并不能包含异议审查，不能自然发生排除执行的效力。如最高人民法院在（2014）民申 1927 号沈阳一运实业有限责任公司、姜某等案外人执行异议之诉中认为，执行异议之诉的目的就是阻止执行，故案外人在执行异议之诉中必须有明确排除对执行标的执行的诉讼请求。而本案中姜某、池某的诉讼请求是确认抵债协议有效及抵债资产归姜某、池某所有，并没有排除执行的诉讼请求。但案外人提出其拥有该执行标的物的实体权利是为了对抗执行，作为停止执行的事实理由。法院审查姜某、池某是否拥有该执行标的物的实体权利的目的也是确定是否停止执行。而二审判决主文仅判决姜某与辽宁樱桃谷公司抵债协议书有效，并不能达到确认“租金停止支付给沈阳宝真宝超市”的裁定内容是否停止执行的目的。故二审判决错误，应予纠正，裁定指令辽宁省高级人民法院再审本案。

3. 案外人既提出确权请求，又提出排除执行请求的，法院应在具体判项中均予以明确，并厘清二者的逻辑关系。在这种情况下，法院对确权请求是否支持和是否排除执行，均应当在具体判项中予以明确。在判决主文的构造上，应厘清二者之间的逻辑关系，即案外人通过执行异议之诉目的在于排除执行，但能够完成异议审查排除执行的前提在于实体权利的确认。因此判决主文应以异议审查的结论为主，主文表达方式可大致表述为：“确认案外人（姓名或名称）享有实体权利（写明实体权利类型），并据此不得执行（特定标的物），依法解除对（特定标的物）的查封、扣押、冻结、拍卖等执行措施和程序。”

五、关于案外人执行异议之诉管辖制度的意见建议

（一）现行执行异议制度存在的缺陷

我国民诉法对执行异议制度的规定，赋予了相关案外人保护自身合法利益的权利，对于纠正法院强制执行过程中的不当行为，确保法律的正确实施，起到了一定的积极作用。但是由于在我国民事诉讼法中，案外人的执行异议是向执行员提出的，由执行员进行审查，案外人不能通过诉讼解决，削弱了该制度在保障案外人合法权益方

面的功能,对民诉法进行深入分析,就会发现该制度明显存在缺陷。

(二)存在问题及原因分析

执行异议管辖制度尚未完善,当事人提出执行异议的时候,有时候虽不存在管辖方面的问题,虽然最高法有明确的规定由执行部门进行审查,但是各个法院的实际操作情况不尽相同,存在立案审查时由谁来进行审查的不够明确的问题,由立案部门进行审查并直接立案会出现有些案件并不符合提出执行异议的条件要求就进行立案的情况。这些问题的存在主要在于没有完善的制度及部门之间的分工不够明确。

(三)建议完善相关制度,进一步明确细化法院内部各部门的分工

1. 建议执行异议应当由采取执行措施的法院管辖,主要是为了兼顾执行效率和诉讼公正,在执行法院与作出执行名义(生效法律文书)的法院不一致的情况下,为避免执行异议的判决与作为执行依据的原判决在事实认定上相矛盾,应由作出生效法律文书的法院负责执行异议的审查。

2. 执行异议案件应采用专属管辖原则,即由执行法院管辖,此种规定既涵盖级别管辖,又涵盖地域管辖。所谓执行法院,是依据执行管辖的原则所确定的对生效法律文书采取强制执行措施的法院。《民事诉讼法》第 231 条规定:“发生法律效力的民事判决、裁定,以及刑事判决、裁定中的财产部分,由第一审人民法院或者与第一审人民法院同级的被执行的财产所在地人民法院执行。”因此,不同的生效法律文书,其执行法院有所不同:第一,法院作出的生效判决书、裁定书,一般由作出一审文书的法院执行或由同级别的被执行财产所在地法院执行。第二,法院作出的调解书,由制作调解书的法院或同级别的被执行财产所在地法院执行。第三,财产保全裁定、先于执行裁定,由作出裁定的法院或同级别的财产所在地法院执行。第四,支付令,只能由制作支付令的基层法院执行。第五,对我国国内仲裁机构作出的裁决和我国的涉外仲裁机构作出的裁决的执行,由被执行人住所地或被执行财产所在地的中级人民法院执行。

对于执行异议的管辖权问题,多数国家的执行立法规定由执行法院管辖。由执行法院受理执行异议之诉,可以直接决定是否中止执行,在对执行异议之诉作出判决时,可以直接决定是否终结执行或变更执行,能及时保护案外人合法权利,提高程序上的效率。就我国而言,笔者认为执行异议之诉原则上应由执行法院受理,如果生效裁判是上级法院二审作出的,或是外地法院委托执行的,应移送作出生效法律文书的法院处理。这样,一方面可避免级别管辖的冲突;另一方面避免执行异议之诉的判决与原审判决相矛盾,提高诉讼效率。

结　语

案外人权益救济制度的构建和完善,需要理论界的不懈探索,亦需要司法实践的检验。对案外人之损害提供救济,符合民众对公平正义的追求,符合当前司法改革的努力方向。法律是利益平衡的艺术。在司法实践中,如何贯彻利益平衡原则,在充分保护案外人权利的同时,妥善抑制案外人滥用权利的现象,让“诉讼结果”而非“诉讼程序”成为救济,在当前阶段,更具现实意义。

案外人执行异议之诉新特性问题探析

——以《九民会议纪要》精神为视角

曾亦桦*

摘要：本文从民事诉讼制度体系的一般原理出发，以《九民会议纪要》总结案外人执行异议之诉实践经验取得的最新理论成果为指导，围绕实践中存在的依法保护案外人与防止滥用诉权的突出矛盾，平衡保护案外人与执行当事人的合法权益，深入分析了案外人执行异议这一特殊诉讼制度与普通诉讼制度相区别的特定性，揭示了案外人执行异议之诉的理论逻辑性和制度优势，为避免案外人执行异议之诉成为解决“执行难”的“双刃剑”，尽可能一次性解决案外人与其他当事人纠纷，提高执行诉讼裁判的权威性，提供新的思路。

近几年来，全国法院受理的执行异议之诉数量呈几何级的增长。由于执行异议之诉横跨执行程序与审判程序，兼有诉讼程序问题与实体问题，并且由于各方当事人的利益聚焦于对执行标的物的争夺，其中又存在当事人的身份利益与财产权益的交错，从而使法律关系更为复杂，加上个案中具体事实认定困难，裁判难度较大。这都使执行异议之诉案件的办理成为当前民商事审判及法律实务中的热点和难点。[1] 在当前，社会、经济关系向复杂转变，人民群众对司法需求期待日益增强的新形势下，执行异议之诉的审判理念、审理范围、审判规则正面临更新调整，

---

* 曾亦桦，广西壮族自治区高级人民法院执裁庭四级高级法官。

〔1〕 司伟主编：《执行异议之诉裁判思路与裁判规则》，法律出版社2020年版，前言。

对审理规则不同的认识直指人民法院案件的审理质量和效率。本文试从案外人执行异议之诉的特定性入手,以最高人民法院《全国法院民商事审判工作会议纪要》(以下简称《九民会议纪要》)精神为指引,从诉讼功能、法律特性、实质审查等方面,对破解案外人执行异议之诉新难题进行探析。

一、《九民会议纪要》关于执行异议诉讼制度的新发展

(一)审判理念和原则上的新发展

《九民会议纪要》提出在审理案外人异议之诉时,坚持利益平衡原则、坚持实质审查原则、坚持权利甄别原则、坚持生存利益优先原则,体现了以人民为中心的时代要求,体现了实质正义的司法公信力要求。案外人执行异议之诉制度作为《中华人民共和国民事诉讼法》(以下简称《民事诉讼法》)规定的较新制度,虽然填补了对案外人实体权利救济的空白,但仍然面临着理论研究、裁判理念、裁判规则不够完善等问题。在审判实践中还存在认定事实难、适用法律难、同案不同判等诸多困扰,导致此类案件审判相关问题频繁出现,亟待解决。《九民会议纪要》提出,执行异议之诉通常涉及申请执行人、被执行人以及案外人多方主体,同时涉及多项生效裁判文书所确定的权利义务内容,案外人和执行主体之间利益冲突和对抗情绪激烈。在审理此类案件时,法院面临巨大压力,一方面要依法维护生效法律文书的司法权威,避免让案外人执行异议之诉成为被执行人拖延执行的工具;另一方面又要为案外人提供充分的实体性救济渠道,在审理中妥善平衡各方利益关系,防止当事人滥用诉权。[1] 在审判理念上,《九民会议纪要》进一步明确了案外人执行异议之诉的目的方向,既依法强制执行,防止滥用诉权,提高执行效率,又依法充分保护案外人实体权利,平衡各方利益关系。这对案外人执行异议审查程序的适用提出了更高的要求,如果不能严格依法准确适用案外人执行异议程序,将不可避免导致诉权滥用,影响强制执行效率。这意味着在适用这一程序的目的上,应当保证合法强制执行与防止诉权滥用并重,并为案外人提供充分的实体权利救济渠道,化解各方利益冲突,取得良好的社会效果。

(二)案外人执行异议之诉审理范围的扩大

《九民会议纪要》第 119 条认为,人民法院对执行异议之诉的审理,一般应当就案外人对执行标的物是否享有权利、享有什么样的权利、权利是否足以排除强制执行进

---

〔1〕 参见:《〈全国法院民商事审判工作会议纪要〉理解与适用》,人民法院出版社 2019 年版,第 600 ~ 601 页。

行判断。案外人未提出确权或者给付诉讼请求的，不作出确权判项，仅在裁判理由中进行分析判断并作出是否排除执行的判项即可。但案外人既提出确权、给付请求，又提出排除执行请求的，人民法院对该请求是否支持、是否排除执行，均应当在具体判项中予以明确。该精神实际上是扩大了案外人执行异议之诉的审理范围。依照民事诉讼法的规定，案外人的诉讼请求是排除法院强制执行。这是案外人为保护物权而行使的排除妨碍请求权，但由于其请求的依据是案外人主张对执行标的物享有足以排除强制执行的民事权利，因此，案外人确权请求也应当是这一诉讼请求的重要因素，也是法院审理判断的主要内容。《九民会议纪要》在《民事诉讼法》规定的基础上，进一步明确了案外人可以提出的诉讼请求，包括确权之诉和在确权之诉基础上的给付之诉，并在此基础上的排除执行的请求。对案外人这一请求是否支持，均应在具体判项中予以明确。这虽然突破了民事诉讼"告什么审什么"的一元结构的传统，但却为一次性解决纠纷提供了制度保障，顺应了减少当事人讼累的司法需求，具有积极的社会意义。

（三）完善准确适用案外人执行异议之诉新限制

由于案外人执行异议之诉是民事诉讼制度体系中特殊救济程序，旨在保护执行阶段案外人合法权益，因此，在适用案外人执行异议之诉时，民事诉讼法有严格限制性规定，突破这些法定条件的限制，必然迟滞执行，并形成与一、二审普通民事诉讼程序并列的新的诉讼阶段，从而破坏完整的民事诉讼制度体系。在适用案外人执行异议之诉限制上，《民事诉讼法》第 234 条的规定，案外人认为原判决、裁定错误的，依照审判监督程序办理。《九民会议纪要》第 119 条意见进一步提出，案外人执行异议之诉不以否定作为执行依据的生效裁判为目的。案外人如认为裁判确有错误的，只能通过申请再审或者提起第三人撤销之诉的方式进行救济。这就进一步划清了案外人执行异议之诉与案外人申请再审和第三人撤销之诉制度的适用界限，有利于当事人充分利用不同的诉讼制度维护自己的合法权利，同时，也为法院充分利用不同的诉讼制度，公正高效地审结各类执行争议提供了制度保障，应当说这是民事诉讼制度专业化分工发展的新成果。对于诉权滥用问题立法上也作了限制，对恶意串通进行虚假诉讼，以及不当诉讼行为的损害赔偿责任作了明确规定。如《最高人民法院关于适用〈中华人民共和国民事诉讼法〉的解释》（以下简称《民事诉讼法解释》）第 313 条第 2 款规定："被执行人与案外人恶意串通，通过执行异议、执行异议之诉妨害执行的，人民法院应当依照民事诉讼法第一百一十六条规定处理。申请执行人因此受到损害的，可以提起诉讼要求被执行人、案外人赔偿。"《九民会议纪要》也重申了强化对滥用诉权的限制，同时，从程序选择权上完善了案外人选择适用案外人保护程序的限制。依据《九民会议纪要》第122条的规定，按照启动程序的先后，案外人只能选择相应的救济程序：案外人先启动执行异议程序的，对执行异议裁定不服，认为原裁判内容错误损害其合法权益的，只能向作出原裁判的人民法院申请再审，而不能提起第三人撤销之诉；案外人先启动了第三人撤销之诉，即便在执行程序中又提出执行异议，也只能继续进行第三人撤销之诉，而不能依《民事诉讼法》第234条申请再审。《九民会议纪要》对案外人执行异议之诉制度的经验总结和审判理念思路的新发展，为充分发挥案外人执行异议之诉特殊的制度保障作用，破解法院执行中执行与否的两难境地将发挥重要作用。

二、案外人执行异议之诉特定性的再认识

（一）案外人执行异议之诉实践现状

执行异议之诉作为执行领域案外人实体权利的救济诉讼制度，与普通诉讼制度相比，在整个民事诉讼制度中处于补充保障的地位。实践中，人们容易把利害关系人提出的执行行为异议，与案外人提出的执行标的异议混同认识，有的将案外人另行提起诉讼和申请再审之诉与案外人执行异议之诉混同，甚至将案外人执行异议之诉当作逃避执行的合法手段。根据2016年至2018年对广西各中级法院及辖区基层法院受理执行异议、复议案件以及执行异议之诉案件的统计情况，在法院所受理的执行异议、复议、执行异议之诉案件中，支持异议的占20.6%，驳回异议的占78.4%，当事人撤回申请的占1%。合计得到支持的执行异议仅占二成。[1] 这反映了除了社会大众对执行异议及其执行异议诉讼制度了解不足以外，也确实存在部分当事人利用执行救济程序，故意拖延执行、阻碍执行，损害了司法公信力的问题。

（二）案外人执行异议之诉的法律特定性

为正确把握《九民会议纪要》的新精神，充分发挥案外人执行异议之诉在维护合法权利、保障依法执行的制度优势，有必要从理论上深入分析和把握案外人执行异议制度的法律特定性，为依法准确适用案外人执行异议之诉提供理论指导。

案外人执行异议之诉除了与普通诉讼都具有法律地位平等性、诉讼对抗公开性和两审终审制等相同特点外，与普通民事诉讼和其他诉讼制度相比较，有着明显的法

---

〔1〕 参见《关于广西法院“审执分离”改革情况的调研报告——以执行异议、复议、执行异议之诉案件的审理实践为视角》，载《广西审判实务与探索》（2020年第1辑，总第15辑），法律出版社2020年版。

律特定性。

1.诉讼主体的单一性。案外人执行异议之诉的原告只能是执行当事人之外的第三人,也不是执行依据生效裁判的当事人。这是由案外人执行异议诉讼请求的独特性决定的。案外人诉讼请求排除人民法院对执行标的物的强制执行,其本质上就是对案外人享有合法民事权益的排除妨碍,因而,案外人执行异议之诉的诉讼主体只能限定在执行当事人和特定案外人范围内。这是法院审查申请或起诉时特别要慎重考虑的问题。案外人执行异议之诉的被告只能是执行案件的申请执行人或被执行人。案外人提起执行异议之诉的,以申请执行人为被告。被执行人反对案外人异议的,被执行人为共同被告;被执行人不反对案外人异议的,可以列被执行人为第三人。这就极大限制了案外人执行异议之诉当事人的范围,为法院提高案外人执行异议之诉的质量和效率提供了极为有利的条件。

2.管辖法院的专属性。这是由执行法院承担执行生效裁判的法定职责所决定的。依照《民事诉讼法》的规定,案外人执行异议之诉的受理属于专属管辖,只能由案件执行法院受理。案外人向其他法院提起执行异议之诉的,应当不予受理,已经受理的应当驳回起诉。

3.诉讼目的的排除性。案外人提起执行异议之诉的诉讼目的是排除法院对执行标的物的强制执行,排除执行的法定理由和条件只能是执行标的物上具有案外人依法享有的民事权益。这一民事权益依法具有排他的绝对性,突破这一底线将会使法院执行行为失去公正性。也正因如此,立法上才赋予案外人享有对抗法院公权力性质的执行强制力的民事权利。这也是法律特别保护案外人合法权利的根本原因。因此,《民事诉讼法解释》第303条明确规定,案外人起诉必须提出排除对执行标的强制执行的诉讼请求。

4.举证责任的严格性。《民事诉讼法解释》第309条规定,案外人应当就其对执行标的享有足以排除强制执行的民事权益承担举证证明责任。对案外人的举证责任特别强调了“足以”一词,其立法本意是对案外人实行严格举证证明责任,即案外人对执行标的是否享有足以排除强制执行的民事权利必须承担严格证明责任。立法上如此规定具有重要意义:一是严格维护生效裁判的权威性,确保高效执行;二是平等保护案外人和执行当事人的合法权利,排除侵害案外人合法权利的强制执行行为;三是严格防止案外人滥用诉权达到合法阻碍执行的目的;四是严格防止执行当事人恶意串通,通过虚假诉讼行为造成执行难。通过严格举证证明制度,依法保护案外人的合法权益,其本质是保证法院强制执行公权力的合法性,实现执行公正高效权威。

5. 法律效力的排斥性。依照《民事诉讼法》及其司法解释规定,法院受理案外人执行异议之诉后,将产生如下排斥性法律效力:法院在审理案外人执行异议之诉期间,不得处分执行标的物;对案外人执行异议之诉,人民法院判决不得对执行标的执行的,之前对案外人的执行异议裁定自动失效;对妨碍执行行为的排斥。如依据《民事诉讼法》《民事诉讼法解释》的相关规定,被执行人与案外人恶意串通,通过执行异议、执行异议之诉妨害执行的,应当依法予以罚款、拘留,构成犯罪的,依法追究刑事责任。对申请执行人造成损害的,申请执行人可以向被执行人、案外人提起赔偿诉讼。案外人诉讼法律效力,为诉讼当事人提供了充分平等的诉讼条件和环境。

三、在审判实务中应注意的几个问题

修改后的《民事诉讼法》进一步完善了案外人救济制度,在保留案外人执行异议之诉及案外人申请再审的基础上,新设立第三人撤销之诉制度。由于相关当事人错综复杂的关系引起的认识偏差,为当事人选择不同救济制度和法院适用不同救济程序带来了困扰。[1] 案外人执行异议之诉似乎成为“双刃剑”,人民法院把握不准,执行异议之诉就成为合法阻却执行,导致新的人为“执行难”。从经济生活的复杂性来看,由于执行标的负载权利的多样性,法院难以统一裁判认识,至少有两种以上解决方案的情况时有发生。[2]

面对实践中的困境,需要从民事诉讼制度体系整体上,进一步界定案外人执行异议制度的定位和作用,并从立法目的出发把握适用案外人执行异议程序的原则。在审判实践中,要着重引导案外人依法选择救济制度,依法适用案外人救济程序,充分发挥案外人执行异议之诉制度优势,避免落入依法保护与诉权滥用两难选择境地。

笔者认为,适用案外人执行异议程序的原则,应当坚持民事证据规则,尤其要坚持案外人执行异议“足以”证明的严格举证责任;坚持严格依法确认权利原则,除法律另有规定,尤其要坚持不动产物权未经物权登记,不发生物权效力;坚持诉讼经济原则,尽量一次性解决案外人确认之诉、给付之诉,减少诉讼成本,取得良好社会效果。在具体处理上,着重解决以下几个方面的问题:

(一)依法保护案外人程序选择权,有效保护案外人合法诉权

《民事诉讼法解释》第303条规定:“案外人提起执行异议之诉,除符合民事诉讼

---

〔1〕 参见最高人民法院民事审判第二庭编著:《〈全国法院民商事审判工作会议纪要〉理解与适用》,人民法院出版社2019年版,第599页。

〔2〕 参见王毓莹:《案外人执行异议之诉的裁判要点》,载《人民司法(案例)》2020年第14期。

法第一百二十二条规定外，还应当具备下列条件：……（二）有明确的排除对执行标的执行的诉讼请求，且诉讼请求与原判决、裁定无关……”案外人执行异议之诉是以排除强制执行为目的，而不以否定执行生效裁判为目的。因此，案外人诉讼请求与执行裁判是否有关联，决定案外人选择何种案外人保护程序。

笔者认为，案外人提出的诉讼请求与执行生效裁判无关，主要是指案外人的诉讼请求所依据的事实理由、认定的法律关系、裁判结果，与执行生效裁判所认定的案件事实、法律权利义务关系和裁判结果没有关联。如果案外人的诉讼请求所依据的理由表明，执行生效裁判在认定事实、适用法律和处理结果上存在错误，则应告知案外人按照申请再审程序或者第三人撤销之诉处理。案外人提出执行异议申请，并被裁定驳回后，又提起第三人撤销之诉的，法院不予受理。因此，法院在审查案外人执行异议时，要着重审查案外人执行异议诉讼请求的内容和依据，依法选择适用正确的案外人保护程序。

实践中，案外人对执行标的享有较为广泛的异议权。在执行生效裁决中，对人民法院依法强制执行的执行标的物，案外人都可以提出执行异议，包括对动产、不动产、财产权利凭证、财产权利证书等。对下列案外人提出的执行异议，应当按照《民事诉讼法》第234条规定的案外人执行异议程序立案受理：

1. 第三人提起撤销之诉后，法院未中止生效判决、裁定、调解书执行，第三人提起执行异议的。[1]

2. 案外人对人民法院执行仲裁裁决的执行标的提出执行异议的。除人民法院执行查封、扣押、冻结被执行人的财产外，案外人对被执行人通过仲裁裁决将法院查封、扣押、冻结的财产确权或者分割给案外人的仲裁裁决标的物，也可以提起案外人执行异议。[2]

3. 案外人以合法持有财物或者票证提出执行异议的。这里作为执行标的的“财物、票证”，主要是指经生效裁判确定交付的动产凭证、有价证券、财产权利证书等。[3]

4. 案外人对法院执行被执行人对他人的到期债权提出异议的。[4]

---

〔1〕《民事诉讼法解释》第301条规定。

〔2〕《民事诉讼法解释》第477条规定。

〔3〕《民事诉讼法解释》第493条规定。

〔4〕《民事诉讼法解释》第499条规定。

(二)案外人应当履行严格举证证明责任

依照《民事诉讼法解释》第309条的规定,案外人提起执行异议之诉,应当对执行标的享有足以排除强制执行的民事权益承担举证证明责任。该解释第310条、第463条进一步规定了案外人无法证明的不利后果。这些规定,实际上是明确了案外人在执行异议程序中应当承担的严格举证证明责任,和普通的民事诉讼当事人举证责任有所区别。

笔者认为,严格举证证明责任,是指案外人有充分证据证明对执行标的享有排除强制执行的民事权益。对案外人履行严格举证证明责任,应当从以下两个方面认真审查:

1. 有直接证据证明案外人对执行标的享有民事权益。案外人执行异议证据应当具有真实性、合法性、关联性,当事人的陈述、与一方当事人或其代理人有利害关系的证人证言等带有合理怀疑的单一证据,以及被执行人与案外人恶意串通、恶意自认事实的证据,不能作为主张享有民事权益的证据使用。

2. 有证据证明案外人享有的民事权利来源合法,包括善意取得。这里所讲的享有民事权利是指一种现实存在的状态,而不是处于权属不清的争议状态,也不是履行相关法律手续欠缺,尚未实际取得的权利状态。这是对案外人合法权利进行实质性审查的必要条件和主要内容。在案证据无法证明案外人所享有的民事权利来源合法,如交易合同无效、明显不符合交易规则、没有支付关系和支付对价等违反交易习惯的,不能排除强制执行。这是杜绝案外人滥用诉权阻却执行、转移财产的关键。

(三)坚持实质性审查原则,尽可能一次性解决纠纷

《民事诉讼法解释》第310条第2款规定:"案外人同时提出确认其权利的诉讼请求的,人民法院可以在判决中一并作出裁判。"《九民会议纪要》第119条指出:"人民法院对执行异议之诉的审理,一般应当就案外人对执行标的物是否享有权利、享有什么样的权利、权利是否足以排除强制执行进行判断。""案外人既提出确权、给付请求,又提出排除执行请求的,人民法院对该请求是否支持、是否排除执行,均应当在具体判项中予以明确。"这就为审理案外人执行异议之诉指明了清晰的路径,避免审判在"两个方案"之间犹豫不决,甚至出现裁判标准"打架"问题。

关于实质性审查。笔者认为,案外人执行异议之诉的诉讼标的,属于多种法律关系重合的诉讼标的,由此形成诉讼标的争议主要包括:案外人与申请执行人、被执行人之间排除执行关系、案外人与被执行人之间物权法律关系、案外人与被执行人之间

到期债权争议关系、案外人与法院之间协助执行诉讼关系等，这些诉讼争议的解决，为进一步明确案外人在执行异议之诉中享有的民事权利和义务，以及相关当事人的法律责任和义务提供条件，同时也为决定是否排除强制执行，以及满足案外人合法权利诉讼请求的实现创造条件。因此，审理案外人执行异议之诉，坚持实质性审查原则非常重要。

从诉讼请求的内容来看，案外人执行异议之诉的诉讼请求也具有多重性，既有排除妨碍请求，又有确权请求；既有返还执行标的物请求，又有协助执行请求；既有主张合法持有财物、票证请求，又有主张依据另案裁判取得执行标的物请求等。基于这些请求所引发的法律关系争议非常复杂，如何界定案外人诉讼请求及案外人异议案件诉讼标的争议，也面临许多困难。因而，案外人执行异议之诉与传统的单一诉讼标的的诉讼有明显不同，可以说案外人执行异议之诉兼具形成之诉、确认之诉、财产之诉、行为之诉的特点，故不能用传统的单一诉讼标的观念来理解把握案外人执行异议之诉，而应当树立尽可能一次性解决纠纷的审判理念。这也是《九民会议纪要》要求一并解决确权之诉和给付之诉请求的客观根据，也是审判坚持实质性审查，取得良好社会效果的迫切要求。

审理案件实质性审查需要注意以下问题：

1. 依法确认案外人诉讼请求的性质及请求内容。民事诉讼的目的，是保护当事人行使诉讼权利，保证人民法院依法及时确认民事权利义务关系，保护当事人的合法权益。因此，依法确认案外人诉讼请求，理顺案外人与执行当事人的法律关系，是实质性审理的关键。

2. 依法确认案外人享有的权利性质。案外人诉讼请求是以排除法院强制执行为主要目的，并以案外人享有的合法权利作为依据和必要条件。因此，依法确认案外人权利性质是决定其诉讼请求是否得到支持的关键。

3. 依法确认案外人所享有的权利来源是否合法，并根据诉讼请求裁判予以返还、给付。民事权利合法原则是确认民事主体合法取得权利的基本原则。《中华人民共和国民法典》在民事权利一章中明确规定，民事主体依法享有物权等民事权利，并不得滥用民事权利损害国家利益、社会公共利益或者他人合法权益。这就确立了民事权利合法性原则。案外人以对执行标的享有民事权利为理由排除执行，必须首先要求案外人取得的民事权利具有合法性，非法民事权利不仅不能排除强制执行，而且不应得到法律保护。除此之外，还应当注意《九民会议纪要》对排除执行新的限制条件，如该纪要第124条规定，在金钱债权执行中，如果案外人提出执行异议之诉所依据的生效裁判认定合同无效或应当解除,判令向案外人返还执行标的物的,只有在案外人履行返还标的物价款时,才能排除普通债权人的执行;又如《九民会议纪要》第125条规定,如果商品房消费者支付的价款达不到《最高人民法院关于人民法院办理执行异议和复议案件若干问题的规定》(以下简称《执行异议和复议规定》)中所规定的50%,但是支付的价款接近50%,且已按照合同约定将剩余价款支付给申请执行人或者按照人民法院的要求交付法院执行的,且符合其他规定条件的,可以排除对房地产开发企业的强制执行。上述规定有利于平衡相关当事人的利益关系,实现执行公平,有效减少纠纷。相应地,人民法院在排除执行的裁判中,应当根据案外人的诉讼请求,裁判将执行标的物返还或给付案外人,或裁判负有协助履行办证义务的一方当事人履行该义务,尽可能一次性解决案外人与执行当事人的所有争议。

(四)应当注意生效裁判确定的权利对排除强制执行的影响

《执行异议和复议规定》第26条规定,如果执行标的被查封、扣押、冻结前生效的法律文书,判决、裁决执行标的归属于案外人或者向其返还执行标的的,或者裁定案外人受让执行标的、以物抵债的,案外人可以此法律文书排除强制执行。《九民会议纪要》第123条、第124条分别对案外人依据另案生效裁判,对非金钱债权和金钱债权的执行提起异议之诉如何处理作出规定,案外人依据另案生效裁判提起执行异议之诉,均应当遵循作为异议依据的生效裁判所确定的权利,应当优先于作为执行依据的生效裁判所确定的权利,否则不能排除执行。但在金钱债权执行中,如果案外人提出执行异议之诉所依据的生效裁判认定合同无效或应当解除,判令向案外人返还执行标的物的,只有在案外人履行返还标的物价款时,才能排除普通债权人的执行。在审理执行异议诉讼中,面临许多与另案生效裁判、另案查封有关的问题,需要在审判实践中不断总结,依法平衡保护案外人和执行当事人的合法权益。

结　语

问题是时代的呼声,实践中存在的依法保护案外人与防止诉权滥用的突出矛盾,是当前困扰法院解决"执行难"的工作难题。案外人执行异议案多胜少、法院裁判不一,也使这一新的特别诉讼救济制度优势没有充分发挥。本文立足权利平等保护原则,从民事诉讼体系和兼顾实践需求,深入理解把握《九民会议纪要》最新理论成果,着力从溯本清源,准确理解案外人执行异议之诉的立法目的和法律特定性入手,准确定位案外人执行异议之诉功能作用,进一步厘清案外人执行异议之诉的法律特定性和实践迫切要求,试图提出一条特征明显、操作清晰的审判思路,以把握工作规律性,指导实践,促进发挥案外人执行异议之诉制度应有的规制作用。但不可否认的是,由于能力有限,对案外人执行异议之诉多重诉讼请求的本质和复杂法律关系研究还不够深入,以公正高效执行为目的的机制构建对策还思考不足。这也是笔者下一步着重研究的重点,努力为破解当前实践难题,提供新的思路。

专题研究二：涉不动产执行异议之诉

执行异议之诉中抵押权实现的相关问题探析

——以《民法典》第 419 条为视角

周家开*

摘要：《民法典》第 419 条对抵押权行使期间的规定沿袭了原《物权法》第 202 条的规定，但并没有解决诉讼及执行理论与执行实务中一直存在的抵押权行使期间理解不一致的问题。如抵押权人在主债权诉讼中因各种原因未一并主张抵押权，也未通过实现担保物权特别程序取得抵押权执行依据的情况下，能否在执行程序中主张抵押权或要求加入执行程序。对抵押权行使期间与主债权诉讼时效、申请执行时效如何衔接？执行程序中能否直接主张实现抵押权、相关权利人的权利如何救济等问题，理论与实务中有不同的理解，成为执行异议之诉的难点。本文通过介绍抵押权的实现条件、方式及抵押权执行、执行救济及执行异议之诉中存在的相关分歧，从抵押权的性质、执行异议之诉的目的以及一次性解决纠纷等角度，主张应保护抵押权人直接申请执行或要求加入执行的程序权利，执行当事人或案外人有异议的，可通过执行异议及执行异议之诉对其享有的实体权利予以救济，并对执行异议之诉中抵押权的审查范围及提高抵押权的执行效率提出合理化建议。主要观点是：第一，抵押权的行使期间适用申请执行时效的规定，执行程序中抵押权人

* 周家开，广西壮族自治区高级人民法院执行裁判庭副庭长，三级高级法官。

可以直接申请执行或要求加入执行程序。第二,执行当事人或案外人对抵押权效力有异议的可以提起执行异议及执行异议之诉予以救济,执行异议之诉中可以直接审查抵押权的效力,以此为基础判断案外人对执行标的是否享有足以排除强制执行的民事权益。

一、抵押权的实现路径

抵押权,是指债权人对于债务人或者第三人不转移占有而为债权提供担保的抵押财产,于债务人不履行债务时,或者发生当事人约定的实现抵押权的情形,依法享有的就该物变价并优先受偿的担保物权。[1]《中华人民共和国民法典》(以下简称《民法典》)第 394 条明确规定:“为担保债务的履行,债务人或者第三人不转移财产的占有,将该财产抵押给债权人的,债务人不履行到期债务或者发生当事人约定的实现抵押权的情形,债权人有权就该财产优先受偿。”在抵押权法律关系中,提供担保财产的债务人或者第三人为抵押人;享有抵押权的债权人为抵押权人;抵押人提供的担保财产为抵押财产,也叫作抵押物。上述抵押权概念的界定为狭义概念。广义的抵押权概念还包括其他特殊抵押权,如船舶抵押权、航空器抵押权等。我国《海商法》《民用航空法》对这些抵押权作了特别规定,与狭义抵押权的概念和规则有所区别。[2] 抵押权作为最典型的担保物权,具有从属性、特定性、不可分性、物上代位性等特点。借贷行为中,保证和抵押是确保债权得以实现的最有效手段。抵押相较于保证,其担保性更为直接,担保能力明显更强。由于抵押权发挥着极为重要的融资功能与担保功能,因而自罗马法以来,各国民法都将其视为最重要的担保物权,被称为“担保之王”。因而各国也设计完善的制度确保其流畅运行。但我国在程序法上的设计,不足以完善对抵押权人的保护。[3] 程序上实现抵押权的法源依然是实体法。要解决执行救济及执行异议之诉中抵押权实现的问题,需要先厘清抵押权实现的一般条件、方式及其相关法律规定。

(一)抵押权实现的条件

所谓抵押权的实现,是指抵押物所担保的债权已届清偿期,而债务人未履行债务或者出现了当事人约定的实现抵押权的情形时,抵押权人可以通过行使抵押权,以抵

---

〔1〕 杨立新:《物权法》(第 5 版),中国人民大学出版社 2016 年版,第 202 页。

〔2〕 杨立新:《物权法》(第 5 版),中国人民大学出版社 2016 年版,第 202 页。

〔3〕 王利明:《物权法研究》(下卷),中国人民大学出版社 2016 年版,第 1252 页。

押物的价值优先受偿。[1] 这里的“未履行”,既包括债务人在客观上没有履行能力而未履行,又包括债务人在客观上有履行能力而主观上不愿履行,并非指“不能履行”。抵押权的实现将使抵押权人设立抵押权的目的得以实现,并使主债权得以清偿。根据《民法典》第394条第1款的规定及审判实践,抵押权实现一般包括债权有效存在、抵押权有效存在、债务履行期已届满、抵押权人未受清偿四个条件。理由如下:(1)抵押关系所担保的债权合法有效是行使抵押权的前提条件。债权人和债务人之间的债权合同已经合法有效成立,且尚未消灭,才使抵押权人(债权人)得以行使抵押权有了前提条件。若债权因主合同未成立、或被确认无效、或得以撤销、或已消灭,则抵押权没有实现的可能。因此,抵押权人行使抵押权,必须具有有效债权的存在。(2)为担保债权实现而设立的抵押关系合法有效是行使抵押权的前提条件。抵押关系合法有效是指建立的抵押关系符合法律规定的要求,所设定的抵押权依法受到法律保护。只有抵押关系合法有效,抵押权人才能对抵押人提供的抵押物享有抵押权,才可以在债权届期未受清偿时就抵押物优先受偿,这也是行使抵押权的前提条件,即抵押权的实现是以抵押权合法有效地存在为前提的。若抵押所担保的主合同被宣告无效或被撤销,则抵押合同也相应被宣告无效,或者因抵押合同自身的原因而导致抵押合同无效,抵押权自始不能有效成立,则抵押权人也不得行使抵押权。(3)抵押权人行使抵押权以债权已届清偿期为要件。债权的清偿期是指债务人应当清偿债务的时期。债权是否已届清偿期,依当事人的约定,无约定时依当事人的催告或者法定方式确定。抵押权设立的目的在于确保债权的实现,只有当债务履行期限届满而债权未受清偿或全部清偿时,抵押权人才能要求以抵押物优先受偿。债务人没有提前清偿债务的义务。如果债权人的债权未届清偿期而允许抵押权人行使抵押权,将损害债务人依法应当享有的期限利益。[2] 所谓期限利益,是指抵押权人实现抵押权之日与债权到期日的期间内,抵押人所享有的利益。债务人没有提前清偿债务的义务。因此,我国《民法典》第394条第1款明文规定债权已届清偿期为抵押权实现的要件。(4)抵押权人行使抵押权以债务人未履行债务为要件。债务人未履行债务包括债务人拒绝履行、迟延履行和不适当履行。如果债务人到期已履行了债务,或者虽未履行,但依照法律和合同的规定应免除责任的,则主债权人不得行使抵押权,否则,抵押人有权提出抗辩。如果债务不履行是由于债权人的原因造成的,如债权人无正当理由拒绝债

---

〔1〕 程啸:《论抵押权的实现程序》,载《中外法学》2012年第6期。

〔2〕 汤淑梅:《浅议抵押权行使的条件》,载《法律适用》1998年第10期。

务人的履行，则抵押权人也不能行使抵押权。

《民法典》第394条专门规定了抵押权的界定和实现条件。抵押权设立的目的就在于，当债务人不清偿债务时，就抵押财产拍卖、变卖的价值优先受偿。而抵押权的实现，就是要具体实现抵押权人的优先受偿权。抵押权的实现将使抵押权人设立抵押权的目的达到，并使主债权得以清偿。抵押权的实现是以债权有效存在、抵押权有效存在、债务履行期已届满、抵押权人未受清偿为条件。抵押权的实现是抵押权人行使权利的表现，但抵押权包含各项权能，抵押权人行使各项权能，都属于抵押权行使的范畴。而抵押权的实现，只是抵押权人行使其优先受偿权的体现。[1] 还应当注意的是，《民法典》第394条还明确了抵押权的实现包括约定和法定两种情形。约定自不必多说，由当事人的意思表示决定。这也不需要法律对此进行程序上的配套设计。法定的实现条件，主要体现在三个方面：(1)《民法典》第411条规定的债务履行期届满，债权未实现。[2] 这本身也是实现抵押权的必要条件。债权实现，抵押权自然消灭。(2)《民法典》第406条规定的抵押人在抵押期间转让抵押财产，可能损害抵押权的，可以请求抵押人将转让所得的价款向抵押权人提前清偿债务或者提存。[3] 该条是抵押权人的一种防御手段，是为了防止抵押人对抵押财产进行处置而可能有损害抵押权人利益的行为。因《民法典》第406条对抵押财产的转让作了新的规定，抵押财产转让也不需要抵押权人同意。而抵押权就是为了实现抵押财产的交易价值而存在，在抵押财产对外转移的情况下，难免会影响到抵押权人的利益。故抵押权人认为可能损害其权利时，可以要求实现抵押权。实现的方式就是以交易价值清偿债务或者提存。此时，对抵押物的优先受偿权就转化为对所得价款的优先受偿权。(3)法律规定下的特殊情况。这些情况是抵押权人已经来不及按照一般程序或者条件来实现主债权，而抵押物要被处置的情况。比如《民法典》第411条规定的抵押人被宣告破产或解散，以及《最高人民法院关于适用〈中华人民共和国民事诉讼法〉的解释》

---

〔1〕 王利明：《物权法研究》(第3版)(下卷)，中国人民大学出版社2016年版，第1256页。

〔2〕 《民法典》第411条规定："依据本法第三百九十六条规定设定抵押的，抵押财产自下列情形之一发生时确定：(一)债务履行期限届满，债权未实现；(二)抵押人被宣告破产或者解散；(三)当事人约定的实现抵押权的情形；(四)严重影响债权实现的其他情形。"

〔3〕 《民法典》第406条规定："抵押期间，抵押人可以转让抵押财产。当事人另有约定的，按照其约定。抵押财产转让的，抵押权不受影响。抵押人转让抵押财产的，应当及时通知抵押权人。抵押权人能够证明抵押财产转让可能损害抵押权的，可以请求抵押人将转让所得的价款向抵押权人提前清偿债务或者提存。转让的价款超过债权数额的部分归抵押人所有，不足部分由债务人清偿。"

(以下简称《民事诉讼法解释》)第506条规定的申请参与分配制度,“被执行人为公民或者其他组织,在执行程序开始后,被执行人的其他已经取得执行依据的债权人发现被执行人的财产不能清偿所有债权的。可以向人民法院申请参与分配。对人民法院查封、扣押、冻结的财产有优先权、担保物权的债权人,可以直接申请参与分配,主张优先受偿权”,以实现其抵押权。

(二)抵押权实现的方式

《民法典》第410条第2款规定:“抵押权人与抵押人未就抵押权实现方式达成协议的,抵押权人可以请求人民法院拍卖、变卖抵押财产。”由此可见,只有在抵押人和抵押权人双方未就抵押权实现方式达成协议的情况下,才能够请求法院来实现抵押权。依此款规定,抵押权人在实现抵押权时不必再像以前那样,在不能就抵押权的实现方式与抵押人达成协议时,必须先向人民法院提起诉讼,获得胜诉判决并申请强制执行后,才可以对抵押财产拍卖、变卖并就变得价款优先受偿。所谓“未就抵押权实现方式达成协议”,是指债务人不履行到期债务或者发生当事人约定的实现抵押权的情形时,抵押人和抵押权人之间没有达成有关抵押权实现的协议,此时抵押权人可以直接请求法院实现抵押权。所谓“请求人民法院拍卖、变卖抵押财产”,是指抵押权人有权请求法院通过裁定的方式直接“拍卖、变卖抵押财产”以实现抵押权,而无须通过诉讼程序进行实体判决来实现抵押权。[1] 这与原《担保法》的规定是不同的,它有助于节约抵押权实现的成本,最大限度地发挥抵押权的担保功能。抵押权的行使方式,有抵押物折价、变卖、拍卖三种,对此三种方式,当事人可以约定选择其中之一,行使抵押权。当事人选择以抵押物折价、变卖方式行使抵押权的,如果折价、变卖价格过低,有可能损害与抵押物有关的其他债权人的利益,相关权利人可根据《民法典》第410条第1款“……协议损害其他债权人利益的,其他债权人可以请求人民法院撤销该协议”的规定,请求人民法院撤销该协议。一般认为,撤销的对象是法律行为,折价协议在性质上属于债权行为,它与抵押物的交付(抵押物为动产)或登记(抵押物为不动产)一起,引起抵押财产权利自抵押人到抵押权人的移转,由于交付或登记在我国法律中被视为事实行为,不属于撤销的客体,通过法律行为而生的物权变动在我国采取了债权行为加交付或登记的模式,仅有债权行为或交付、登记不能产生物权变动,因而,折价协议损害其他债权人利益的,其他债权人行使撤销权的标的只能是引起物权变动的法律行为,而不是交付和登记。

---

〔1〕 呐喊:《关于担保物权的直接实现问题的分析》,载 http://blog.sina.com,2016年博主读法笔记之三。

在满足前述抵押权实现条件的情况下，抵押权实现途径有四种情况。(1)当事人之间自愿达成处置或者作价协议，自己处置抵押物。如前所述，协议如果损害其他债权人利益的，其他债权人可以依法请求人民法院撤销该协议。此种处置方式与民事执行无关，依然属于意思自治的范畴。(2)《民法典》第410条规定的抵押权人可直接请求人民法院拍卖、变卖抵押财产。在程序上即是《中华人民共和国民事诉讼法》(以下简称《民事诉讼法》)规定的特别程序之一实现担保物权。《民事诉讼法》第203条规定："申请实现担保物权，由担保物权人以及其他有权请求实现担保物权的人依照民法典等法律，向担保财产所在地或者担保物权登记地基层人民法院提出。"第204条规定："人民法院受理申请后，经审查，符合法律规定的，裁定拍卖、变卖担保财产，当事人依据该裁定可以向人民法院申请执行；不符合法律规定的，裁定驳回申请，当事人可以向人民法院提起诉讼。"法律规定抵押权实现的法定程序，是为了借助司法程序，以兼顾抵押人的利益。为衔接实体法与程序法，《民事诉讼法》创设了实现担保物权制度，使担保物权的实现得以在程序上不经诉讼程序。之所以规定特别程序，是因为民事执行需取得执行依据，如不想经诉讼程序，则需在诉讼程序之外创设一个特别程序，于此，《民法典》第410条第2款规定的抵押权的法定实现方式方能实现。进一步而言，作为非诉案件，法定的实现抵押权方式原则上不作实质审查，而仅仅对抵押权是否成立、是否已经届满而未受清偿即主债权范围等进行形式审查，进而作出拍卖裁定。[1] (3)在得到确认抵押权的生效的判决书、裁定书或者仲裁裁决书等后，申请人民法院强制执行。(4)如抵押权人来不及按照一般程序或者条件来实现主债权，而抵押物要被处置的情况下，则按《民事诉讼法解释》第506条规定的申请参与分配制度，以实现其抵押权。

因此，根据我国《民法典》规定的担保物权法律制度和规范，担保物权人在债务人未履行到期债务或者发生当事人约定的实现担保物权的情形，担保物权人即可依法行使担保物权。担保物权人行使担保物权的方式和途径是：担保物权人既可以先行向人民法院提起申请实现担保物权的特别程序，如该申请被人民法院裁定驳回，担保物权人可依法向人民法院提起担保物权的普通诉讼程序；也可以直接向人民法院提起担保物权的普通诉讼程序。在担保物权人以提起普通诉讼程序的方式行使担保物权时，既可以在主债权诉讼中一并提出，也可以在法定期间内单独以担保人为被告提起诉讼。但有的抵押权人为早日拿到执行依据或成为首封债权人等各种原因，在主

〔1〕 戴永盛：《论债权之罹于时效与担保物权之存续》，载《法律科学(西北政法大学学报)》2014年第3期。

债权诉讼中未一并主张抵押权,也未通过实现担保物权特别程序或单独诉讼取得抵押权的执行依据,因而会出现部分案件中生效的判决只有主债权,未有抵押权内容的情况,而在执行程序中主张抵押权或要求加入执行程序。由于申请参与分配制度适用主体的局限性,因此,应否保护抵押权人直接申请执行或要求加入执行的程序权利,执行当事人或案外人的实体权利如何救济等,是笔者在本文中要分析和回答的问题。

二、抵押权执行中存在的相关分歧

现实中,有的抵押权人由于各种原因在主债权诉讼中未一并主张抵押权,也未通过实现担保物权特别程序取得抵押权执行依据,而在执行程序中主张抵押权或要求加入执行程序。应否保护抵押权人直接申请执行或要求加入执行的程序权利,执行当事人或案外人的实体权利如何救济等,执行理论与执行实务中为此产生许多分歧。为便于理解,笔者从一个小案例着手进行分析阐述。

债务人 A 为周转资金向债权人 B 借款,并以其名下房产为 B 设定抵押,办理了房产抵押登记。后 A 未按约定履行还款义务,B 向法院起诉要求 A 偿还债务,但并未一并主张抵押权。法院生效判决要求 A 履行偿还义务,A 仍未按期履行,B 向人民法院申请强制执行。人民法院查封了 A 名下的抵押房产。执行中可能产生以下分歧:

(一)执行中抵押权人可否直接主张实现抵押权

如债务人为自然人或其他组织,执行中,其他债权人申请参与分配,债权人(申请执行人)是否可以以享有抵押权为由主张优先受偿。司法实践中存在两种观点。

肯定说认为,抵押权人可以以生效判决(只有主债权的判决)申请执行,人民法院在执行过程中发现执行房屋有设定抵押权的情况,应通知抵押权人,并进行形式审查。确定抵押权成立的,可以以抵押权来进行执行。执行中他人对抵押权效力提出异议的,抵押权人可以主张自己享有抵押权来排除他人的异议。

否定说认为,抵押权人可以以生效判决(只有主债权的判决)申请执行,人民法院在执行过程中发现执行房屋有设定抵押权的情况,应通知抵押权人,并进行形式审查。确定抵押权成立的,可以以抵押权来进行执行。执行中他人对抵押权效力提出异议的,抵押权人不可以主张自己享有抵押权来排除他人的异议。应当将抵押份额提存或者中止执行,由抵押权人通过其他诉讼程序确认抵押权效力后再继续执行。

如“在没有执行依据的情形下要求行使抵押权对抵押物优先受偿,于法无据”。[1]

笔者支持否定说。但应该从两个层面来理解。首先,人民法院在执行过程中发现执行房屋有设定抵押权的情况,应当通知抵押权人。抵押权人可直接对抵押物主张优先受偿,无论执行依据中是否包含抵押权的内容。其次,他人对抵押权的效力提出异议(执行异议),已经超越了执行异议程序审查的范围的,应当对异议部分中止执行,待通过审判程序(执行异议之诉或执行分配方案异议之诉)确认后再继续执行。这与最高人民法院执行局的观点相同,“但法院对抵押权是否存在只能进行形式审查,如果其他人对抵押权人是否享有抵押权存有实体异议,则抵押权人的抵押权应通过审判程序确认后才能在执行程序中得到保护”。[2] 笔者特别强调的是,这里的审判程序应是根据《民事诉讼法》第 234 条和《民事诉讼法解释》关于执行异议之诉规定进行的审判程序,即在现有民事诉讼程序构架下,执行当事人或案外人可通过执行异议及执行异议之诉对其享有的实体权利予以救济。

(二)执行异议之诉中如何认定抵押权行使期间

《民法典》第 419 条规定:“抵押权人应当在主债权诉讼时效期间行使抵押权;未行使的,人民法院不予保护。”但由于抵押权人因各种原因在主债权诉讼中未一并主张抵押权,也未通过实现担保物权特别程序取得抵押权执行依据,执行程序中主张抵押权或要求加入执行程序,抵押权行使期间与主债权诉讼时效、申请执行时效如何认定与衔接,有几种不同的看法。最大的分歧在于抵押权行使期间是否适用民事诉讼中诉讼时效的一般原则的问题。

中断说认为,抵押权是从权利,抵押权的存续期间适用诉讼时效的规定。向人民法院提起诉讼及申请执行均是法定的诉讼时效中断的事由。因此,主债权基于起诉及申请执行都会引起诉讼时效中断,抵押权的行使期间也相应中断。抵押权在主债务诉讼时效期间内行使都是有效的,人民法院应当予以支持。[3]

固定期限说认为,抵押权的行使期间是一段固定的时间,是以主债权的到期日来确定的。抵押权是物权,并不适用诉讼时效的一般原则。比如主债权的履行期限是 2017 年 2 月 1 日到期。则主债权的诉讼时效和抵押权的行使期间为 2017 年 2 月 1 日至 2020 年 2 月 1 日。主债权诉讼时效的中断不会引起抵押权行使期间的中断。

---

[1] 参见陕西省高级人民法院民事判决书,(2014)陕民一初字第 00009 号。

[2] 刘贵祥:《执行工作指导》,载《执行疑难问题解答》2006 年第 1 期。

[3] 参见江苏省南京市中级人民法院民事判决书,(2017)苏 01 民终 682 号。

倘若申请执行时已超过2020年2月1日,则抵押权失去请求人民法院保护的效力。

消灭说认为,抵押权的行使必须与主债权在诉讼时一并提出。主债权在得到胜诉判决支持后并非引起诉讼时效的中断,而是诉讼时效的消灭。因为得到胜诉判决支持后的主债权不存在仍然需要继续请求人民法院进行司法确认及保护的需要。所以抵押权的行使期间当然也不复存在。

笔者赞成中断说,但观点及理由与其并不完全相同。笔者认为,这个问题涉及抵押权行使期间与主债权诉讼时效、申请执行时效如何认定与衔接的问题。未取得胜诉判决支持的主债权诉讼时效中断的,抵押权行使期间也随之发生同样的法律效果上的变化,即主债权诉讼时效中断,抵押权行使期间也中断。根据《民事诉讼法》第246条的规定,"申请执行的期间为二年。申请执行时效的中止、中断,适用法律有关诉讼时效中止、中断的规定。"已取得胜诉判决支持的主债权不再适用主债权诉讼程序中的诉讼时效,而是适用申请执行期间的规定,由于申请执行期间也适用诉讼时效的一般原则,即主债权诉讼时效终止,开始计算申请执行期间,申请执行期间适用诉讼时效的规定,可以中断。未超过申请执行期间的,人民法院对抵押权予以保护;超过申请执行期间的,人民法院对抵押权不再保护。理由是:(1)诉讼时效是针对债权请求而设定的一种请求人民法院保护的期限制度,而抵押权是物权,本身并不适用诉讼时效。之所以将其与诉讼时效挂钩,是因为抵押权的长期存在会影响抵押物的经济效用,同时又是主债权的从权利,因此,借鉴其他国家和我国台湾地区的做法才会将抵押权的存续期间与主债权的消灭时效或者诉讼时效挂钩。有学者亦是如此建议。[1] (2)既然《民法典》第419条规定抵押权的行使期间与主债权的诉讼时效挂钩,那么理当是一种可变期间。抵押的目的是担保债权的实现,诉讼时效的中断会影响债权的实现进程,但在债权并未消灭的情况下,抵押权的行使期限过窄的话不符合担保目的。(3)主债权获得生效判决的支持后,自然不再存在诉讼时效的问题。而应当适用申请执行时效的规定。申请执行是法律保证当事人胜诉权的程序,是司法公正与权威的体现。如果抵押权的行使期限是固定期限的话,当事人的胜诉权就无法保障。超过申请执行时效后,主债权与抵押权均不应获得保护。(4)有观点认为抵押权存续期间过长会给抵押人造成损失,抵押权人一并主张抵押权并无客观障碍,所以不应当延伸到执行期间。笔者认为,抵押权一般以登记生效或者获得对抗效力,而公示的意义在于维护交易安全。《民法典》第406条已经规定抵押物的转让不必经抵押

---

〔1〕 邹海林:《抵押权时效问题的民法表达》,载《法学研究》2018年第1期。

权人的同意,同时转让后亦不会影响抵押权的实现。因此,抵押财产的交易并无客观障碍,也无给抵押人造成损失的实际情形。涤除抵押权的路径是消灭主债权。在抵押人非债务人的情况中,抵押人通过清偿债权使主债权消灭的,也会获得对债务人的追偿权。因此,不应太过于限制抵押权人的权利,申请执行时效同样适用于抵押权的行使期间。据此,由于申请执行期间也适用诉讼时效的一般原则,即主债权诉讼时效终止,开始计算申请执行期间,申请执行期间适用诉讼时效的规定,可以中断。未超过申请执行期间的,人民法院对抵押权应予以保护。

(三)执行异议之诉中可否直接审查抵押权的效力

由于抵押权人因各种原因在主债权诉讼中未一并主张抵押权,也未通过实现担保物权特别程序取得抵押权执行依据,执行程序中主张抵押权或要求加入执行程序,为此产生的执行异议之诉中,是否可直接审查及确认抵押权,实际上是如何认定执行异议之诉的审理范围的问题。对此存在两种不同的看法。

否定说认为,根据《民事诉讼法》第 234 条的规定,"执行过程中,案外人对执行标的提出书面异议的,人民法院应当自收到书面异议之日起十五日内审查,理由成立的,裁定中止对该标的的执行;理由不成立的,裁定驳回。案外人、当事人对裁定不服,认为原判决、裁定错误的,依照审判监督程序办理;与原判决、裁定无关的,可以自裁定送达之日起十五日内向人民法院提起诉讼。"执行异议之诉的审理范围是与执行依据无关的案外人的实体异议。执行依据原本没有抵押权,在执行异议之诉中审查抵押权并确认其效力实则是对执行依据的变更,超出了执行异议之诉的审理范围。合法的程序应当是对异议部分中止执行,由抵押权人另行提起确认抵押权效力的诉讼。

肯定说认为,执行异议之诉是实质审查程序,具有审查抵押权是否成立的能力。审查完发现抵押权成立,自然可以对抵押权成立作出判项。抵押权成立与否并未直接对原生效执行依据进行变更,因为原执行依据只是主债权的内容。即便原执行依据被再审或变更,执行异议之诉也可以进行相应的中止或者变更程序调整。

笔者同意肯定说,但认为应予以完善。由于抵押权人在主债权诉讼中未一并主张抵押权,也未通过实现担保物特别程序取得抵押权的执行依据,执行程序中主张抵押权或要求加入执行程序的,当事人或案外人为此提起的执行异议之诉或执行分配方案异议之诉中,可以对抵押权的效力进行审查,但不宜在判项中对抵押权进行确认。理由是:根据《民事诉讼法解释》第 308 条的规定,"人民法院审理执行异议之诉案件,适用普通程序",执行异议之诉不同于执行异议审查程序,是实体审查,具有审查抵押权效力的能力。虽然在执行依据的审查中并无案外人参与，但在案外人参与的执行异议之诉中也是适用普通程序审理，审查抵押权只会对案外人有利而不会减损案外人的权益。从一次性解决纠纷和诉讼成本、效率的角度出发，不宜让抵押权人另行通过其他普通诉讼程序确认抵押权的效力。《民事诉讼法解释》第 310 条规定，“对案外人提起的执行异议之诉，人民法院经审理，按照下列情形分别处理：（一）案外人就执行标的享有足以排除强制执行的民事权益的，判决不得执行该执行标的；（二）案外人就执行标的不享有足以排除强制执行的民事权益的，判决驳回诉讼请求。案外人同时提出确认其权利的诉讼请求的，人民法院可以在判决中一并作出裁判”。第 311 条规定，“对申请执行人提起的执行异议之诉，人民法院经审理，按照下列情形分别处理：（一）案外人就执行标的不享有足以排除强制执行的民事权益的，判决准许执行该执行标的；（二）案外人就执行标的享有足以排除强制执行的民事权益的，判决驳回诉讼请求”。对执行标的进行确权的请求只有在案外人执行异议之诉中才可提出。因此，对抵押权人而言，在判项中不宜直接作出确权的判项。据此，由于人民法院审理执行异议之诉案件，适用普通程序，是实体审查，具有审查抵押权效力的能力。在案外人参与的执行异议之诉中审查抵押权只会对案外人有利而不会减损案外人的权益。且从一次性解决纠纷和诉讼成本、效率的角度出发，不宜让抵押权人另行通过其他诉讼程序确认抵押权的效力。这也体现了执行异议之诉与其他普通民事诉讼的主要区别。

三、权利救济路径及审查与建议

（一）权利救济路径

由于抵押权人未按照《民法典》第 419 条的规定，在主债权诉讼中一并主张抵押权，也未通过实现担保物特别程序取得抵押权的执行依据，在执行程序中主张实现抵押权或要求加入执行程序，执行当事人和案外人对执行标的的实体权利将可能为此产生争议。根据《民事诉讼法》第 234 条的规定，“执行过程中，案外人对执行标的提出书面异议的，人民法院应当自收到书面异议之日起十五日内审查，理由成立的，裁定中止对该标的的执行；理由不成立的，裁定驳回。案外人、当事人对裁定不服，认为原判决、裁定错误的，依照审判监督程序办理；与原判决、裁定无关的，可以自裁定送达之日起十五日内向人民法院提起诉讼”。结合前面对抵押权实现条件、方式及存在相关问题的分析，笔者认为，抵押权人虽然在主债权诉讼中未一并主张抵押权，也未通过实现担保物特别程序取得抵押权的执行依据，但在现有法律规范内，由于申请执行期间也适用诉讼时效的一般原则,抵押权人在执行中可直接对抵押物主张优先受偿,未超过申请执行期间的,执行法院对抵押权应予以保护。执行当事人及案外人对抵押权的效力有异议的,可以向执行法院提出执行异议,但执行法院对抵押权是否存在只能进行形式审查,并作出执行异议裁定;如果执行异议当事人对该裁定不服,即对抵押权人的抵押权效力仍有实体异议,应根据《民事诉讼法》第234条和《民事诉讼法解释》关于执行异议之诉规定,依法提起执行异议之诉或执行分配方案异议之诉予以救济,依法保护其合法权益。

(二)执行异议之诉中对抵押权效力的审查

在执行救济中,执行异议和执行异议之诉是执行当事人和案外人救济的重要途径。执行异议之诉案件包括申请执行人执行异议之诉、案外人执行异议之诉、执行分配方案异议之诉、财产保全异议之诉、追加变更被执行人异议之诉。抵押权人无论是申请执行人或案外人,均可产生执行异议之诉案件。对于申请执行人执行异议之诉和案外人执行异议之诉的审理,应就案外人对执行标的物是否享有权利、享有什么样的权利、权利是否足以排除强制执行进行判断,[1]即根据案外人所主张的权利、申请执行人债权实现的效力以及被执行人对执行标的的权利作出比较并综合判断,从而确定案外人的权利是否能够排除强制执行。[2] 因此,执行异议之诉中对抵押权效力应作实质审查。

而审执分离体制改革是为了实现审判权对执行权进行监督制约,但根本目的还是服务执行、助力执行、提高执行效率。这是执行裁判的根本出发点。执行异议之诉属于执行裁判的主要内容,当然也不例外。

由于执行程序中抵押权人可以申请抵押权的执行,当事人或案外人对此有异议的,可依法提起执行异议之诉或执行分配方案异议之诉予以救济,以保护其合法权益。而在执行异议之诉的审查中,对抵押权的效力进行实质审查但不进行确权判项。因为执行异议为执行程序,而执行异议之诉为审判程序。执行程序的价值理念为“效率优先,兼顾公平”,而审判程序的价值理念为“公平优先,兼顾效率”。前置异议审查程序对执行异议之诉的裁判结果不能产生影响。执行异议审查部门对案外人异议的审查主要属于程序性和阶段性审查,而对于认定案外人是否享有足以排除强制执行的民事权益则属于实体救济,应当经诉讼程序予以审查并最终确定,两者的审查标

---

〔1〕 最高人民法院2019年11月14日发布《全国法院民商事审判工作会议纪要》第119条。

〔2〕 王毓莹:《执行异议之诉案件的裁判理念与思路》,载《人民法院报》2017年9月28日。

准和程序均存在明显不同。因此,审理执行异议之诉案件时,应当对案外人享有什么样的实体权利,该权利能否阻却执行作出最终的实体判决。从债权人角度出发,在执行异议之诉中审查抵押权的效力可以减少再一次的诉讼成本支出,节约司法资源。对其他债权人而言亦可以尽快得到清偿。从债务人的角度出发,由于在主债务获得清偿之前,债务利息处于持续计算阶段。鉴于此,非基于债务人的过错,却由其承担大部分损失,对其不公。笔者认为,在法院开展一次性解决纠纷的大背景下,提高执行效率,节约司法成本是必然要求,也是法院审判人员共同努力的方向。具体审查中应注意如下问题:

1. 审查是否有确认抵押权的执行依据

在执行依据中已经确认抵押权的情况下,对抵押权效力提出的异议,人民法院应当不予受理。已经受理的,应当裁定驳回起诉。在执行分配方案之诉中,也只能针对执行依据中抵押权判项内容进行执行,对已经确认的抵押权的内容不能进行审查。根据《民事诉讼法》第234条的规定,与原判决有关的异议应当通过审判监督程序进行处理。

在执行依据中未确认抵押权的情况下,案外人对抵押权效力提出的异议,人民法院应当予以受理。可以直接对申请执行人的抵押权进行审查但不进行确权判项,并以此为基础判断案外人对执行标的是否享有足以排除强制执行的民事权益。如果案外人对执行标的享有抵押权,同样应当对案外人享有的实体权利能否阻却执行,并根据《民事诉讼法解释》第310条、第311条的规定分别判决驳回诉讼请求或判决准许或不得执行该执行标的。如案外人对执行标的享有的是优先于抵押权的消费者物权期待权、工程价款优先权的,则对申请执行人的抵押权是否成立不用再做审查,因无审查的必要。如案外人符合《最高人民法院关于人民法院办理执行异议和复议案件若干问题的规定》第29条的规定,即"金钱债权执行中,买受人对登记在被执行的房地产开发企业名下的商品房提出异议,符合下列情形且其权利能够排除执行的,人民法院应予支持:(一)在人民法院查封之前已签订合法有效的书面买卖合同;(二)所购商品房系用于居住且买受人名下无其他用于居住的房屋;(三)已支付的价款超过合同约定总价款的百分之五十。"[1]无论申请执行人的抵押权是否成立,都不能否认

---

〔1〕 2014年12月29日最高人民法院审判委员会第1638次会议通过,根据2020年12月23日最高人民法院审判委员会第1823次会议通过的《最高人民法院关于修改〈最高人民法院关于人民法院扣押铁路运输货物若干问题的规定〉等十八件执行类司法解释的决定》修正。

案外人阻却执行的申请或者其权利的优先性。故可直接按《民事诉讼法解释》第 310 条、第 311 条的规定作出判决。

2. 审查是否已过抵押权行使期间

根据《民法典》第 419 条的规定,"抵押权人应当在主债权诉讼时效期间行使抵押权;未行使的,人民法院不予保护。"就诉讼时效而言,其以请求权人怠于行使权利持续至法定期间的状态为规制对象,目的在于让罹于时效的请求权人承受不利法律后果,以起到促其及时行使权利之作用,依民法理论通说,其适用范围限于债权请求权。[1] 从权利性质上看,抵押权为担保物权。抵押权是物权绝对权,不是债权请求权,物权请求权不适用诉讼时效的有关规定。因此,具体审查中应注意:

(1)审查抵押权人行使抵押权,是否在主债权诉讼时效届满前提出。担保物权具有从属性,以债权的成立为前提,因债权的移转而移转,因债权的消灭而消灭。作为请求权的债权,除法律有特别规定的外,均需适用诉讼时效期间。担保物权担保的债权多由借贷、买卖、运输、承揽等合同所生,这些主债权都适用诉讼时效。[2] 在原《物权法》颁布之前,鉴于担保法对抵押权等物权没有规定存续期间,《最高人民法院关于适用〈中华人民共和国担保法〉若干问题的解释》(以下简称原《担保法司法解释》)第 12 条第 2 款规定,"担保物权所担保的债权的诉讼时效结束后,担保权人在诉讼时效结束后的二年内行使担保物权的,人民法院应当予以支持",规定抵押权的存续期间为被担保债权时效届满后的二年。当时,原《担保法司法解释》的规定针对实践中当事人以及登记机关对担保物权约定或者要求登记担保期间,尤其是抵押登记机关在办理抵押物登记中,强制性登记抵押期间,一般要求从办理抵押登记之日起算满 6 个月的,必须重新登记,否则抵押权消灭。这些担保期间能否影响担保物权的存续,理论界和实务界分歧很大,因此需要司法解释作出相应回答。原《担保法司法解释》第 12 条第 1 款规定"……担保期间,对担保物权的存续不具有法律约束力",否定了当事人和登记机关可以在法律规定的方式之外消灭物权,坚持了物权法定原则,而且有利于保护债权,降低交易成本。[3] 根据《民法典》第 419 条的规定:"抵押权人应当在主债权诉讼时效期间行使抵押权;未行使的,人民法院不予保护。"《最高人民法院关于适用〈中华人民共和国民法典〉有关担保制度的解释》(以下简称《民法典担保制度

---

〔1〕 王利明:《物权法研究》(第 3 版)(下卷),中国人民大学出版社 2016 年版,第 1256 页。

〔2〕 程啸:《担保物权研究》,中国人民大学出版社 2017 年版,第 61 页。

〔3〕 曹士兵主编:《中国担保制度与担保方法——根据物权法修订》,中国法制出版社 2008 年版,第 276 页。

解释》)第44条规定:“主债权诉讼时效期间届满后,抵押权人主张行使抵押权的,人民法院不予支持;抵押人以主债权诉讼时效期间届满为由,主张不承担担保责任的,人民法院应予支持。”抵押权作为物权,本不适用诉讼时效。但就抵押权而言,其目的在于担保债务的履行,以确保抵押权人对抵押物的价值享有优先受偿的权利。为实现上述目的,抵押权对物之本身必将产生权能上的限制,对物的使用和转让均会发生影响。故,若对抵押权人行使抵押权的期限不进行限制,将使抵押财产的归属长期处于不稳定状态,不仅不利于保护当事人的合法权益,亦不利于物之使用和流通效能的发挥。为了有利于发挥抵押财产的经济效用,结合抵押权的从属性,《民法典》第419条及《民法典担保制度解释》第44条对抵押权的存续期间作了相应的限定。而诉讼时效是可变期间。根据《民法典》第195条的规定,“有下列情形之一的,诉讼时效中断,从中断、有关程序终结时起,诉讼时效期间重新计算:……(三)权利人提起诉讼或者申请仲裁;……”债权人提起诉讼的,诉讼时效中断,则抵押权的行使期间也随之发生变化。抵押权只存在行使期间的问题,只是依据《民法典》第419条的规定,该行使期间与主债权诉讼时效期间相同,随着主债权诉讼时效中断、中止而变化。也就是说,抵押权行使期间只是以主债权诉讼时效期间为参照来计算,并不等于对抵押权也要适用诉讼时效制度。[1] 因此,抵押权人行使抵押权存在一定的存续期间,该存续期间就是在主债权诉讼时效届满前,如果未在存续期间行使抵押权的,那么抵押权人的权利不被法律保护。即在法律已设定行使期限后,抵押权人仍长期怠于行使权利时,法律对之也无特别加以保护的必要。[2]

(2)审查抵押权人行使抵押权,是否在执行时效届满前提出。根据《民事诉讼法》第246条的规定:“申请执行的期间为二年。申请执行时效的中止、中断,适用法律有关诉讼时效中止、中断的规定。”及《民法典担保制度解释》第44条规定,“……主债权诉讼时效期间届满前,债权人仅对债务人提起诉讼,经人民法院判决或者调解后未在民事诉讼法规定的申请执行时效期间内对债务人申请强制执行,其向抵押人主张行使抵押权的,人民法院不予支持……”抵押权人向抵押人行使抵押权的存续期间延展到申请执行时效期间届满前,促使抵押权人在上述存续期间内尽快行使权利。抵押权实现的时效如不顺延至执行阶段,则抵押权作为担保物权的功能将不复存在,债权人胜诉权亦无法得到相应保障。对未超过执行时效而申请实现抵押权的,人民

〔1〕 最高人民法院民事判决书,(2020)最高法民再110号。

〔2〕《抵押权的行使》,载《最高人民法院公报》2017年第7期。

法院经审查确认后应当予以支持。根据《民事诉讼法解释》第 481 条的规定,“申请执行人超过申请执行时效期间向人民法院申请强制执行的,人民法院应予受理。被执行人对申请执行时效期间提出异议,人民法院经审查异议成立的,裁定不予执行。被执行人履行全部或者部分义务后,又以不知道申请执行时效期间届满为由请求执行回转的,人民法院不予支持”。对超过申请执行时效期间而申请实现抵押权或者以抵押权主张优先受偿的,人民法院应予受理,其他债权人或者案外人、债务人提出反对意见的,人民法院对抵押权不予保护;其他债权人或者案外人、债务人未提出反对意见的,人民法院对抵押权予以保护。这是因为根据最高人民法院 2019 年 11 月 14 日发布《全国法院民商事审判工作会议纪要》第 59 条的规定,“抵押权人应当在主债权的诉讼时效期间内行使抵押权。抵押权人在主债权诉讼时效届满前未行使抵押权,抵押人在主债权诉讼时效届满后请求涂销抵押权登记的,人民法院依法予以支持。以登记作为公示方法的权利质权,参照适用前款规定。”超过主债权诉讼时效的,抵押权并非自动消灭,而是抵押人获得消除抵押的请求权。对被执行人履行全部或者部分义务后,又以不知道申请执行时效期间届满为由请求执行回转的,人民法院不予支持。

(三)对实现抵押权的建议

为提升执行效率,平衡保护抵押权人、抵押人及案外人的合法权益,笔者鼓励抵押权人在主债权诉讼中一并主张抵押权,并从主债权诉讼中、执行中为方便快速实现抵押权提出以下建议。

1. 鼓励抵押权人在主债权诉讼中一并主张抵押权

笔者根据抵押权行使期间与主债权诉讼时效、申请执行时效的关系,认为在现有法律规范内,抵押权的行使期间适用申请执行时效的规定,并主张抵押权人在主债权诉讼中未一并主张抵押权,也未通过实现担保物特别程序取得抵押权的执行依据的,执行程序中可以主张抵押权或要求加入执行程序,当事人或案外人对抵押权效力有异议的,有权提起执行异议之诉或执行分配方案异议之诉予以救济。但并非鼓励抵押权人在主债权诉讼中不一并主张抵押权。笔者鼓励和希望抵押权人在主债权诉讼中一并主张抵押权,减少当事人的诉累和法律风险。

2. 主债权诉讼中发现相关财产已设定抵押权的,可以向抵押权人释明一并主张抵押权

主债权诉讼中发现相关财产已设定抵押权,但抵押权人在主债权诉讼中未一并主张抵押权的,建议合议庭可以向抵押权人释明其一并提出确认抵押权的主张及不

一并主张可能产生不利的法律后果。由于诉讼的根本目的是获得实际上的债权清偿,而非只是胜诉判决。为了便于执行以及从司法为民的角度出发,应当对抵押权的诉讼进行释明,同时也节约司法成本,减轻执行部门的压力。

3. 执行中发现执行标的已设定抵押权的,应当及时通知抵押权人并可直接主张抵押权

执行实施部门在执行中发现执行标的物上有抵押的,应当通知抵押权人。抵押权人为申请执行人的,执行实施部门可以以抵押权进行执行(非申请执行)。债权人在诉讼中未一并主张抵押权,仍然可以在执行阶段提出自己的抵押权主张。[1] 其他债权人在执行抵押物前已知抵押权人,未必会对抵押权提出异议。多数情况下抵押具有公示效力,其他债权人要综合考虑维权的成本和风险,从而有利于将矛盾化解在执行异议之诉前。此时,本可以快速得到执行依据的实现担保特权特别程序已陷入不能。实现担保特权特别程序目的是快速获得执行依据,从而拍卖、变卖抵押物。但是,在案件已经进入执行之时,即便再次走实现担保特权特别程序,也已陷入不能。因为一般而言,债务人的财产由首封法院处理(唯有首封怠于执行时,方可商请移送抵押权法院处置)。鉴于此,实现担保物权的特别程序无法裁定拍卖、变卖抵押财产。[2] 从抵押权设定的目的出发,抵押权的法定实现程序,目的是借助司法程序获得债权清偿;实现担保物权特别程序的设置是为了取得执行依据,在主债权已经获得执行依据的情况下,再要求针对单项抵押权取得执行依据并无必要。抵押权作为一种物权,其支配权的效力受制于主债权的效力,当主债权已获得司法判决,在无争议的范围内,在主债权的效力范围内,其作为物权的支配效力当无疑义可以体现。[3] 另外,上述理由如果仍不能说服要求抵押权人另行取得抵押权执行依据的,笔者认为根据《民法典》第394条、第406条、第411条及《民事诉讼法》第203条规定:"申请实现担保物权,由担保物权人以及其他有权请求实现担保物权的人依照民法典等法律,向担保财产所在地或者担保物权登记地基层人民法院提出。"第204条规定:"人民法院受理申请后,经审查,符合法律规定的,裁定拍卖、变卖担保财产,当事人依据该裁定可以向人民法院申请执行;不符合法律规定的,裁定驳回申请,当事人可以向人民法院提起诉讼"。规定的抵押权实现的特别程序,抵押权人向执行法院主张抵押权优

[1] 王利明:《物权法研究》(下卷),中国人民大学出版社2016年版,第1252页。

[2] 程啸:《担保物权研究》,中国人民大学出版社2017年版,第125~128页。

[3] 张永:《抵押权法定存续期间效力及性质的二重性分析——以〈物权法〉第202条为中心》,载《政治与法律》2014年第2期。

先受偿，执行法院经审查，符合法律规定的，裁定拍卖、变卖担保财产，也解决了实现抵押权的申请和抵押权执行依据的问题。如果执行当事人或案外人对该裁定不服，还可根据《民事诉讼法》第 234 条和《民事诉讼法解释》关于执行异议之诉规定，依法提起执行异议、执行异议之诉或执行分配方案异议之诉予以救济，依法保护自己的合法权益。

商品房消费者的物权期待权排除执行构成要件实务初探

赵海洲*

摘要:执行异议之诉中审查认定商品房消费者物权期待权,旨在保护弱者的生存性权益。消费者物权期待权并无基本法律制度支撑,仅是在当前社会保障制度不健全的情况下由最高人民法院在司法实践中逐步创设的权利,在金钱债权执行案件中作为保护弱者生存权、居住权的过渡性安排,具体在审判实务中需结合书面合同的签订时间节点、房屋买受人是否具备消费者的身份、房屋的规划用途和买受人家庭名下的房屋数量以及房屋价款的支付比例及后续支付效果等综合认定,在认定过程中也有不少不明确的地方,本文结合最高人民法院的审判实践以及外省高院的规范性做法进行初步探索分析,以期抛砖引玉。

一、商品房消费者的物权期待权的起源和发展

物权期待权,是指因已符合部分权利取得的要件,而对未来取得完整所有权且依法律及当事人约定而受到保护的期待权利。物权期待权理论,以买受人生存权保护的合理性为条件,现行法律赋予了商品房消费者权利优先实现的地位。依照《中华人民共和国民法典》(以下简称《民法典》)第209条规定,除却法律另有规定外,不动产物权的设立需经登记。即案外人和房开企业签订买卖合同之后完成过户登记之前,其享有合同债权,并未取得房屋所有权。因住房涉及买受人的生存权、居

---

* 赵海洲,北海市中级人民法院执裁庭副庭长、四级高级法官。

住权,在买受人已履行部分义务的情况下,将会享有物权期待权,这也是商品房消费者物权期待权具有优先性的理论基础。

商品房消费者权利与担保物权、其他债权相较有其优先性,最初的司法实践来源于《最高人民法院关于建设工程价款优先受偿权问题的批复》(以下简称《优先受偿权批复》,现已废止)的制定背景:消费者购买房屋的目的是用于自身居住,特别是目前房价居高不下的情况下,许多消费者穷其一生的收入和积蓄购买居住之所,其购房的利益属于生存利益,是最基本的人权,而承包人的利益属于经营利益,两相比较,消费者的生存利益、基本人权应当优先,承包人的经营利益应退居其次;更何况如果允许承包人行使优先受偿权,无异于用消费者的资金清偿发包人的债务,等于发包人将自己的债务转嫁给广大消费者,严重违背特殊保护消费者的法律政策。[1] 由此可知,从现实出发,以保护消费者之弱者的生存权为基础,司法解释赋予了商品房消费者可对抗其他权利的优先性。至于随后出台的《最高人民法院关于人民法院办理执行异议和复议案件若干问题的规定》(以下简称《执行异议复议规定》),其中第 29 条的制定背景原因还包括我国现行房地产开发以及登记制度的不完善,不动产买受人签订买卖合同之后,往往不能即时进行登记,买受人取得法律意义上的所有权总会滞后于债权合意很长一段时间,社会上存在大量非因买受人原因而未办理过户登记的房屋,如果不加区分地一律准许强制执行,将会危及社会稳定。同时考虑由于不动产处于普罗大众的基本生活资料地位,尤其是在强调"无恒产者无恒心"的我国,对不动产买受人在执行程序中予以优先保护,对于增强人民群众对法律公平的信心无疑具有特殊的意义。[2] 2019 年 11 月 8 日,最高人民法院印发《全国法院民商事审判工作会议纪要》(以下简称《九民纪要》),其中第 125 条明确了人民法院在审理执行异议之诉案件时候可以参照适用《执行异议复议规定》第 29 条,并进一步细化了商品房消费者权利判断的相关条件,即"'买受人名下无其他用于居住的房屋',可以理解为在案涉房屋同一设区的市或者县级市范围内商品房消费者名下没有用于居住的房屋。商品房消费者名下虽然已有 1 套房屋,但购买的房屋在面积上仍然属于满足基本居住需要的,可以理解为符合该规定的精神";"对于其中'已支付的价款超过合同约定总价款的百分之五十'如何理解,审判实务中掌握的标准也不一致。如果商品房消费

---

〔1〕 杨永清:《建设工程价款优先受偿权司法解释的理解与适用——兼谈与该权利相关的几个重要问题》,载《民事审判指导与参考》2002 年第 3 辑。

〔2〕 江必新、刘贵祥主编:《最高人民法院关于人民法院办理执行异议和复议案件若干问题规定理解与适用》,人民法院出版社 2015 年版,第 422 页。

者支付的价款接近于百分之五十,且已按照合同约定将剩余价款支付给申请执行人或者按照人民法院的要求交付执行的,可以理解为符合该规定的精神。”第126条明确:“根据《最高人民法院关于建设工程价款优先受偿权问题的批复》第1条、第2条的规定,交付全部或者大部分款项的商品房消费者的权利优先于抵押权人的抵押权,故抵押权人申请执行登记在房地产开发企业名下但已销售给消费者的商品房,消费者提出执行异议的,人民法院依法予以支持。但应当特别注意的是,此情况是针对实践中存在的商品房预售不规范现象为保护消费者生存权而作出的例外规定,必须严格把握条件,避免扩大范围,以免动摇抵押权具有优先性的基本原则。因此,这里的商品房消费者应当仅限于符合本纪要第125条规定的商品房消费者。买受人不是本纪要第125条规定的商品房消费者,而是一般的房屋买卖合同的买受人,不适用上述处理规则。”

2019年11月29日,《最高人民法院关于审理执行异议之诉案件适用法律问题的解释(一)(向社会公开征求意见稿)》公布,其第10条针对商品房消费者规定了两种方案。方案一:“金钱债权执行中,人民法院对登记在被执行的房地产开发建设主体名下的商品房实施强制执行,案外人以其系商品房的买受人为由,提起执行异议之诉,请求排除强制执行,同时符合下列条件的,人民法院应予支持:(一)在人民法院查封之前,案外人已与房地产开发建设主体签订合法有效的书面买卖合同;(二)所购商品房系用于居住且案外人名下无其他用于居住的房屋,或者案外人名下虽已有一套房屋,但所购商品房仍属于满足基本居住需要;(三)已支付的价款超过合同约定总价款的百分之五十。商品房预售中,抵押权人申请执行登记在被执行的房地产开发建设主体名下但已销售给前款规定的案外人的商品房,案外人提起执行异议之诉,请求排除强制执行的,人民法院应予支持。”方案二:“金钱债权执行中,买受人对登记在被执行的房地产开发企业名下的商品房提出异议,符合下列情形且其权利能够排除执行的,人民法院应予支持:(一)在人民法院查封之前已签订合法有效的书面买卖合同;(二)所购商品房系用于居住且买受人名下无其他用于居住的房屋;(三)已支付的价款超过合同约定总价款的百分之五十。”

二、商品房消费者的物权期待权排除执行的构成要件实务探索

鉴于最高人民法院目前尚未发布执行异议之诉司法解释的正式文稿,针对商品房消费者提起的执行异议之诉,实务中通常参照《执行异议复议规定》第29条进行认定。该条规定“金钱债权执行中,买受人对登记在被执行的房地产开发企业名下的商

品房提出异议,符合下列情形且其权利能够排除执行的,人民法院应予支持:(一)在人民法院查封之前已签订合法有效的书面买卖合同;(二)所购商品房系用于居住且买受人名下无其他用于居住的房屋;(三)已支付的价款超过合同约定总价款的百分之五十。"实务中的相关争议往往围绕这三项构成要件展开。

(一)法院查封前已签订合法有效的书面买卖合同

1."查封前"应指"本案查封前",而非"首封前"

如果申请执行人系首封债权人,对于"查封前"的理解通常不会有争议。但审判实务中有两种情形例外:(1)首封的是普通金钱债权人,而轮候查封的是优先权人,经商请首封法院后移送执行;(2)首封解除后,轮候查封发生效力并进入执行程序。这两种情形下,如果案外人签订合同时间晚于首封但早于轮候查封,是否符合该要件?对此,审判实务中存在较大分歧。一种观点认为,考虑到争议双方系案外人与本案申请执行人,故应理解为"本案查封前"。[1] 另一种观点认为,应理解为"首封前"。[2] 理由在于:法院查封后房产不得转让,既然《执行异议复议规定》第 29 条是对善意购房人的保护,则买卖行为也当然应当符合法律规定。[3]

本文比较倾向于第一种观点:(1)执行异议之诉的审理核心系对比案外人所享有的实体权益与本案申请执行人权利之间权利顺位,在本案并非轮候查封的情况下,不能将另案债权人的查封时间作为本案的比照维度,扩张本案的查封生效时间期限,损害本案的相关当事人的合法权益。(2)结合《民法典》第 597 条和《最高人民法院关于人民法院民事执行中查封、扣押、冻结财产的规定》第 24 条,法院查封系阶段性控制措施,不会终局性地剥夺被执行人处分财产的权利,仅产生禁止物权变动之效力,即使在另案查封期间所签订的合同效力并不受其查封影响,在本案中依然应以本案查封生效时间为界限。

2. 书面合同的签订时间与抵押权设立的关系

甄别商品房消费者权利的产生及发展过程,其相关规范中并未因买卖合同和抵押权设立的先后而设置不同规则。此外,对于房地产企业而言,其抵押权的出现大致基于两种情形:一则是因向银行贷款而产生;二则是因向他人借款而产生。在此前提下,或者抵押权人同意房地产企业出售房屋以尽快还款(银行作为抵押权人时较为普

---

〔1〕 例如,最高人民法院(2020)最高法民再 101 号案件。

〔2〕 例如,最高人民法院(2018)最高法民再 269 号案件。

〔3〕 司伟主编:《执行异议之诉裁判思路与裁判规则》,法律出版社 2020 年版,第 205 页。

遍),或者抵押权人限制房屋出售,但对于普通的购房人而言,其一般难以知晓抵押权的存在以及抵押权人的意思表示,即便知晓,也有理由相信房地产企业的销售行为系其与抵押权人达成协议的结果。再结合商品房消费者权利的设定初衷,无论买卖合同的签订时间是在抵押权前或后,都不应影响商品房消费者权利的实现。此外,尚需特别说明的是,关于抵押期间抵押物能否转让的问题,《中华人民共和国物权法》(已废止)第191条虽然规定“抵押期间,抵押人未经抵押权人同意,不得转让抵押财产,但受让人代为清偿债务消灭抵押权的除外。”但《民法典》第406条已经对此作出了变更,其明确“抵押期间,抵押人可以转让抵押财产,当事人另有约定的,按照其约定。抵押财产转让的,抵押权不受影响”。由此,买卖合同和抵押权的设立时间问题更难以成为影响消费者权利实现的障碍。除非能够证明存在购房人和房地产企业恶意串通损害抵押权人利益的情形之外,商品房消费者在签订合同时是否知晓抵押权的存在,都不足以成为否定商品房消费者权利优先性的理由。[1] 审判实践中,案外人虽未尽到对在先抵押登记的审慎注意义务,但在房开企业已对案涉房屋取得预售许可证的情况下,案外人在一级房产市场向房开企业购买商品房,案外人有理由相信其所交付的购房款将会按物权法规定用于提前清偿抵押登记项下的相关债务,在并无证据证明案外人与房开企业之间存在恶意串通损害抵押权人合法权益的情况下,不因抵押在先而影响商品房买卖合同的效力。

3. 书面买卖合同的认定标准

(1)书面形式。根据《民法典》第469条规定,“书面形式是合同书、信件、电报、电传、传真等可以有形地表现所载内容的形式。以电子数据交换、电子邮件等方式能够有形地表现所载内容,并可以随时调取查用的数据电文,视为书面形式”。因此,书面合同并不限于通常意义上的纸质合同,只要能够以有形方式记录和固定在某一载体上,即属于书面合同。近年来房地产行政主管部门一直在大力推行房屋买卖合同网签制度,如果买卖双方在政府指定平台办理网签,不仅能够通过数据电文方式记录双方买卖房屋的真实意思表示,还能够通过网签系统实现公示及备案。网签合同本身具备一定的公示性,且受到行政主管部门的监管,其证明力较高,更有助于认定合同真实性及合同签订时间。因此,即使商品房消费者仅办理了网签手续而未签订书面买卖合同,亦符合该要件要求。如果双方仅签订书面合同但未办理网签手续,基于避免虚假诉讼、逃避执行的考虑,审理法院可结合当事人意思是否真实、付款情况、房

〔1〕 王毓莹、史智军:《涉商品房消费者之执行异议之诉的若干要件分析》,载《法治研究》2021年第3期。

屋交付入住等其他证据予以综合认定。

(2)合同内容。审判实务中,经常存在预定合同、认购协议等能否认定为"商品房买卖合同"本约的问题,建议结合《民法典》第470条、《最高人民法院关于审理商品房买卖合同纠纷案件适用法律若干问题的解释》第5条与《商品房销售管理办法》第16条进行综合认定。一般而言,合同中如果具备"当事人名称、商品房基本状况、商品房的销售方式、商品房价款的确定方式及总价款、付款方式、付款时间等商品房买卖合同主要内容"并结合当事人的实际履行情况,则可以综合认定为商品房买卖合同。

(二)所购商品房系用于居住且买受人名下无其他用于居住的房屋

1. 是否用于居住

基于房产性质、用途,既然是为生活所需,首先需要核查所购房屋的规划用途。对于商品房而言,其一般在建设之初需要经过工程设计、规划许可等流程,故商品房的用途在建设之初就已确定,最后集中体现在权属证书的"规划用途"一栏。就规划用途的种类而言,大致可分为住宅、商业、工业、办公、市政设施、教育等内容。与消费者身份认定相关的房屋性质,大致存在三类,即住宅房、商业房和商住房。

关于住宅房,审判实务中的观点趋于一致,即购买此类房屋是认定满足购房人生活居住需要的重要前提,除非出现了下文所述的购买人或其家庭已有的房屋套数出现了"超标"情况。关于商业房,其是否影响消费者身份的判断,实务中存在一定的争议。一种观点认为,商铺、写字楼等具有投资属性,不属于消费者生存权保护的范畴,进而也意味着此类房屋的购买人不具有消费者的身份。[1] 另一种观点则认为,有些写字楼、门面房因面积小、总价低,购房人也可能会根据自身情况选择购买此类房屋以用于居住或者商住两用,如果一味采用房屋性质的标准认定,则无法充分保护此类购房人的合法权益。对于商业房是否影响消费者的身份,应坚持一个原则和极少数例外相结合的判断方式。所谓一个原则,是指商业房一般具有投资属性,故其原则上应当成为否定消费者身份的前提。极少数例外,是指购买人及其家庭在特定区域内只有唯一一套面积适当的商业房且将此处也用于满足居住时,该房在一定意义上也与自然人的生存权、居住权有关,不能仅以商业房为由简单否定购房人的消费者身份。[2]

---

〔1〕 最高人民法院民事审判第二庭编著:《〈全国法院民商事审判工作会议纪要〉理解与适用》,人民法院出版社2019年版,第632页。

〔2〕 王毓莹、史智军:《涉商品房消费者之执行异议之诉的若干要件分析》,载《法治研究》2021年第3期。

关于商住房,具有商业和居住用途,仅因商业用途否认其满足生活需要的功能过于机械,故而对此类房屋,实务中的观点也较为一致,认为商住两用房屋并不能影响"满足生活居住需要"的性质认定。如《黑龙江省高级人民法院关于审理执行异议之诉案件若干问题的解答》第 19 条第 2 项规定:"房屋用途的单一性。重点审查房屋具体用途,辅以房屋性质作出判断。对买受人名下确无其他房屋,对所购房屋性质为商住两用,买受人用以居住的,可以认定为居住。"故关于是否用于居住问题在案件审理中应当坚持实事求是查清购买房屋实际用途为原则,在实际用途难以查清的情况下,结合其他外在特征予以推定。

2. 买受人名下无其他用于居住的房屋

(1)建议同时对买受人配偶、未成年子女名下房屋进行审查。从文义上理解,该要件只需要对买受人名下有无其他用于居住的房屋进行审查即可。但从社会经验和具体情况出发,买受人名下无房屋,并不代表其无房屋可供居住或其生存权、居住权无法实现。既然《优先受偿权批复》的目的是保护消费者的生存权、居住权,那么如果购房人配偶或者未成年子女名下存在房屋,则从中国的家庭的社会功能角度而言,恐难以得出购房人的权利得不到优先保障就将危害其生存权的结论。[1] 例如,江苏高院发布的《江苏省高级人民法院执行异议及执行异议之诉案件审理指南(二)》(现已失效)第 9 条规定,案外人系成年人的,需满足其本人及其配偶、未成年子女名下无其他用于居住的房屋;案外人为未成年人的,需满足其监护人名下无其他用于居住的房屋。前述规定无疑与社会生活经验及生存利益保护的立法目的更为契合,建议在审判实践中予以采纳,扩张审查买受人配偶、未成年子女名下房屋情况,以契合商品房消费者的物权期待权设立的初衷。

(2)应在多大地域范围内进行审查。目前,《九民纪要》第 125 条提出"对于其中'所购商品房系用于居住且买受人名下无其他用于居住的房屋'如何理解,审判实践中掌握的标准不一。'买受人名下无其他用于居住的房屋',可以理解为在案涉房屋同一设区的市或者县级市范围内商品房消费者名下没有用于居住的房屋。商品房消费者名下虽然已有 1 套房屋,但购买的房屋在面积上仍然属于满足基本居住需要的,可以理解为符合该规定的精神。"但同一设区的市涵盖县级市的情况下应如何理解适用的问题,笔者建议在前述情形下按照有利于买受人的原则,对地域作限缩理解,不由此扩张审查地域范围。

---

〔1〕 王毓莹、史智军:《涉商品房消费者之执行异议之诉的若干要件分析》,载《法治研究》2021 年第 3 期。

(3)房屋数量的审查。购房人已有的房屋数量和“为了满足生活居住需要”之间是何种关系,一直是实务中的争议问题。一种观点认为,消费者购房人应当严格限定于一套房购房者,对于一套以上的购房者,不应认定为消费者购房人。另一种观点则认为,符合《执行异议复议规定》第 29 条第 1 项和第 3 项条件,如果查明买受人家人较多,确为适当改善居住条件,也应支持买受人阻却执行的请求。[1]《执行异议复议规定》第 29 条限定了“买受人名下无其他用于居住的房屋”。《九民纪要》第 125 条对此进行了拓展式的说明,其明确:“商品房消费者名下虽然已有 1 套房屋,但购买的房屋在面积上仍然属于满足基本居住需要的,可以理解为符合该规定的精神。”《执行异议之诉解释征求意见稿》第 10 条认为“案外人名下虽已有一套房屋,但所购商品房仍属于满足基本居住需要”的不影响消费者购房人的身份判断。由此可见,将核查焦点集中在家庭居住需要而非仅仅是数量,在当下更具有合理性,只不过具体到司法应用的时候,尚需更为细化的操作规则,比如,如果买受人已有一套住房,那么第二套住房要具备何种条件才属于满足基本居住需要?此类标准尚需进一步地明确,考虑到社会发展的现实,在对买受人改善住房需求尚可支持的情况下,各地可以参考各地统计部门公布的上年度人均居住面积数值的 1.3 倍予以辅助判断,同时结合案外人合理的实际需求进行综合判断。

(4)建议自查封时起至执行异议之诉生效判决作出时止,均符合名下无住房的要求。江苏高院在《江苏省高级人民法院执行异议及执行异议之诉案件审理指南(二)》中指出,案外人主张其名下无其他用于居住的房屋,应当符合案外人及其配偶、未成年子女名下在执行标的查封时至执行异议之诉案件判决作出时均无用于居住的房屋……该观点在实务中亦有体现。例如在(2020)最高法民终 981 号、(2020)最高法民终 595 号案件中,商品房消费者名下原有其他住房,审理过程中变更登记至他人名下的,仍被认为不符合该要件要求。但如果查封前已基于合理理由,将房屋变更登记至他人名下的,仍有可能被认定为符合该要件。例如(2020)最高法民终 735 号案件中,商品房消费者购买房屋时处于婚姻关系存续期间,其与配偶共有四处房产。但离婚后(离婚在查封之前),原房屋已归配偶所有并登记在配偶名下,其名下无房屋,则认定符合该要件要求。

(三)已支付价款超过合同约定总价款的百分之五十

1. 是否支付。为避免恶意串通逃避执行,审判实务中对已付价款的认定采用严

---

[1] 最高人民法院民事审判第二庭编著:《〈全国法院民商事审判工作会议纪要〉理解与适用》,人民法院出版社 2019 年版,第 628 页。

格审查的标准,特别是对仅有被执行人自认要审慎认定,一般情况下,仅有被执行人自认不宜认定款项已经支付,还进一步需要商品房消费者提供银行转账凭证、贷款发放记录等原始凭证。如系现金支付的,还需要结合支付款项的金额大小、款项来源、当事人的身份职业、经济能力、交易习惯等因素综合认定。

2. 支付比例。《九民纪要》第 125 条规定:“对于其中‘已支付的价款超过合同约定总价款的百分之五十’如何理解,审判实践中掌握的标准也不一致。如果商品房消费者支付的价款接近于百分之五十,且已按照合同约定将剩余价款支付给申请执行人或者按照人民法院的要求交付执行的,可以理解为符合该规定的精神。”审判实务中,相当一部分房屋买卖涉及的金额巨大,当事人之间多约定贷款或分期付款,买受人虽仅支付部分款项,但买受人在没有合同违约的情况下,如其将剩余房款按照人民法院指定的期限交付执行,不影响债权受偿,自然没有拒绝保护的道理。

3. 支付时间。针对购房款的支付时间,司法解释等并无明确限制。最高人民法院在(2020)最高法民终 469 号案件中认为,“申请执行人万城公司主张案外人王某菊应当在查封之前支付购房款超过百分之五十,因该司法解释并未限定交款时间必须在查封之前,故其主张没有法律依据”。可见,即使查封时付款比例尚未达到 50%,但购房人自愿支付剩余房款或将剩余房款交付执行的,仍可认定为符合该要件要求。当然,根据民事诉讼法的基本原理,支付购房款的时间至少应当在执行异议之诉的一审法庭辩论终结前。

4. 支付路径。针对购房款的支付路径,除非购房合同有特别约定,否则不宜对购房人提出特别要求。例如最高人民法院在(2020)最高法民终 1172 号案件中认为,“本案中虽然购房人知晓案涉房屋已设定抵押,但在开发商已经取得预售许可证的情况下,购房人有理由相信抵押权人同意转让抵押物且购房款将用于提前清偿抵押权所担保的债务……至于购房款是否支付至抵押权人的监管账户,属于开发商和抵押权人之间的特别约定,对购房人不产生约束力。无论是否付至监管账户,均应认为符合该要件要求”。

5. 合同价款符合市场行情。为防范虚假诉讼逃避执行,审判实务中建议关注商品房买卖合同约定的总价款是否符合当时、当地的市场价格。如果显著低于市场价格的,建议不宜认定符合该要件要求。

三、思考

商品房消费者物权期待权与一般债权甚至物权相比,商品房消费者物权期待权具有特别的超级优先性,该种超级优先权利的产生、发展离不开我国经济社会发展的特有历史经纬和阶段性特征,在各项社会保障制度逐步完善的情况下,商品房消费者物权期待权应在完成历史使命后逐步退出历史舞台。目前,在审判实务中,在对基于消费者的生存权和居住权进行保护的同时,还需结合传统民法中物、债权利体系基本法律制度,避免商品房消费者物权期待权对其他优先权基本法律制度造成过大的冲击。因此,商品房消费者物权期待权的呈现,一般应限定在执行异议之诉和执行程序的审查当中进行严格的实质性审查,不宜扩大到其他一般民事纠纷中予以适用。另外,在作出商品房消费者物权期待权成功对抗其他优先权的执行异议裁判的情况下,其他基于基本法律制度框架下的优先权的登记并不必然自动涤除涂销,尚需研究制定商品房消费者物权期待权如何打破优先权登记的限制进一步让消费者实现为完整的物权的规范性做法。

执行程序中建设工程价款优先受偿权与抵押权的冲突问题

——以工程经司法拍卖为视角

农　力*

摘要:《民法典》第807条延续了原《中华人民共和国合同法》第286条的规定,明确建设工程价款优先受偿权。但由于该条规定得过于原则、简单,造成各地在司法实践中理解不一,尤其在实现公平正义最后一公里的民事执行中,产生众多不同意见和相差甚远的处理结果,这不利于司法权威性的统一。鉴于此,笔者以民事执行案件中的涉案工程经司法拍卖后,不同法院办理建设工程价款受偿的做法,分析探讨工程价款优先受偿权所存在的问题,并针对人民法院开展财产处置工作提出一些个人建议。

一、对建设工程价款优先受偿范围的界定

(一)界定建设工程价款的范围

建设工程合同是承包人进行工程建设,发包人支付价款的合同,建设工程合同包括工程勘察、设计、施工合同。建设工程合同应当采用书面形式。对于建设工程价款优先受偿的范围,首先需明确为合同相对方的发包人应当支付的工程款项,再以国务院有关行政主管部门关于建设工程价款范围的规定作为依据,确定优先受偿权范围的标准,同时将承

* 农力,宁明县人民法院执行局副局长,二级法官。

包人逾期支付建设工程价款的利息、违约金、损害赔偿金等不包含在优先受偿权的范围内。笔者亦认为直接用于工程的建设款项，如参与工程建设人员的劳务报酬、材料款、承包方为工程建设的垫资等，应当在建设工程价款的具体受偿范围内。

（二）承认民事执行中承包人享有建设工程价款优先受偿的理由

在施工合同纠纷的司法实践中，生效法律文书被强制执行，法院据此查封被执行人（发包人）所开发的工程项目，并依照法律程序，除了根据建设工程的性质不宜折价、拍卖外，人民法院对查封的工程项目进行拍卖，建设工程的价款就该工程拍卖的价款优先受偿。但要注意的是对于“不宜折价、拍卖”的适用，如市政基础设施、军事设施、教育设施等有公共利益的工程及发包人不享有所有权的工程，这些工程都不能行使工程价款优先受偿权。理由是《民法典》第807条[1]、《最高人民法院关于审理建设工程施工合同纠纷案件适用法律问题的解释（一）》第36条[2]均规定了承包人建设工程价款优先受偿于其他债权。可以说，我国的相关法律法规，已明确了建设工程的价款优先受偿问题。

二、建设工程价款优先受偿权与抵押权的冲突种类

（一）建设工程优先受偿权与建设用地使用权抵押权的冲突

建设用地使用权可以作为抵押标的物，从而办理抵押登记，民法典及相关司法解释对此均有明确规定。在房地产开发过程中，开发商向银行等金融机构进行贷款，用建设用地使用权来抵押，金融机构等贷款人据此享有抵押权，从银行等金融机构贷款，是开发商普遍的融资方式。开发商将建设用地使用权进行抵押后，又因在开发项目过程中，不能偿还贷款和支付工程款，产生了贷款与建设工程价款纠纷。工程的承包方和金融机构的权利冲突，便是建设工程优先受偿权与建设用地使用权抵押权的冲突。在此冲突下，《民法典》第397条和第417条的规定，明确了建设用地抵押权实现时，将按照“房地一体”的原则，将土地和地上建筑物一同进行处分，建设用地使用权抵押权人对建设用地处分后得到的价款享有优先受偿权，对新增建筑物的部分，处

---

[1] 《民法典》第807条规定：发包人未按照约定支付价款的，承包人可以催告发包人在合理期限内支付价款。发包人逾期不支付的，除根据建设工程的性质不宜折价、拍卖外，承包人可以与发包人协议将该工程折价，也可以请求人民法院将该工程依法拍卖。建设工程的价款就该工程折价或者拍卖的价款优先受偿。

[2] 《最高人民法院关于审理建设工程施工合同纠纷案件适用法律问题的解释（一）》第36条规定：承包人根据民法典第807条规定享有的建设工程价款优先受偿权优于抵押权和其他债权。

分后所得价款没有优先受偿。因此,建设用地使用权不是建设工程优先受偿权的范围,建设用地使用权抵押权优先建设工程价款优权,在土地处分后所得的价款优先获得清偿。法律的此项规定,在司法实践中对解决建设工程优先受偿权与建设用地使用权抵押权冲突问题起到很好的指引作用,本文不再做详细研究。

(二)建设工程优先受偿权与在建工程抵押权的冲突

在建工程抵押,是指抵押人为取得在建工程继续建造资金的贷款,以其合法方式取得建设用地使用权,和在建工程一起,以不转移占有的方式抵押给贷款银行作为偿还贷款履行的担保。在建工程抵押权成立在办抵押登记之时,抵押权的效力范围限于已办理抵押登记的部分,不含续建部分、新增的建筑物及规划中未建造的建筑物。实践中,矛盾最大、情况最复杂的就是这两种权利的冲突,在建工程抵押权办理了抵押登记手续,抵押权人往往据此要求享有优先于工程价款的权利。

(三)建设工程优先受偿权与工程竣工后不动产抵押权的冲突

项目的工程竣工落成后,发包人开发商未向承包人支付相应的工程价款,而将已竣工的工程项目不动产抵押给银行获得贷款,常常用工程商业性质部分的商铺、地下车位等不动产进行抵押。当工程价款未能按时支付结算给承包人,极易发生建设工程优先受偿权与工程竣工后不动产抵押权的冲突。

三、以工程经司法拍卖为视角,分析实务中建设工程价款优先受偿的实现问题

在民事执行中,因发包人无力偿还债务,往往在房地产工程项目被法院查封后,需要通过司法拍卖程序,拍卖处置发包人所开发的也就是承包人承建的房地产项目,拍卖成交所得价款用于偿还所拖欠的承包人的建设工程价款。但是实践中,并非只有发包人一个债权,往往还有抵押权人,实践中分歧最大,因此本人在此文重点对此进行分析研究,并采用案例的方法予以对比分析。受限于市场环境因素,在拍卖环节,又分为拍卖成交和流拍两种情况,在流拍的情况下就产生以物抵债的情形。下面以一则案例分别从成交和流拍两种情形进行分析。

2009 年 3 月,某建工公司中标并承建某投资公司某楼盘。楼盘开发和施工过程中,投资公司存在资金周转困难的情况,并因此拖欠工程款。2016 年 4 月,为解建设开发商品房地产之需,以开发的项目在建楼盘作抵押,向商业银行申请贷款 5000 万元,在办理了抵押登记后,银行发放贷款给投资公司,双方还就还款利息、还款时间、享有优先受偿的权利等作了约定。楼盘竣工后投资公司未能向建工公司支付工程

款,建工公司随即提起诉讼要求投资公司支付工程款。经法院判决,投资公司应该向建工公司支付拖欠工程款 8000 万元及相应的违约金,并确认建工公司的建设工程价款优先受偿。同时银行贷款到期后,投资公司尚欠银行贷款 6000 万元,银行于是起诉投资公司,偿还到期贷款并就楼盘抵押权进行优先受偿。在执行中,法院对该楼盘具备执行条件的部分楼栋进行拍卖,一拍价格为 9000 万元、一拍流拍则进行第二次拍卖,二拍价格为 7200 万元。

(一)假设拍卖成交,最后成交价格为 7200 万元

本案例实质上是建设工程价款优先权与抵押权的冲突问题,也是实践中分歧最大、争议最多的地方,实践中不同地区的法院往往存在多种做法,对于拍卖所得的案款分配,大致有四种方案。

1. 按照建设工程价款优先第一顺位的原则,7200 万元案款中,全部用来偿还对建工公司的工程价款,银行无法获得受偿。

2. 按照胜诉法律文书确认的建设工程价款数额,明确承包人的优先受偿数额。拍卖楼栋评估的价格为 9000 万元,实际成交价格为 7200 万元,成交价格是评估价格的 80%。所以优先受偿的建设工程价款是被拖欠的工程价款的 80%(8000 万元的 80%,即 6400 万元),银行受偿剩下的 800 万元。

3. 拍卖成交后,由选定的评估机构再次评估拍卖的楼栋,分别确定拍卖成交价格时土地和土地上建筑物的价值,而后由银行和工程承包人分别就抵押权和建设工程优先受偿权进行受偿。假设拍卖成交价格 7200 万元,按此价格的评估,对应房产价值 3000 万元,土地价值 4200 万元,承包人建工公司受偿 3000 万元,银行受偿 4200 万元。

4. 按照评估价中房产的价值和所占用土地的价值比例就拍卖款进行分配。假如案例中房产价值 4000 万元,土地价值 5000 万元,房产和土地价值比为 4∶5。拍卖所得的 7200 万元,按照 4∶5 的比例进行受偿分配,发包人建工公司获得 3200 万元受偿款,银行获得 4000 万元受偿款。

针对以上四种不同做法,笔者认为需要进行评价分析。第一种做法,涉案楼盘依据"房地一体"原则司法拍卖后,承包人的建设工程价款优先权绝对化,未将在建工程抵押权考虑在内,侵害了抵押权人的权利。第二种做法没有将建设工程的价值与占用的土地价值区分开来,采用的做法没有依据。第三种做法分别确定拍卖成交价格时土地和土地上建筑物的价值,兼顾了抵押权人和承包人的权利,也符合《民法典》第 395 条、第 397 条的内容含义。第四种做法没有法律依据,只是将建设工程的价值与

占用的土地价值简单地区别开来,未依照法律规定进行执行案款分配,将有可能损害承包人的权益。

(二)假设经拍卖但流拍无人竞买

人民法院在民事执行程序中,对涉案房产评估后,依照法律的规定启动网络司法拍卖程序,经过一拍、二拍流拍无人竞买的,此时申请人执行人建工公司和银行只有接受以物抵债方可实现债权,否则投资公司无其他财产可供执行,法院将只能以无财产可供执行为由,裁定终结本次执行程序。但是不同于价款的分配,以物抵债模式下是接受实物来冲抵债务,实现债权,而房产及所占有的土地使用都需要占有,房地均不具有可分割性。在本案这种局面下,极少有债权人接受以物抵债。实践中对于以物抵债,大致有四种方案:

1. 承包人接受以物抵债

发包人申请以物抵债,建设工程价款优先第一原则,流拍的房地产楼栋以 7200 万元的价值,全部用来偿还对建工公司的工程价款,银行无法获得受偿。

2. 抵押权人银行接受以物抵债

抵押权人银行接受以物抵债的,银行在抵押权优先的数额范围内优先受偿,流拍的房地产价值高过债权的,补差价部分,如本案银行的债权是 6000 万元,以物抵债的价格是 7200 万元,然后银行补 1200 万元的差价部分,拿来偿还发包人的建设工程价款。此种情况下的做法,笔者认为,承包人的建设工程价款优先权未能得到实现,抵押权反而优先实现,与现行的法规规定相冲突,此做法不具备合法性。

3. 承包人和抵押权人均申请接受以物抵债

当双方都申请接受以物抵债,此种情况下需要承包人和抵押权人都甘愿以共有的方式共同对流拍的房产享有份额为前提(不讨论实践中拍卖多套商品房的情形)。理由是由于土地上已经建有建筑物,根据房地一体的特性,实践中无法对房地进行分割占有,整个楼栋亦如此,也难以确定不同债权人享有的具体范围,再出具两个产权证书,故需要债权人共同接受享有份额才可实现以物抵债。

因本案例中,拍卖的房产楼栋的价值不足以清偿所有债务,基于建设工程价款优先权不包括建筑物占用范围内的土地原则,承包人和抵押权人银行对土地上建筑物地的价值和占用的土地的价值分别受偿。例如,流拍的房产 7200 万元,选定评估机构再次评估拍卖的楼栋,按此价格的评估,对应房产价值 3000 万元,土地价值 4200 万元,承包人建工公司受偿 3000 万元,银行受偿 4200 万元,承包人建工公司享有的房产份额是 41.6%,银行享有的房产份额是 58.3%。进而执行法院出具裁定书,并载明双方确定的份额,再办理相应的权属证书。

4. 承包人和抵押权人不接受以物抵债

如果作为债权人的承包人和抵押权人,不接受以物抵债,则通过以物抵债的方式来实现债权的做法无法实现,法院对执行人涉案的房地楼栋进行司法拍卖处置但还是流拍,申请执行人不接受以物抵债的,又没有其他财产可供执行,法院将以终结案件的本次执行程序方式结案。

四、建设工程价款优先受偿权和竣工工程、在建工程抵押权的权利客体

竣工工程、在建工程的抵押权人,对于工程范围内的地上建筑物和占有范围内的土地是享有抵押权的。而工程范围内所占有的土地使用权是否属于建设工程价款受偿权的范围的问题,现行的法律或司法解释没有明确的规定。实践中也有不同的争议,理论界和实务界目前认为权利的客体包括未竣工的建筑物,不包括所占有范围内的土地使用权。

我们可以从最高人民法院(2019)最高法执监 470 号杭州银行股份有限公司上海某支行、浙江某建设集团有限公司建设工程施工合同纠纷执行案的案例中,得到最高人民法院持有的观点:建设用地使用权转让的,附着于该土地上的建筑物、构筑物等一并处分,建筑物、构筑物等转让的,所占用范围内的建设用地使用权一并处分。因此,即便房地分属不同权利人,在处置程序中,也应遵循一并处分的原则,以使受让人取得完整的土地使用权。建设工程的价款是施工人投入或者物化到建设工程中的价值体现,法律保护建设工程价款优先受偿权的主要目的是优先保护建设工程劳动者的工资及其他劳动报酬,维护劳动者的合法权益,而劳动者投入建设工程中的价值及材料成本并未转化到该工程占用范围内的土地使用权中。因此,笔者认为,建设工程价款优先受偿权的客体单为该建设工程自身,建设工程价款受偿权的范围不包括占有范围内的土地使用权(建设用地使用权)。

五、司法拍卖后所得价款的分配和以物抵债方案的评析

建设工程经过拍卖,对拍卖成交所得的价款进行分配,以物抵债接收流拍的房地产,各地法院的做法不尽相同,有些甚至相差巨大,笔者认为,一方面是由于法律或司法解释并无明确规定,另一方面是处分阶段,对房地一体地的理解偏差。在上面的文章内容中,已经论述了建设工程价款优先受偿权的客体只是该建设工程自身,建设工程价款受偿权的范围不包括占有范围内的土地使用权。因此,对于执行法院根据房

地一体地原则,整体拍卖工程和工程范围内占有的土地,应当理解为针对处置环节,而不能将建筑物与土地使用权理解为同一财产,然后根据建设工程价款优先范围限于地上建筑物的价值为先,抵押权人的受偿范围限于土地价值。笔者认为,执行中,人民法院开展财产处置工作过程时,应注意以下几个方面的问题:

1. 做好财产调查工作,梳理好房地产项目涉及的各方利益关系,尤其承包人、实际施工人、普通债权人、购房者的情况,确定好具备执行条件财产的范围,为下一步的财产处置环节中的司法拍卖工作做好铺垫。

2. 应对土地上的建筑物价值和土地部分的价值进行评估,据此确定整体价值后再进行处置,处置所得,对应各自权利享有的优先范围,进行分别优先清偿。

3. 做好拍卖成交后的财产交接工作,事前预判,针对可能出现的破坏财产交接工作的情况做好应急工作方案,以强制力的实施维护司法的权威。

4. 对于涉及债权人人数多、债权债务金额大、构成复杂,严重经营困难,存在资不抵债情形的发包人,可采用移送破产审查的方式,发挥破产审判的作用,避免进入传统拍卖流拍陷入的死局中,在破产重整或者清算程序中,化解矛盾纠纷,达到从根本上解决问题的目的。

结　语

我国已经成为世界建设大国,基础设施建设的大规模开发,资金加速涌入房地产开发行业,建设工程合同纠纷案件随之增多。建设工程合同纠纷案件争议大、矛盾纠纷多,牵扯范围广,如果承包人的建设工程价款未能有效实现,直接引发众多农民工的薪酬、购房者的利益得不到保障,严重影响到社会的和谐发展。因此希望通过本文的一些分析研究,希望能在人民法院的民事执行程序中产生一定积极效果,为保障建设工程领域的健康发展贡献一份力量。

困境与出路:涉房案外人执行异议之诉审判实务问题研究

——基于C市法院100份裁判文书的实证分析

黄薇薇*

摘要:近年来,以房屋为执行标的物的案外人执行异议之诉增长势头迅猛。该类案件引发了申请执行人债权与案外人对房屋的所有权等价值冲突,实体上又涉及民事诉讼领域的审判、执行等问题,司法实务中少有综合性探讨。因此,本文以此题展开讨论,通过对C市法院100份该类型案件的分析,实证考察了其案件类型新、增长速度快等运行现状,通过对该类案件的分析总结梳理出审判实务中出现的诉讼请求和判项内容不明确、同一诉讼事由裁判结果不一致等四个困境;再从法律、主观、监管等层面分析产生困境的根源在于法律规定过于简略、缺乏统一的认定标准等;最后从完善法律规定、明确诉讼请求和判项内容、统一足以排除强制执行的民事权益认定标准、完善虚假诉讼的防范与惩戒机制、废除前置程序五个方面寻求审判困境出路,以期统一类案的裁判,达到维护当事人合法权益及审判公正与执行效率不同价值之间的动态平衡。

住有所居,是每个中国人追求的梦想。房子是人民群众安身立命之所,近年来大量涉房诉讼案件涌入法院,成为法院审判的一大难题。在民事强制执行中,因房屋的价值大,往往成为民事强制执行的标的物,但房屋表面权利人和实际权利人不一致的情况大量存在,难免出现侵害案

---

* 黄薇薇,凭祥市人民法院综合审判庭四级法官助理。

外人权益的现象。2007年,我国民事诉讼法确立了案外人执行异议之诉制度。案外人执行异议之诉给执行异议被驳回的案外人提供了救济途径。我国的案外人执行异议之诉制度虽经过十几年的发展,但并未成熟,加上房屋负载的权利多样化,给审判带来极大困难,同案不同判的现象大量存在。有鉴于此,本文选取以房屋为被执行标的物的涉房案外人执行异议之诉为题,对相关实务问题进行研究。

一、实证考察:涉房案外人执行异议之诉审理概况

(一)运行现状

C市作为一个欠发达的年轻西南边境城市,随着城市的设立,房屋交易市场日益火爆。C市法院近几年来受理的涉房案外人执行异议之诉案件数量不多,但案件类型复杂多样,选取C市法院100份裁判文书为分析样本,能为广大欠发达的发展中城市法院审理该类案件提供参考。因该类案件并未以“异”字等特殊标志区分注明,下列数据系笔者查询该院审判系统进行识别、筛选和统计分析而得,与精确数据略有出入。

1.案件类型新、增长速度快。C市法院从2017年开始才受理第一件涉房案外人执行异议之诉案件,2017年至2021年4月共计受理该类案件100件。其中,2017年共受理3件,2018年共受理15件,2019年共受理12件,2020年共受理38件,2021年前4个月共受理32件。可见,涉房案外人执行异议之诉案件是新型的案件类型且增长速度较快。

2.牵扯利益主体多、案结事了难度大。涉房案外人执行异议之诉涉及的利益主体比一般的民商事案件主体多,除了涉及申请执行人、被申请人还有案外人等。有相当多的案件涉及大量购房者的利益,一旦提起诉讼,往往是群体性的系列案件,涉及债权人、房地产开发企业、购房人等多方利益,无论处理结果如何,都很难做到案结事了。[1]

3.法律适用多样化、难以统一。因为缺乏专门的法律规定,法院在审理此类案件时,适用法律多样,难以统一,有的判决认为只需要解决是否足以排除强制执行的程序问题,有的判决认为也可一并确权解决实体问题。在实体法上,《中华人民共和国民法典》(以下简称《民法典》)生效前,往往适用《中华人民共和国婚姻法》(以下简

---

〔1〕 上海宝山法院:《执行异议之诉案件主要特点分析》,载上海市法院切实解决执行难信息网(2018年11月15日)。

称《婚姻法》)、《中华人民共和国物权法》(以下简称《物权法》)、《中华人民共和国担保法》(以下简称《担保法》)等多部实体法律;在程序法上,适用《中华人民共和国民事诉讼法》(以下简称《民事诉讼法》)、《最高人民法院关于适用〈中华人民共和国民事诉讼法〉的解释》(以下简称《民诉法解释》)、《最高人民法院关于人民法院民事执行中查封、扣押、冻结财产的规定》(以下简称《查、扣、冻规定》)、《最高人民法院关于人民法院办理执行异议和复议案件若干问题的规定》(以下简称《执行异议复议规定》)等程序相关的法律及司法解释。

(二)审判实务存在的困境

涉房案外人执行异议之诉是理论与实务、实体与程序激烈交锋的领域之一,加之该类案件类型新、增长速度快;牵扯利益主体多、案结事了难度大;法律适用适用多样化、难以统一,导致该类案件在审判实务中存在诸多困难。笔者通过对 C 市 100 份裁判文书的分析、统计及向案件主办法官了解,发现该类案件存在以下几个困境:

1. 诉讼请求和判项内容不明确。因部分原告缺乏专业的指导,不能明确提出停止或继续执行的行为,提出确权性或给付性的诉讼请求表述也不规范,也有案外人依据《商品房买卖合同》《离婚协议》等提出确认协议效力并要求协助办理房屋过户登记。因该类案件法律规定过于简略且案外人提不出明确的诉讼请求,庭审往往偏离争议焦点,案外人提出的诉讼请求未能在判项中得到回应,也未能涵盖执行异议所有判项[1](见表 1),导致审判效率不高、质量不佳。经分析 C 市 100 份裁判文书可知,一个案件可能只包含其中一项诉讼请求,也有可能包含全部诉讼请求,而判项也往往不尽相同。

表 1 诉讼请求和对应判项表述

诉讼请求	判项表述
确认涉案房屋的权属归案外人所有	确认位于 × × 的涉案房屋归案外人所有
停止对涉案房屋的执行/不得对涉案房屋进行执行	停止/不得执行位于 × × 的涉案房屋并解除对涉案房屋的执行
确认申请执行人向法院申请拍卖涉案房屋的行为违法	驳回案外人的诉讼请求
请求法院判令被执行人协助案外人办理登记备案	驳回案外人的诉讼请求

〔1〕 唐力:《案外人执行异议之诉的完善》,载《法学》2014 年第 7 期。

2. 同一诉讼事由裁判结果不一致。案外人执行异议之诉的诉讼事由是指可以提起案外人执行异议之诉的事由。根据《民事诉讼法》的理论,不同案件的当事人基于同样事由,只要有充分证据支持,不因地区和审判级别的不同导致不一样的裁判结果,一方面有利于司法裁判的统一性,另一方面有利于保障司法权威,树立司法公信力。[1] 然而,在对C市100份裁判文书进行分析过程中,笔者发现不同当事人基于同样诉讼事由提起的诉讼,却得到不同的裁判结果。(见表2)

表2 同一诉讼事由裁判结果不一致

诉讼事由	裁判理由及结果
案外人A和B均基于离婚协议约定房屋产权归属自己而提起案外人执行异议之诉,经查证离婚协议属实	A没有办理房屋产权变更登记手续,但是A对房屋享有的权利足以排除执行申请人对房屋的强制执行,因此判决支持A的诉讼请求
	该争诉房屋并未变更登记到B的名下,该争诉房屋的产权登记人仍为第三人C所有,B只享有要求将争诉房屋变更至其名下的请求权,该请求权不能对抗债权人D的债权,B基于离婚协议书要求确认自己享有对争诉房屋的所有权并要求解除对争诉房屋的查封依法无据,故判决驳回B的诉讼请求
案外人张三和李四均基于《商品房预售合同》主张自己对房屋的所有权,提起案外人执行异议之诉,经查证《商品房预售合同》属实	张三并没有办理案涉商品房的过户登记手续,并不是房屋的所有权人,只是具有请求开发商办理过户登记的权利,张三的物权期待权不能对抗债权人的工程价款优先受偿权,驳回张三的诉讼请求
	案涉商品房是李四用于居住的唯一住房,基于保护李四的生存权,李四对于商品房的物权期待权可以对抗债权人的工程价款优先受偿权,判决支持李四的诉讼请求

由此可见,法官基于同一诉讼事由可以得出不同的裁判结果。究其原因,是不同法官对于案外人对案涉房屋享有的权利是否能够对抗债权人观点不一致。笔者认为,根本原因在于民事诉讼法并未对"案外人享有足以排除强制执行的民事权益"作出规定,才导致同一诉讼事由的不同案件作出不同的裁判结果。对"案外人享有足以排除强制执行的民事权益"作出明确规定,可以统一裁判尺度,做到同案同判。

---

〔1〕 何天:《案外人执行异议之诉困境与对策研究》,河南财经政法大学法学硕士学位论文。

3. 前置程序作用不明显。德国、日本等大陆法系国家专门规定第三人异议之诉，允许案外人直接提起第三人异议之诉寻求救济途径。而我国不同，《民事诉讼法》第234条规定，执行异议是执行异议之诉的前置程序。当案外人对被执行的标的有异议时，必须先提起执行异议，只有当执行异议被驳回之后，才能提起执行异议之诉。执行异议追求效率，法院要在15天内对案外人的异议进行书面审查，并以裁定的方式解决争议。法院在短短的15天内，难以对房屋的实际权属作出准确判断，往往驳回案外人的异议申请。案外人坚定认为自己对房屋享有足以排除强制执行的民事权益，不会因为执行异议申请被驳回就放弃维护自己的权益，很快就提起执行异议之诉。如此看来，案外人执行异议的这一前置程序根本没有达到节约司法资源、提高执行效率的目的，反倒是给通过诉讼程序来寻求救济途径的案外人带来诉累。

4. 虚假诉讼时有发生。目前法院在审理案外人执行异议之诉时，案外人滥用执行异议的现象屡见不鲜。很多涉房案外人先后提起执行行为异议和执行标的异议，就是为了拖延执行。还有的被执行人与案外人通过串通伪造证据提起虚假诉讼，趁着法院对执行异议进行审查期间，转移财产，达到逃避强制执行的目的。[1] 案外人滥用执行异议，不仅会造成执行难，对正常的执行进程造成影响，还会损害申请执行人的合法权益，不利于树立司法权威，难以实现公平正义。

二、追根溯源：涉房案外人执行异议之诉审判困境成因

涉房案外人执行异议之诉存在诉讼请求和判项内容不明确、同一诉讼事由裁判结果不一致、前置程序作用不明显、虚假诉讼时有发生四个困境。笔者从法律层面、实体认定标准层面、主观认识层面、监管四个层面分析形成困境的原因。

（一）法律规定过于简略

当前，专门针对执行异议之诉案件的法律规定有《民事诉讼法》第234条及《民诉法解释》第302条至第314条的规定，但是这些规定基本是程序性的，对于实体上的审理指导性不强。在审判实务中，法院在审理执行异议之诉案件时，主要参考《查、扣、冻规定》第15条和《执行异议复议规定》第27条、第28条、第29条的规定，但是这两个规定毕竟是执行程序的规定，与执行异议之诉有所区别，也不能完全照搬。有人认为，《全国法院民商事审判工作会议纪要》（以下简称《九民纪要》）中对案外人执

---

〔1〕 康宝奇：《诉权界阈与正当行使——透过诉权理论解读恶意诉讼的识别与规制》，载《恶意诉讼的识别与治理》，人民法院出版社2011年版，第15~16页。

行异议之诉特别是涉房案外人执行异议之诉的裁判思路具有重要的意义,但是会议纪要毕竟不是司法解释,不可能作为裁判的依据直接进行援引,所以还是没有解决该类案件审理中的法律依据问题。2019 年 11 月 29 日发布的《最高人民法院〈关于审理执行异议之诉案件适用法律问题的解释(一)〉(向社会公开征求意见稿)》(以下简称《执行异议之诉司法解释征求意见稿》),经过 1 年多实践,也并没有正式出台。目前,涉房案外人执行异议之诉的法律规定相对简略,给审判实务造成诸多困境。[1]

(二)缺乏统一认定标准

之所以会出现基于同一诉讼事由的不同案件产生不同的裁判结果,是因为不同法官对于"案外人足以排除强制执行的民事权益"的认定标准不一致。鉴于基层法院、中级法院对于"案外人足以排除强制执行的民事权益"的认定较为混乱,北京、浙江、黑龙江等高院出台了指导意见对该认定标准作了规定,但只是在省内达到了认定标准的统一,在不同省份间仍急需统一。遗憾的是,目前最高人民法院尚未制定相关的认定标准。正是"案外人足以排除强制执行的民事权益"的认定标准的缺失,导致不同法官有不同的理解,形成涉房案外人执行异议之诉同案不同判的现象。

1. 对案件定位不准确

不少法官没有意识到该类案件是新型疑难复杂案件,可以参考援引的司法解释和参考判例比较少。该类案件又是理论与实务、程序与实体交锋最为激烈的领域之一,在审理当中要交叉适用多部门的法律法规,要求法官具备综合的能力。但是,大多数法官没有对该类案件进行理论系统学习,没有对执行异议之诉案件的运行机制、理论基础等进行钻研,对当事人的诉讼请求、诉讼事由等分析不到位,往往造成两种极端。一是完全与执行异议混淆,仍然适用执行异议的审查标准进行审查;二是完全与执行异议割裂开,专注于审查房屋的实体权利,而忽视了和执行异议进行衔接。更加没有注意到,房屋作为案外人执行异议的标的物存在其特殊与性复杂性,一旦处理不好,可能会产生群体性事件。

2. 对虚假诉讼监管不到位

因为房屋上可以负载着多种权利,往往表面权利人和实际登记的权利人不一致,给被申请执行人带来了可乘之机。审判实务中,法院根据备案登记记载对房屋进行查封,案外人以自己才是房屋的实际权利人提起案外人执行异议之诉。案外人提起执行异议是按件收取费用的,导致案外人滥用执行异议只需要花费极少的成本就可

---

[1] 包琳:《论我国案外人执行异议之诉制度的完善》,辽宁大学 2020 年硕士学位论文。

以很好地拖延诉讼。被执行人和案外人串通伪造证据,拖延时间转移被执行人的财产,虽然《民事诉讼法》对被执行人与他人恶意串通的惩戒进行了相关规定,但是法官往往因为审判实务繁忙且惩戒滥用执行异议需要耗费大量精力而选择放弃。

三、对策研究:涉房案外人执行异议之诉审判困境出路

涉房案外人执行异议之诉因为法律规定过于简略、缺乏统一的认定标准、法官对案件定位不准确、对虚假诉讼监管不到位等原因导致诸多困境,下文将从完善法律规定、明确诉讼请求和判项内容、统一足以排除强制执行的民事权益认定标准、健全虚假诉讼的防范与惩戒机制、废除前置程序五个方面寻求涉房案外人执行异议之诉审判困境出路,以期统一裁判尺度,实现公平正义。

(一)完善法律规定

在涉房案外人执行异议之诉审判困境形成的原因部分,笔者分析形成当前审判困境的一大原因就是法律规定过于简略。《民事诉讼法》第 234 条及《民诉法解释》第 302 条至第 314 条的规定均是程序性的规定,对于执行异议之诉实体权利的审查不能提供依据。对于是否能直接参照《执行异议复议规定》等执行异议相关的规定,存在不同观点。《九民纪要》不是司法解释,不能直接援引,只能在说理部分进行参考。最高人民法院关于执行异议之诉的司法解释尚未出台。因此,当前急需对案外人执行异议之诉实体的处理上进行立法及出台相关的司法解释,这是解决涉房案外人执行异议之诉当前审判困境的最佳出路。

(二)明确诉讼请求和判项内容

诉讼请求应根据诉讼标的来确认,有效甄别当事人的诉讼请求,能够有效规避不明确、不规范的多类诉讼请求对案件审理造成困扰和拖延。根据《民诉法解释》的相关规定,案外人执行异议之诉的立法目的在于阻却、排除法院对涉案标的物的执行,对涉案标的物确权只是附属功能。因此,案外人执行异议之诉的判项只能是停止对涉案房屋的执行或者驳回案外人的诉讼请求。只有在案外人提出停止对涉案房屋的执行时一并提出确权要求的,才可以一并附加判决确权,但是不能在案外人没有诉求时,主动判决确权。[1] 在案外人执行异议之诉案件的审理过程中,作为原告的提起案外人执行异议之诉的案外人、作为被告的申请执行人、作为共同被告或者第三人的被申请人,为了维护自己的合法权益都提出了充足的证据并充分发表意见,可以最大

---

〔1〕 杨斯空:《案外人对房屋执行提出异议案件的审理思路》,载微信公众号“庭前独角兽”。

限度地防止案外人和被执行人串通阻止法院对涉案房屋的执行。从另一方面来看,审查案外人享有的实体权利是否足以阻却、排除对涉案房屋的执行就必须同时审查涉案房屋的权属问题。《民诉法解释》第 310 条也规定,如果案外人提起确权的诉讼请求,法院可以在判决中一并作出裁判。当事人提出的与本案处理无关的诉讼请求,如请求确认协议的效力、协助办理房屋登记过户手续,请求确认申请人要求拍卖房屋的行为违法等应不予回应。

(三)统一足以排除强制执行的民事权益认定标准

根据《民诉法解释》的规定,案外人是否享有足以排除强制执行的民事权益决定了案外人是否能够胜诉。笔者通过解读《执行异议复议规定》以及各高院所制定的指导意见,结合 C 市法院 100 份裁判文书,总结出审判实务中涉房案外人执行异议之诉常见的四种诉讼事由。

1. 所有权事由。所有权是指所有人依法对自己的财产享有占有、收益、处分的权利。所有权是最为完整的物权。我国《最高人民法院关于适用〈中华人民共和国民事诉讼法〉执行程序若干问题的解释》第 14 条明确规定所有权享有足以排除强制执行。即案外人对涉案的房屋享有所有权就可以排除法院的强制执行。

2. 房屋物权期待权事由。物权期待权指房屋买卖合同中,买受人购买涉案房屋但是尚未过户,出卖人因金钱债权导致其名下的房屋被法院强制执行,此时,买受人尚未成为房屋所有人,其享有的是可以主张出卖人为其办理过户手续的权利,在符合《执行异议复议规定》第 28 条规定情况下可以排除强制执行。

3. 基于离婚协议约定房屋产权归属享有的请求权事由。离婚协议约定房屋产权属于夫妻或者子女其中一方,但是未办理产权变更登记手续,申请执行人申请对涉案房屋进行执行,夫妻或子女一方以自己对房屋享有的所有权提起案外人执行异议之诉,请求法院停止对涉案房屋的执行,能否获得支持。笔者认为,虽然主张自己享有房屋所有权的夫妻或子女一方没有办理房屋登记变更手续,基于离婚协议的约定,夫妻也并未虚假离婚而躲避债务,申请执行人也并非恶意的第三人,其对被执行人的债权是金钱债权。这种情况下,虽未办理房屋过户登记手续,但是案外人基于离婚协议的约定,可以突破物权的公示效力,能够排除对涉案房屋的强制执行。

4. 查封、抵押前设立的租赁权事由。承租人在人民法院对租赁物进行查封前已经和出租人签订了合法有效的租赁合同,且已经支付了约定的租金,根据"买卖不破租赁"的原则,此时,承租人的租赁权不受影响,如果法院的强制执行妨碍承租人的承租权,承租人以查封、抵押前设立的租赁权提起案外人执行异议之诉,法院应予支持。

以上是笔者总结的涉房案外人执行异议中常见的4种诉讼事由,其他难以一一列举。只有在立法或司法解释中确定“足以排除强制执行的民事权益”的统一认定标准,才能防止出现法官因不同思维导致的同案不同判情况,真正做到裁判的统一,实现公平正义。

(四)健全虚假诉讼的防范与惩戒机制

尽管《民事诉讼法》第116条、《民诉法解释》第313条都对案外人和被执行人恶意串通、伪造证据,虚假诉讼企图逃避执行作出规定,但是效果并不明显。究其原因,在于惩戒虚假诉讼的立法存在缺陷。一是只规定惩戒虚假诉讼的手段为罚款和拘留,但是并未规定罚款数额和拘留期限,实务操作困难;二是罚款和拘留都是事后惩戒措施,要想真正解决虚假诉讼的问题只能防患于未然,健全虚假诉讼防范与惩戒机制。关于罚款数额和拘留期限,笔者认为可以参考《民事诉讼法》第118条的规定,对个人的罚款为10万元人民币以下,拘留的期限为15日以下。健全虚假诉讼防范机制主要是在诉讼阶段,一是在起诉时向案外人发放《执行异议风险告知书》等法律文书,告知其滥用执行异议和虚假诉讼可能承担的法律责任;二是可以让案外人在起诉时提供担保,提高案外人提起执行异议之诉的门槛,最大限度地防止滥用执行异议权利和虚假诉讼的发生。健全虚假诉讼惩戒机制可以尝试建立虚假诉讼失信人名单机制,将滥用执行异议权利和虚假诉讼的案外人和被执行人纳入虚假诉讼失信名单,不定期向社会公布。

(五)废除前置程序

如审判困境部分所述,以执行异议作为执行异议之诉的前置程序存在诸多弊端,笔者认为要防止这类弊端的最好方式就是废除执行异议这一前置程序,即不需要等执行异议被驳回之后才能提起执行异议之诉,只要案外人认为自己对被执行的房屋享有足以排除法院强制执行的民事权益即可直接提起案外人执行异议之诉。一是前置程序没能实现提高效率的立法目的。之所以设置前置程序,是考虑到执行异议审查相对简单,可以排除部分案外人的执行异议,提高执行效率,节约司法资源。执行异议的立法目的在于通过非诉程序把部分案外人的异议解决,但是在执行异议的审查过程中,往往要对实体权利进行判断,法院难以在15天的审查期限内作出判断,且知道案外人必定会提起案外人执行异议之诉,草率作出驳回执行异议的申请。这使案件审查流于形式,不仅不能提高执行效率,而且浪费司法资源。二是执行异议不能及时维护案外人的合法权益。既然案外人坚定认为自己对被执行的房屋享有足以排除法院强制执行的民事权益,在提起执行异议被驳回申请后,必定会提起案外人执行异议之诉,执行异议这一前置程序不仅没有给案外人提供便利,反倒是阻碍了案外人维护自己的合法权益,同时,降低执行效率,浪费司法资源。

结　语

涉房案外人执行异议之诉作为当前审判实务中存在诸多困境的一种新型复杂诉讼类型,应当从完善法律规定、明确诉讼请求和判项内容、统一足以排除强制执行的民事权益认定标准、健全虚假诉讼的防范与惩戒机制、废除前置程序五个方面寻求审判困境出路。随着房地产经济发展,此类案件必将越来越复杂,司法裁判者一定会不畏艰难,勇于攻克该类案件,真正做到同案同判,努力让每一个公民在司法裁判中感受到公平正义。

不动产案外人执行异议之诉浅析

李丽清*

摘要：案外人执行异议之诉是指在执行阶段，案外第三人认为法院执行的标的物或相关权利与自己有关，法院执行会损害自己的权益，遂提出异议排除法院强制执行的诉讼。案外人执行异议之诉是一项重要制度，但相对于西方发达国家来说我国该项制度的发展较为缓慢，在适用过程中无论是对于案外人还是法院，都出现了诸多问题。基于此，本文从一些涉及不动产的案例中找出我国执行异议之诉存在的问题，依次是前置程序争议较大、案外人执行异议之诉的事由不明确、易发生虚假诉讼。并结合相关知识，提出解决策略，分别是取消执行异议前置程序、明确物权期待权及其种类、健全虚假诉讼惩戒机制，防范虚假诉讼。

引　言

案外人执行异议制度是指立法为在执行过程中可能遭受不利利益的案外人提供的有效的实体救济制度，主要是为了消除法院执行行为对案外人享有的实体权利的损害。作为案外人权利救济的重要途径，许多学者对案外人异议之诉的功能、性质、主体等理论进行了深入研究，这些都在近年来的相关规定中得到进一步印证。2007 年，《中华人民共和国民事诉讼法》首次以立法的形式明确了案外人异议之诉。近年来，最高人民法院也陆续出台了一系列规定，并不断完善和细化。但在我国，案外人异议之诉仍存在适用时间短、法律规范不明确、裁判规则不一致、程

* 李丽清，港南区人民法院执行局五级法官助理。

序法和实体法规定不完善和不一致、部分法官对法律规定的理解和适用不一致等问题,导致司法实践中出现诸多问题,法院判决不断分化。随着人民群众法律意识的提高,社会经济活动日益复杂,案外人异议之诉案件越来越多,其中涉及房地产的案外人异议之诉居多。

一、案例简介

案外人贾某某与丙建设置业执行异议之诉一案。李某某借给丙建设置业一笔钱,用于开发建设其项下楼盘,丙建设置业以未来该楼盘其中一间房屋作为抵押,约定当丙建设置业到期不还款,则将该房屋作为买卖标的物卖予李某某,其房款抵偿债务。李某某曾向贾某某借款,所以李某某打算以对丙建设置业的债权抵还该笔欠款。李某某将该笔债权转让给贾某某后,贾某某和丙建设置业签订合同,约定将开发楼盘中的一间商铺卖予贾某某,商铺总款作为所欠债务抵还。之后丙楼盘完成了房屋产权登记,但贾某某的商铺还未顺利登记在自己名下,自己也未进行过主张。债权人宇某某在与丙建设置业民间纠纷一案中,申请法院执行丙建设置业的财产,执行涉及开发楼盘时,查封了卖予贾某某的这间商铺,贾某某向法院提起执行异议,执行法院驳回贾某某异议,贾某某向法院提起案外人执行异议之诉,一审法院驳回其诉讼请求,二审予以维持。[1]

本案中,贾某某是否由于丙建设置业签订的房屋买卖条文,而享有不动产期待权。基于判决结果可看出,本案驳回了其诉讼请求。也就是说,法院在进行适用法律时,适用的是《最高人民法院关于人民法院办理执行异议和复议案件若干问题的规定》(以下简称《执行异议复议规定》)第29条的相关规定,显见贾某某的请求是不妥当的。

在本案中,首先,贾某某并不是居住用房的消费者,合同约定的是买卖商铺,所以其目的也不是居住。其次,合同实质是以物抵债,贾某某在其中拥有的只是普通的债权请求权,并没有特殊性。最后,贾某某并没有及时改变商铺登记信息,所以房屋产权并没有发生变动仍属于丙建设置业,其不能主张所有权。因此,贾某某主张对商铺的权益,这个请求不能得到支持,当然不可以对抗法院对丙建设置业的执行。但是,贾某某对丙建设置业的债权存在是事实,法院支持了其向丙建设置业的还款请求,贾某某可以继续向丙建设置业主张债权,提起其他诉讼。

---

〔1〕 云南省高级人民法院民事判决书,(2016)云民初37号。

故此，在遇到类似案例时，需要有所区别地对待与分析，并不是所有房屋买卖合同都会产生不动产物权期待权，不仅要结合案件具体分析，还要总结相关物权期待权案例经验，在判断时避免误判，合理维护案外人与债权人权益。[1] 更重要的是，执行法院在进行执行异议判断时，希望合理判断，多进行相关经验总结，而不是一味地驳回执行异议，这既不利于司法机关的威信，又加大了各当事人的成本与精力消耗。

二、存在问题

（一）前置程序争议较大

在案外人执行异议诉讼提起的前一步，案外人需要提前向法院上交书面材料，目的是审查异议是否成立，在学术和现实案例当中会出现较多的难解之题。一方面，有些学者认为，设置前置程序有利于提高执行案件工作效率，对此观点，全国人大常委会法工委民法室指出，立法理由充分考虑各方面的条件，综合我国的民情和国情，认为在执行过程中，经常会遇到案外人提出异议的情况，对此应谨慎对待，因其既涉及案外人，又涉及执行当事人，审理不慎会导致不公，所以考虑到所有涉及利益人的权益，以及执行审判的负担，一部分案外人异议通过执行机构初步审查予以筛除，不能直接提起诉讼。也有学者认为，就我国目前的情况而言，提出书面异议作为提起异议诉讼的先决条件，有其自身的优势和一定的合理性。案外人异议诉讼是执行措施的暂缓和终局的关系，两者不存在冲突。因此，在这种设置中不存在理论上的障碍和问题。正如张卫平教授所说，与其他大陆法系的民事诉讼相比，中国法律规定执行异议置于异议诉讼之前，有利于案外第三人提前提出停止执行申请。另一方面，也有学者认为，前置程序的初衷是好的，案外人的权利足以阻碍法院的执行，而且可以直接停止原案的执行程序，省去很多不必要的诉讼，但在案外人提出执行异议后，执行部门大多不予理会。法律条文模糊，案外人难以判断其权益是否足以阻止执行。为维护自身权益，先申请执行异议，再提起异议诉讼，既浪费当事人的时间和精力，又浪费国家资源。此外，由于执法部门对执行异议进行审查的性质难以判断，容易造成司法秩序混乱。最后，针对司法实践中的种种弊端，不少学者建议取消案外人执行异议诉讼的前置程序。

（二）案外人执行异议之诉的事由不明确

司法实践中，法院通常是根据立案案由确定异议事由，分为所有权和其他足以阻

---

〔1〕 邓小飞：《案外人执行异议之诉的困境与出路——以不动产案件为视角》，载《东南司法评论》2015年第1期。

止执行的权利,但尚未有法律或相关司法解释对这些权利予以明确,立法以及解释的缺失使案外人在提起诉讼时模糊,也使司法机关无所适从。对于案外人提起的权益是否属于《执行异议复议规定》规定的异议事由、属于哪种事由,是不是能够消除强制执行,都是现实中司法机关遇到的困境。规定的笼统必然导致各地对于事由判断以及最后处理结果的不统一,如北京市审理执行异议案件时,参照市高院的指导意见,规定异议事由包括所有权、用益物权、股权、租赁、法律和解释中规定的其他权利;江苏省高级人民法院关于执行异议的指引提出了基于所有权、用益物权、特殊担保、租赁、股权、合法占有、利益相关者执行到期债权的外人执行异议的诉讼。黑龙江省的异议包括所有权、用益物权、担保权、信托等权利。如上述案例所述,对于房屋的产权预期,不同的案件情况不同,适用同一法律的法院判决也不同。需要结合其他法律法规作出具体判断,其会出现一些困难。因此,不同类型的事项、不同的衡量标准、不同的处理结果,不仅无法维护案外人的权利,还会进一步造成司法秩序的杂乱。

(三)易发生虚假诉讼

案外人执行异议的行为是案外人行使自己的权利,保护自己的权益不受进一步损害。但是,法律并不是完美的,或者只要有法律漏洞可以钻,谁都可能被利益诱惑,以身试法。案外人执行异议之诉以其特殊性在执行阶段给财产拥有者以最后救济机会,于原审债务人而言,也有了最后挣扎的机会。在现实生活中,原审债务人为了自己的利益,不仅不愿意主动履行义务,还与案外人相互串通,故意制造阻碍执行事由,让案外人提起执行异议,拖延执行的期限,给申请执行人和法院制造困难,从而让申请人作出让步或者暂时逃避执行,以此来让自己获得最大利益。这不仅损害原审债权人利益,使“执行难”的问题再增加一道难关,并且助长了滥用法律权利的风气,表面上此制度适用繁荣景象,实际上浪费国家司法资源。其实质原因还是这项制度规定不够完善,国家赋予它强大的权利却又不够重视,执行异议提出之后法院便会中止执行,在虚假诉讼中案外人往往只需要提出即可,即使被发现也没有有效的惩戒机制,而经历过漫长诉讼的申请执行人又要等待审查与结果,付出的成本更高。

三、解决策略

(一)取消执行异议前置程序

在设置执行异议前置程序时,我国学者考虑的是节省诉讼成本,即便到现在,仍有学者坚持同意保留前置程序,制度延续至今是有客观存在理由的,但总体来说坚持保留的观点弊大于利:其一开始目的并未达成,事实上也未起到分流作用,反而增加了当事人寻找法律保护途径的程序,并造成诉累,而取消前置程序则是利大于弊。从德、日等大陆法系国家完善的执行异议之诉制度体系来看,其也是没有设置前置程序的[1]。

执行异议以目前的实践经验来看是多余的。案外人认为原审债权人侵害了自己的民事权益,按照法律程序提出执行异议,法院借助审核检查其是否足以清除强制执行,法院已形成裁判习惯,对于执行异议"一刀切",大多数予以驳回,反正还有救济途径。另一个主要原因是,对于一心维护自己权益的案外人来说,进行诉讼无可厚非,如果前置程序审查结果不符合自己的要求,必然会为维护自己的合法权益而诉诸执行异议诉讼,这无形中增加了案外人的诉讼负担和诉讼费用。

前置程序不符合审执分离的理念。案外人在自己的权益受到侵害时,提出自己的主张,表示自己才是被执行财产的权利所有者,这其中必然涉及对实体权利的审查与确定,而一个案件中对实体权利权属的判断是在审判程序中进行的,在执行阶段进行实体权属判断首先是不符合法律程序的,一方面执行部门在审查时由于审查异议难以判断而直接驳回,另一方面也会对部门职责产生质疑,所以现行执行异议制度的设置很尴尬。审判与执行混合导致司法秩序的混乱,为深化执行体制改革带来更多困扰,很长一段时间的"执行难"问题还未得到解决,在执行阶段再多增加烦琐的审查环节,显然违背制度最初设计理念[2]。

(二)明确物权期待权及其种类

在我国物债两分的权利体系下,并没有物权期待权之地位,仅在《执行异议复议规定》中用两个条款对其进行了描述,学者及法律主体普遍认为该条款是对物权期待权的规定,但并未对物权期待权在法律中予以直接明确和定义,这与当下买受人权利需要保护的现实需求不符。由于我国的房地产开发市场不规范,买受人大多购买的是期房,即使交付了现房,在购买甚至入住后很长时间才能办理产权登记,在此期间买受人不享有所有权的保护,但是不动产已实际属于买受人,此时仅仅以债权请求权进行保护,无法保障买受人的权益,不能对抗其他债权人在不动产之上实现债权被法院查封、扣押、拍卖的风险。加之我国登记制度不完善,从一般出卖人处购买不动产的亦存在此种权利空隙,因此,对不动产买受人在执行程序中优先保护,赋予其优于一般债权的效力符合我国房地产开发和物权登记不成熟的现状,既保护了买受人的

---

[1] 钟京涛:《案外人提起不动产执行异议之诉,有何审查标准》,载《资源导刊》2018年第11期。

[2] 刘飞:《不动产案外人执行异议的诉讼法律问题》,载《决策探索(下)》2018年第12期。

实体权利,又增强了群众对保护自身权利的信心。

不动产买受人因为身份不同有所区分,法律也对此作出区别规定,从房地产开发企业购买房屋的买受人一般被称为消费者购房人。因从房地产开发企业购买的大多为期房,以按揭支付的情形较多,在法院查封房屋时,房屋价款一般未支付完毕,故而,支付价款的规范比较宽泛,优先考虑购买住房只是为了居住的消费者的产权预期,可以对抗一般的货币债权、建设工程价款的优先受偿权等。普通购房者没有消费者的身份,只能以普通的索赔作斗争。[1] 物权期待权是不动产买受人的一项重要权利,也是案外人提出异议的其中一项至关重要的事由。要进一步使案外人异议之诉得到完善,仅仅凭借法官以及教授学者对物权期待权和种类的认识是不够的,必须从权利体系、法律条文上予以明确,才能与当下多样化的财产权状态和客观经济需求相符。

(三)健全虚假诉讼惩戒机制,防范虚假诉讼

在司法实践中,原案债务人与案外人串通的现象频发,一个重要的原因是案外人提起执行异议之诉的门槛太低,只要认为自己有理由就可以提起诉讼,轻而易举排除强制执行,并且即使法院事后得知是恶意串通,相关法条也只是作了笼统规定,具体规定在《民事诉讼法》第 116 条,没有造成严重后果的,酌情减轻处罚。此项规定目前非但不具有实际的威慑作用,反而事实上妨碍了强制执行的进行[2]。所以需对屡禁不止的虚假诉讼进行规制。首先,法院要提高审查效率,前文已经建议取消异议前置程序,案外人向法院起诉,争取属于自己的财产权益,受案法院要在合理甚至短时间内,以确定的足以阻碍法院强制执行的异议事由,对其权利做出实体审查。其次,要加大惩罚力度,简单的罚款拘留需要作出具体的数额和时间,加大恶意串通成本。最后,对于屡犯不改、肆无忌惮滥用权利的案外人实行失信名单公示制度,对其在贷款、消费等领域进行限制,使其心生畏惧,从而将虚假诉讼扼杀在摇篮中。[3] 最后建议提起执行异议之诉时增加提供担保的规定,碍于恶意起诉或败诉将会付出代价,案外人由此会衡量利弊,这在一定程度上有利于防止案外人滥用权利。

---

〔1〕 赵光强:《拍卖中案外人对不动产诉讼确权的司法应对》,载《人民法院报》2018 年 10 月 31 日,第 8 版。

〔2〕 姚辉、阙梓冰:《不动产隐名权利的私法保护——以案外人执行异议之诉为视角》,载《中国人民大学学报》2021 年第 2 期。

〔3〕 李硕:《涉不动产案外人执行异议之诉的问题分析》,沈阳师范大学 2021 年学位论文。

专题研究三：涉夫妻财产执行异议之诉

以离婚财产分割协议排除不动产强制执行的司法认定

林海军[*]

摘要：针对以离婚财产分割协议提出排除不动产强制执行的异议诉讼，实践中根据对离婚协议的物权变动效力及案外人权利性质的不同认定，主要有五种不同的裁判观点。在否定离婚财产分割协议具有不动产物权变动效力的基础上，将案外人权利定性为普通债权请求权并从权利比较衡量的角度出发认定特定条件下案外人基于离婚财产分割协议排除执行具有价值取向上和现行法上的正当性。在个案审查中，需满足离婚协议签订于申请执行债权之前、在查封之前合法占有案涉不动产、对案涉不动产未办理变更登记不存在过错、申请执行债权为普通金钱债权四个要件，生活保障功能和对价不是能否排除执行的决定性因素。

社会生活中，夫妻在离婚时约定将不动产归属一方但因为法律意识不强等未办理产权变更登记的情况较为普遍，在法院依据不动产登记对登记权利人名下不动产采取执行措施时，离婚协议约定的不动产归属一方据此提起执行异议诉讼要求排除执行的现象时有发生。司法实务中，对该问题的认定存在分歧，裁判结果也存在较大差异。

---

* 林海军，柳州市中级人民法院执行局三级法官助理。

一、以离婚财产分割协议排除不动产强制执行的司法裁判观点及成因概述

（一）以离婚财产分割协议排除不动产强制执行的司法裁判观点梳理

通过查阅裁判文书网已公开的相关案例，实践中对案外人权利性质的认定及能否排除不动产强制执行的裁判观点大致有以下几种：

1. 物权 + 可以排除执行

该观点认为，夫妻间的约定无须另行经过物权变动登记，在婚姻关系内部已经发生法律效力。虽然法律规定不动产物权变更需登记才生效，但就不动产物权的转移、变动而言，物权变动法律规定和合同法律规定为一般规定，对夫妻婚姻财产关系的法律规定为特殊规定，因此，约定房屋的所有权在夫妻间应尊重当事人的意思。根据物权大于债权的法律原则，物权发生变动而未履行登记和公示程序的，所不能对抗的是善意第三人主张的物权，而非债权，应认定双方合意真实有效，发生物权变更效力，案外人权利足以排除执行。[1]

2. 物权期待权 + 可以排除执行

该观点认为，离婚财产分割协议在本质上属于"财产清算协议"，是对于夫妻共同生活所生共同利益的分配，具有人身属性。案外人基于生效的离婚协议获得约定不动产的所有权，为实际权利人，虽未办理过户登记手续，但已实际占有、使用，且对于未办理产权变更登记没有过错，距离完整法律意义上的所有权仅一步之遥，其享有的权利应当为物权期待权，应当优先于普通债权予以保护，案外人权利能够排除执行。[2]

3. 优先债权 + 可以排除执行

该观点在排除离婚财产分割协议具有物权变动效力的基础上，从案涉不动产对案外人的生活保障功能、案外人对案涉不动产请求权的特定指向性、案外人权利早于申请执行债权等方面分析，认定案外人权利优于申请执行债权，从而可以排除执行。[3]

4. 普通债权 + 不能排除执行

该观点认为，离婚财产分割协议属于夫妻内部财产处分行为，案外人仅依据该内

---

〔1〕 臧某执行异议审查案，选自《人民法院案例选》2016 年第 2 期。

〔2〕 北京市高级人民法院民事判决书，(2021) 京民终 822 号；陕西省高级人民法院民事裁定书，(2021) 陕民申 2246 号等。

〔3〕 最高人民法院民事裁定书，(2021) 最高法民申 7090 号等。

部财产处分行为排斥对外法定公示物权效力于法无据，案外人基于离婚财产分割协议享有的是将案涉不动产登记至其名下的请求权，该请求权并不必然优先于申请执行的债权，案涉不动产未经登记不产生物权变动效力仍然属于登记权利人的责任财产，对其采取执行措施并无不当，案外人权利不能排除执行。[1]

5. 普通债权 + 特定情形下可以排除执行

该观点认为，尽管离婚财产分割协议不能直接导致物权发生变动，但从案外人权利与债权人权利在性质、形成时间、内容、是否具有特定指向性、案外人对不动产未办理变更登记是否存在过错、案外人对不动产的占有使用情况、案涉不动产对案外人是否具有生活保障功能等伦理因素进行综合分析，在特定条件下可以排除执行。[2]

（二）裁判分歧成因分析

1. 法律规定不明确

离婚财产分割协议是离婚这一身份行为和财产处理法律行为的集合体，兼具身份法和财产法属性，是一种特殊的民事法律行为。对于以离婚协议的约定主张排除不动产强制执行是否应当得到支持在现行法上缺乏明确的规定，主要体现在以下方面：一是法律条文之间的关系不够明确。《民法典》第209条的“除外”规定较为原则，对何为“除外”情形未予明确，这就导致对《民法典》第1065条第1款中“男女双方可以约定婚姻关系存续期间所得的财产以及婚前财产归各自所有、共同所有或者部分各自所有、部分共同所有”是否属于前述“除外”情形的理解存在分歧。二是对离婚财产分割协议的效力规定不够明确。《民法典》第1065条第2款规定“夫妻对婚姻关系存续期间所得的财产以及婚前财产的约定，对双方具有法律约束力”，然而此处的法律约束力是物权约束力还是债权约束力未进一步明确，实践和学界对此亦存争议。三是法律适用不明确。实践中有部分法院参照《最高人民法院关于人民法院办理执行异议和复议案件若干问题的规定》（以下简称《执行异议复议规定》）第28条、第29条的规定精神通过对案外人权利的形成时间、权利性质、权利内容、案涉房

[1] 最高人民法院民事裁定书，（2020）最高法民申5118号；最高人民法院民事判决书，（2020）最高法民终1226号；吉林省高级人民法院民事判决书，（2021）吉民终365号等。

[2] 最高人民法院民事裁定书，（2019）最高法民申5165号；山西省高级人民法院民事裁定书，（2021）晋民申2343号等。

产的生活保障功能等方面进行综合分析以判断其权利是否足以阻却执行；[1]也有法院认为离婚财产分割协议与《执行异议复议规定》第28条、第29条在基础法律关系、权利主体等方面均存在显著区别而不应参照适用。[2]

2. 理论认识不统一

实践中之所以对以离婚财产分割协议排除不动产强制执行的裁判存在差异，其中一个重要原因即对案外人权利性质、离婚协议的物权变动效力及能否排除执行存在前述不同的理解和认识，基于差异化的认知必然推导出差异化的裁判理由和结果。有观点认为离婚协议属于负担行为，即债权范畴，由此将案外人权利定性为普通债权、优先债权等，认定离婚财产分割协议仅具有债权效力不能导致物权变动。在此基础上，根据不同的裁判思路又可能得出相反的裁判结果：从权属判断 + 责任财产的角度出发得出物权未发生变动，案涉不动产仍属于登记权利人的责任财产，执行登记权利人的责任财产并无不当，案外人权利不足以排除执行；从权属判断 + 权利比较角度出发，虽然物权未发生变动，但在特定情形下案外人权利也足以排除执行。也有观点认为离婚协议属于处分行为，即物权范畴，并将案外人权利定性为物权、物权期待权等，推导出离婚财产分割协议具有物权效力，能够直接导致物权变动，进而推导出案外人权利足以排除执行的裁判结论。

3. 类案指导作用发挥不充分

相似案情相同裁判即类案同判符合社会公众的朴素认知，具有稳预期的导向作用。类案同判的实现一方面有赖于案件本身在基础法律关系、法律事实等方面的高度相似或接近，另一方面需要法律适用观点上的一致性。然而，由于法律规定的原则性和抽象性，导致理论认识的分歧，作用于实践即裁判理由和法律适用的不同并最终表现为裁判结果的差异。在法律适用观点出现分歧时，参照类案生效裁判的观点及思路作出裁判对于统一法律适用、实现类案同判具有重要意义。然而，通过查阅已公开的生效裁判，典型案例亦存在裁判观点向左的现象，最高人民法院在这一问题上的裁判观点也不尽一致。

多种因素互相作用不仅增加了这一问题的法律适用难度，也为裁判结果的差异性埋下伏笔。

---

〔1〕 新疆维吾尔自治区高级人民法院民事判决书，(2021)新民再194号；河南省高级人民法院民事判决书，(2021)豫民再37号等。

〔2〕 最高人民法院民事裁定书，(2018)最高法民申6099号；最高人民法院民事裁定书，(2018)最高法民申6053号等。

二、以离婚财产分割协议排除不动产强制执行的裁判观点评析

(一)物权 + 可以排除观点

该观点建立在离婚协议物权效力理论的基础上,为论证其物权效力,有学者从法律适用规则的角度出发,认为离婚协议不仅是双方对夫妻共同财产作出的分割协议,而且因具有解除人身关系的性质,而不同于一般处分房产所有权的协议,具有鲜明的身份法属性,是特别法,应当优先适用关于家庭婚姻的法律规定。基于法律行为的不动产物权变动需经登记是不动产物权变动的一般规则,适用于一般的财产协议;离婚协议中的财产约定不属于一般的财产协议,而是身份法上的财产协议,应该适用《民法典》第 209 条的"除外"规定。[1] 鉴于我国关于夫妻在婚前及婚姻关系存续期间的财产所有权采取约定财产制(也称为夫妻财产制契约)模式,也有学者从该角度出发,认为离婚财产分割协议属于夫妻约定财产制的范畴,离婚财产分割协议关于财产的约定无须另行经过交付或登记,可以直接发生物权变动效力。[2] 该观点考虑到了离婚财产分割协议的身份法属性,具有一定的合理性,但也存在以下不足:其一,在法律和司法解释未对《民法典》第 1065 条第 1 款的规定与《民法典》第 209 条"除外"规定的关系作出权威解释的情况下,该观点与《民法典》第 209 条的规定有着直接的冲突,在现行法上缺乏明确的依据;其二,对离婚协议是否属于夫妻约定财产制的范畴,理论认识上存在争议。也有学者从二者处理财产时伴随的身份关系不同及涉及的财产特定性、变化性有别以及财产进行交付或登记是否会给当事人带来较大的不便等角度分析,认为离婚协议与夫妻约定财产制有着本质的不同;[3] 其三,将对不动产登记公示公信力构成挑战且使债权人利益受损的风险增加。不动产登记是不动产权属认定的重要依据,倘若夫妻双方对离婚财产分割达成合意即可发生不动产物权变动效力,一方面将会导致不动产登记权属与实际权属状态不一致的现象大量出现,削弱不动产登记的公信力;另一方面由于夫妻之间联系较债权人更加紧密,允许夫妻通过达成离婚协议的方式即可变动不动产物权,会给夫妻假借离婚协议恶意串通损害债权人利益提供土壤和空间,况且如此一来将导致普通金钱债权人永远无法对抗依据离

---

[1] 熊玉梅:《离婚财产分割协议效力探究——以不动产执行异议之诉为视角》,载《江西财经大学学报》2020 年第 2 期。

[2] 李洪祥:《离婚财产分割协议的类型、性质及效力》,载《当代法学》2010 年第 4 期。

[3] 周春鸣:《离婚财产分割协议对房产的约定在民事执行中的效力》,载《上海房地》2021 年第 7 期。

婚协议已经取得物权的案外人，这将使普通金钱债权人处于非常不利的地位。

（二）物权期待权＋可以排除执行

物权期待权观点实质上赋予案外人类似于物权人的地位，认为案外人虽然尚未取得案涉不动产的物权，但在已占有、使用案涉不动产的情况下，已经具备了所有权的部分权能，其权利正处于向所有权的过渡中，对案涉不动产具有较强的期待权，可以排除执行。该观点值得推敲，现行法对物权期待权的概念、内容、构成要件、对抗效力等尚未作出明确的规定，实践中通常将《执行异议复议规定》第 28 条至第 31 条视为对不动产一般买受人、商品房消费者、预告登记权利人、承租人物权期待权的规定，在成文法背景下，对离婚财产分割协议权利人的权利是否可以参照上述规定视为物权期待权及其对抗执行的要件、效力等缺乏明确的法律规定，在理论上亦需进一步探究考证。

（三）优先债权＋可以排除执行

优先债权理论本质上赋予案外人将案涉不动产变更登记至其名下的请求权更优顺位的保护效力，实践中，审查法院在论证其优先性时，多从案外人权利形成时间早于案涉债权、案涉不动产对案外人具有生活保障功能、案外人对案涉不动产的请求权具有特定指向性、案外人对案涉不动产未能办理过户登记不存在过错等方面予以论述。该观点在两个请求权发生冲突时赋予其中一个具有优先性与债的平等性原则相矛盾，缺乏现行法上的依据和法理上的支撑。

（四）普通债权＋不能排除执行

该观点将案外人权利认定为普通债权符合债权平等的原则和理念，但该理论依据不动产登记认定案涉不动产仍属于被执行人的责任财产，法院采取执行措施并无不当，进而认定案外人权利不能排除执行的做法实质上是遵守严格的不动产登记公示公信原则，赋予其极强的对抗效力。该种仅依据权利外观而不对权利及状态加以分析、衡量即径行认定不能排除执行的做法存在一定的缺陷：容易使法律适用机械化，僵化物权，不动产登记公示公信原则旨在向社会公众展示不动产的权利状态，保护善意第三人，促进交易安全。在出现权利冲突时，不对实体权利的具体情况加以区别分析即径行裁判会导致权利保护失衡，有可能损害案外人利益。

（五）普通债权＋特定情形下可以排除执行

该观点在否定离婚协议具有物权效力情况下，没有简单地依据不动产登记判定案外人权利不足以排除执行，而是进一步分析案外人的债权请求权与申请执行人的金钱债权请求权的区别，从权利形成时间、房产占有使用情况、权利是否具有特定指向性、案外人对房产未变更登记是否存在过错等方面综合分析判断，以确定案外人权利是否足以排除执行。该观点虽然没有将案外人基于离婚协议这一特殊民事法律行为的变更登记请求权与一般债权相区别，但笔者认为，该种观点和裁判思路仍然具有现行法上的正当性与较强的实践操作性。其一，认定离婚协议不产生不动产物权变动效力符合现行法的规定，德国通说与我国司法实践也普遍认为，离婚财产分割协议并不具有物权效力；[1]其二，将案外人权利视为普通债权请求权符合债权平等的基本原理，避免了将其定性为物权、物权期待权、优先债权等带来的于法无据或法理支撑不充分的缺陷；其三，对案外人的权利与债权人权利作进一步的比较衡量后认定在特定情形下可以排除执行符合执行异议之诉制度的立法目的。案外人异议之诉的实质是案外人对标的物享有之权利与申请执行人债权之冲突，是两种权利之间的对抗，故而，在充分考虑到社会生活的复杂性及某些特殊情况存在的合理性基础上对双方权利性质作出综合分析判定是案外人异议之诉裁判的内在要求，不至于让冲突的解决显得过于单纯，避免因法律条文的机械适用损害案外人利益。

三、离婚财产分割协议在特定条件下排除执行具有正当性

（一）具有价值取向上的正当性

对于冲突的权利进行司法裁判传递的是司法机关对何种权利及其背后的利益更值得保护的价值评判。司法裁判的结果如果明显偏离社会公众对公平公正的朴素认知，则可能引发对裁判合法性与正当性的质疑，鉴于此，社会公众的一般认知应当作为一个重要因素融入司法裁判过程中。结合社会公众的一般认知，充分考虑权利状态及其背后的社会、心理、生活习惯等案件事实形成因素，尊重社会公众对价值评判的一般心理预期，作出合法合情合理的司法裁判才能实现法律效果与政治效果、社会效果的有机统一。案外人虽然不能单纯基于离婚协议取得案涉不动产的所有权，但其享有将案涉不动产变更登记至其名下的请求权。案外人离婚后在申请执行债权形成以前已经长期占有使用案涉不动产的现象较为普遍，其债权请求权已经具备了物权的部分权能，具备了一定的排他性与对抗性，法律价值较一般金钱债权为高，且案涉房产对部分案外人而言具有生活居住的保障功能，此时案外人对房产产生了一定的生存利益，对其予以优先保护既与法律的公正价值相一致又符合社会情理。如此，不仅体现了司法的善意文明，又促进了善良风俗的传递和形成，在平衡利益的同时彰

[1] 叶名怡：《离婚房产权属约定对强制执行的排除力》，载《法学》2020年第4期。

显了公平公正的法律价值。

（二）具有现行法上的正当性

允许离婚财产分割协议在特定条件下可以排除不动产强制执行具有现行法上的正当性，尽管法律确立了不动产登记公示公信原则，但并未将其视为实体权利的唯一判断依据。基于各种因素，不动产登记的权利状态与真实的权利状态不一致的现象时有发生，因此《民法典》第217条、第220条也规定了特定条件下的更正登记。《执行异议复议规定》第28条、第29条规定了不动产一般买受人和商品房消费者在满足特定条件下可以阻却执行，在实践中被视为对不动产登记公示公信原则在特定条件下的突破。《执行异议复议规定》虽然未就案外人基于离婚协议的约定能否排除不动产强制执行及需满足的条件予以明确，但正如最高人民法院在（2015）民一终字第150号民事判决书中的论述："应当看到，《执行异议复议规定》是针对执行程序中当事人提出执行异议时如何处理的规定。由于执行程序需要贯彻已生效判决的执行力，因此，在对执行异议是否成立的判断标准上，应坚持较高的、外观化的判断标准。这一判断标准，要高于执行异议之诉中原告能否排除执行的判断标准。由此，《执行异议复议规定》第25条至第28条的规定就应当在如下意义上理解，即符合这些规定所列条件的，执行异议能够成立；不满足这些规定所列条件的，异议人在执行异议之诉中的请求也未必不成立。是否成立，应根据案件的具体情况和异议人所主张的权利、申请执行人债权实现的效力以及被执行人对执行标的的权利作出比较后综合判断，从而确定异议人的权利是否能够排除执行"，既然不动产买受人和商品房消费者的权利在特定条件下可以得到优先保护从而排除执行，那么在离婚协议案外人对不动产享有类似利益且与不动产存在更紧密关联性的情况下，对案外人的权利参照适用《执行异议复议规定》允许其满足特定条件排除金钱债权的执行合乎法理。

四、以离婚财产分割协议排除不动产强制执行的异议审查要素建议

（一）离婚协议签订于申请执行债权形成之前

合法是权利得到法律保护的基本前提，因此，离婚协议合法有效是案外人权利阻却执行的应有之义，这就内在地要求排除通过虚假意思表示进行恶意串通以达到损害债权人利益的情形。鉴于对内在意思表示的审查存在真伪难辨的现实困境，且对恶意串通的举证由债权人承担存在较大困难，对离婚协议真实性的判断需要借助于外化的客观事实，而在婚姻登记部门登记备案的离婚协议的签订时间为判断其真实性提供了重要的审查参考因素。倘若离婚协议签订于申请执行债权之前，则可以判

断夫妻双方关于离婚财产的约定是其真实意思表示，基本排除了恶意串通侵害债权人利益的可能性。假如离婚协议签订于申请执行债权形成之后，基于夫妻双方生活上的紧密联系，通过订立虚假离婚协议以转移财产逃避执行便成为一种合理怀疑。执行异议之诉既要保护真实合法的权利也要有效防止假借离婚协议恶意侵害他人权利的情形，在此意义上考量，将离婚协议签订于申请债权形成之前作为其排除执行的必要条件合乎法理情理。

（二）在查封之前合法占有案涉不动产

从占有作为一种权能来看，表征着标的物处于由谁控制的现实状态，往往被视为权利的一种外在表达方式，因此，不动产的占有状态可以作为执行异议之诉中判断离婚协议是否为夫妻真实意思的一个审查要素。如果说基于夫妻之间这种特殊的身份关系在离婚时没有按照约定变更不动产登记是一般社会社会生活习惯，那么按照离婚协议的约定转移不动产的占有则应该成为一种生活常理。对不动产的占有，表征着案外人以权利人的身份控制使用不动产，是所有权观念下的一种权利体现。从占有作为一种公示方式来看，尽管此种公示方式较法定的登记公示方式效力为弱，但依旧具有一定的公示效力。[1] 该种公示方式使案外人享有的变更登记请求权具有了对抗申请执行的普通金钱债权之可能。需要注意的是，案外人占有不动产的行为必须发生在查封前，在查封后占有的，受查封的效力所及，不得对抗债权人。同时，要求在查封前已经占有不动产，也是为了减少夫妻恶意串通的可能。

（三）对案涉不动产未办理变更登记不存在过错

正如法律谚语所言，法律不保护躺在权利上睡觉的人。《执行异议复议规定》也要求对不动产一般买受人和商品房消费者对抗强制执行需具备不存在过错的要件。倘若权利人在能够行使权利的情况下却长期怠于行使，持消极的放任态度，则其对案涉不动产被采取查封、拍卖等措施存在过错，则此时，相较于债权人的金钱债权，其权利并不值得法律的优先保护。至于案外人的过错程度，在对《执行异议复议规定》第28条“非因买受人自身原因未办理过户登记”如何理解的问题上，最高人民法院认为，对于普通民事主体，不可将其都视为法律专家，未通过提起诉讼行使物权登记请

〔1〕 江必新、刘贵祥：《最高人民法院关于人民法院办理执行异议和复议案件若干问题的规定理解与适用》，人民法院出版社2015年版，第424页。

求权不能视为买受人有过错。[1] 参考该理解，若非案外人出于逃避债务履行、避税、经对方多次催告仍拖延办理等情形，不宜认定属于因自身原因未办理变更登记。

(四) 申请执行债权为普通金钱债权

尽管《执行异议复议规定》第 28 条、第 29 条并未规定该要件，但在司法实务和理论中，均普遍认为案外人基于离婚协议能够对抗的仅仅是普通金钱债权人，该要件在离婚协议情形下也确有适用的必要。理由在于，如果申请执行的是设定有担保的债权，则一方面这种担保的设定具有较强的公示效力，另一方面债权人对执行案涉不动产以确保债权的实现同样具有较强的期待性，再者，债权人对案涉不动产的利益亦具有明确的特定指向性。基于以上理由，此时案外人的权利与债权人的权利相较并不更加值得保护。

(五) 案涉不动产的生活保障功能因素

不动产对案外人的生活保障功能可以作为能否阻却执行的一个考量因素但不宜将其视为必要条件。在离婚协议真实合法可以排除恶意串通损害债权人利益的情况下，案涉不动产的数量多少及是否具有生活保障功能等用途不应成为其能否排除执行的决定性因素。在离婚协议的约定指向多处不动产或不动产为商业用途、车位等非保障基本生活所需之功能时，只要满足前述四个要件，仍然应当认定案外人的权利足以排除执行。

(六) 对价因素

鉴于离婚协议对财产归属的约定是基于夫妻身份关系解除时对权利义务作出的统筹安排，通常涉及子女抚养、情感补偿、家庭生活付出等因素，不宜单纯从经济视角审查判断是否公平，只有在极端显失公平的情况下，才有介入审查之必要，否则应尽可能地尊重当事人的意思自治。因此，以离婚财产分割协议排除不动产执行无须参照《执行异议复议规定》的相关规定要求具备对价要件。

结 语

当前对以离婚财产分割协议请求排除不动产强制执行的裁判依然存在差异，本文在分析上还存在一定的不足，有些论述观点还比较浅显，为尽快统一法律适用标准和裁判尺度，促进类案同判，期待最高人民法院尽快出台该问题的司法解释或公布指导性案例，以提供权威性的裁判依据或指导。

---

〔1〕 江必新、刘贵祥：《最高人民法院关于人民法院办理执行异议和复议案件若干问题的规定理解与适用》，人民法院出版社 2015 年版，第 425 页。

浅析离婚房产分割协议排除强制执行

黄翠蓝*

摘要:近年来,在债权人申请执行债务人名下的房产时,经常出现的一类情况是债务人的原配偶根据离婚协议约定,主张该房产已经在离婚协议中约定归其个人所有,人民法院不得拍卖执行。债务人与其原配偶在离婚协议中对房产的约定能否产生实际变更案涉房屋产权的效果从而对抗执行,应从涉案债务的性质、离婚协议效力、案涉房屋产权的实际情况、伦理道德与社会影响等几个因素进行审查判处。

近年来,因夫妻双方离婚变更名下房产归属而未办理产权变更登记,或是通过离婚协议恶意转移房产,对房产享有合法财产权益的债权人申请执行时,夫妻另一方作为案外人主张其根据离婚协议约定对房产享有权利,提出执行异议的案件屡屡发生。由于不同的指导性裁判规则的存在与学界态度的不一致,引起了裁判结果冲突与日益增多的具有争议性的法律问题:离婚协议对房屋产权的约定能否对抗房产的执行。其中对离婚协议是否产生物权变动效果以及物权期待权是否优先于普通债权,也是影响法院在作出此类案件裁判文书的关键因素。

一、离婚协议是否产生直接的物权变动效果,分割财产的权利登记的期待是否为物权期待权

夫妻财产制契约是指婚姻当事人就婚姻关系存续期间的财产关系

---

* 黄翠蓝,海城区人民法院综合审判庭五级法官助理。

通过协议约定采用何种财产制的法律制度。约定财产制是私法自治原则在婚姻领域的体现,不同国家和地区对约定财产所导致的物权变动效果观点不一。一种观点为"非基于法律行为的物权变动说",我国台湾地区、德国和瑞士的民事法律规范制度多为"选择约定财产制",即财产协议一旦成立,直接导致双方针对所有物权利与义务的变动,不需要再另行登记所有权的个别行为。另一种观点为"债权意思主义的物权变动说",婚姻关系双方除了可以选择财产制的类型,在不违反法律的强制性规定与公序良俗的前提下,也可以根据需要对具体的财产配置作出安排。还有另一种观点为"物权合同说",即婚姻关系存续期间对于夫妻共同财产归属的约定属于法定的物权合同,约定后直接发生物权变动的效果,无须另外启动物权变动程序。根据我国现行法律规定,尚未有离婚财产协议直接突破物权法定原则的法律条文,我国目前采用的还是"债权形式主义"的不动产物权变动模式,虽然离婚协议具有强烈的人身属性,但是我国婚姻登记制度在婚内契约、财产制度选择的公示规定不全面,离婚协议带有明显的隐私性质,若是赋予离婚协议的物权变动效果,也不利于财产的后续流转,故而离婚协议不能产生直接的物权变动效果。

离婚协议虽不能直接产生物权变动的效果,但也不意味着婚姻关系一方取得了所分割财产权利的物权期待权。婚姻关系一方基于离婚协议取得的不动产权利,到底是物权还是债权,目前法律、司法解释均未对此作出规定。物权期待权最早来源于德国民法,是指物的受让人期待成为物的所有权人的权利,相对于要件完成的物权既得权之外,权利人已经取得构成权利的部分条件,能够形成确定的可转移的利益,权利行使的过程只涉及特殊利益保护,拥有物权化需要的一种财产权。但离婚协议分割不动产不同于不动产买受人的物权期待权,不涉及交易第三人,这种权利是否具有优先效力缺乏论证。

二、法院的实际审判差异

在实务案例中,因裁判者对离婚协议的性质认知不同,采用的理论观点不同,相同案情的情况下,也有不同的裁判结果,主要分为以下六个观点:

1. 物权未变动+不能排除执行。裁判理由为:离婚财产分割协议中约定的产权归属是一种处分行为,离婚财产分割协议不具有物权变动的公示效力,亦不能产生物权变动的法律效力。因系争房屋的产权未发生变更登记,被执行人仍为系争房屋的产权登记人,协议约定的不动产归属人对涉案房屋不享有足以排除强制执行的民事权益。[1]

2. 物权期待权优先 + 能排除执行。裁判理由为:离婚财产分割协议约定的不动产权属,是双方一致意思表示所追求物权变动的法律效果。案外人享有将案涉房屋所有权变更登记到其名下的物权期待权。相对金钱债权的执行而言,其物权的期待权具有排除执行等物权效力。[2]

3. 事实物权优先 + 能排除执行。裁判理由为:基于婚姻法对于涉案房产的处分应区分于一般的物权变动,对有争议的不动产物权归属的终局性判断,要依靠于基础民事法律关系的审查判断结果,而不能只依赖于登记与否。协议约定的不动产归属一方应为涉案房屋的真实权利人,对涉案房产享有所有权,能够排除执行。优先保护事实物权的观点,实际上是肯定了离婚财产分割协议能直接导致物权变动的效力,认定案外人享有所有权足以排除执行。[3]

4. 债权请求权优先 + 能排除执行。裁判理由为:根据离婚财产分割协议约定,争议房屋归一方所有,故该房屋在办理过户登记前,协议约定的不动产归属人享有将争议房屋所有权变更登记至其名下的请求权。在符合一定条件下,该请求权享有排除强制执行的民事权益。条件一般为:(1)过户请求权形成时间早于金钱债权;(2)金钱债权属于被执行人个人债务,不属于夫妻共同债务;(3)过户请求权直接指向特定财产即房屋,金钱债权未指向该涉案特定财产;(4)合法占有涉案房屋,并对未及时办理过户登记无明显过错。[4]

5. 普通债权平等 + 不能排除执行。裁判理由为:不动产未经变更登记,仍属于被执行人财产,离婚财产分割协议中约定的不动产归属人享有的债权请求权,不能对抗已经具有执行名义的债权。如因案涉房屋被执行拍卖,导致离婚一方债权无法实现时,可另行向被执行人主张权利。[5] 该种观点是基于债权平等性原则,对债权平等

---

[1] 北京市高级人民法院民事裁定书,(2020)京民申 4497 号;江西省高级人民法院民事裁定书,(2019)赣民申 1312 号等。

[2] 四川省高级人民法院民事判决书,(2018)川民终 721 号;云南省高级人民法院民事判决书,(2019)云民终 127 号等。

[3] 陕西省高级人民法院民事裁定书,(2018)陕民申 1436 号。

[4] 贵州省高级人民法院民事裁定书,(2019)黔民申 19 号;四川省高级人民法院民事裁定书,(2018)川民申 5233 号等。

[5] 黑龙江省高级人民法院民事判决书,(2019)黑民终 412 号;安徽省高级人民法院民事判决书,(2015)皖民一终字第 215 号等。

性的例外情形，应严格限制在法律明确规定的范围内。

6.财产共同共有＋部分能排除执行。裁判理由为：未办理变更登记，登记在被执行人名下的房屋系其与案外人共同所有，其中包含被执行人份额，也包含协议约定的不动产归属人的份额。因此，就被执行人的份额，不享有阻却执行的民事权益。[1]该种观点实质上是同时适用婚姻法规则和物权法规则，对不动产份额进行分配。

三、理论分歧：不同裁判观点的理论根源与缺陷

在实务案例的碰撞中，“同案不同判”“同判不同理”的背后都有其支撑判决的法理依据，看似相互冲突，却又各占其理。本文认为，在立法或司法解释未确定的情况下，理论上的分歧才是实践分歧的根源。

事实物权优先保护理论存在缺陷。直接支配性和排他性是物权的核心特征。

首先，事实物权不享有完整的处分权，其物权支配性也就不完整，不宜以事实物权理论扩充所有权概念；其次，事实物权未被赋予完整的排他效力，事实物权不能像一般物权那样对抗一切非物权人，它只有在不存在交易第三人的时候才可以对抗法律物权人。[2] 所以，严格按照物权理论，所谓的“事实物权人”并非物权人，而应该称为“利害关系人”，利害关系人的维权途径，应通过《民法典》第220条的规定，进行更正登记。此外，非交易关系下的执行债权人是否可以纳入未经登记不得对抗之“第三人”范畴，又因涉及理论上对外观主义的适用边界之争，引来新的理论纷争。直接导致物权变动理论存在缺陷。首先，该种理论直接与《民法典》第209条的规定相冲突，违背了物权公示公信原则；其次，该种理论使规制恶意串通逃避执行的成本增加，防范虚假诉讼的难度增加。

物权期待权理论存在缺陷。首先，案外人基于离婚协议取得的不动产权利，到底是物权还是债权，目前法律、司法解释均未对此作出规定。我国现行立法对物权期待权的概念、构成要件和法律效力没有明确界定，甚至物权期待权的性质是属于物权还是属于债权物权化的特殊保护，也存在争议。其次，这种物权期待权既不同于不动产买受人的物权期待权，不涉及交易第三人，那么，此类型物权期待权基于什么理由和什么条件下具有优先效力缺乏论证。

---

[1] 青海省高级人民法院民事判决书，(2018)青民终191号；浙江省高级人民法院民事判决书，(2019)浙民再225号等。

[2] 魏永、王全弟：《事实物权：理论困境与出路》，载《东方法学》2014年第4期。

普通债权理论和部分排除执行理论存在缺陷。普通债权理论忽略了离婚协议所具有的身份属性，等于直接排除了财产分割协议约定的不动产归属人的权利，不能兼顾实质正义。至于部分排除执行理论，实际上是在解决执行分配问题，在执行分配上保留应属于案外人份额即可，无须通过案外人执行异议之诉进行审理。

债权请求权一定条件下优先保护理论存在缺陷。首先，所谓债权请求权一定条件下优先保护，实质上是案外人的过户请求权，与申请执行人的债权之间进行比较，何种更值得保护的问题。为了论证这种债权请求权的优先效力，最高人民法院从该请求权的成立时间、权利指向、是否为个人债务、伦理等四个方面来进行论证，有观点认为，这种论证"实际上与离婚财产分割协议具有直接导致物权变动的效力没有本质区别。"[1]其次，认定这种情形下的债权请求权具有优先突破了债权平等性原则，缺乏法理支持，在法律规范上也找不到依据，而从伦理角度作为裁判依据支撑，既容易突破成文法规定的审判标准，又会造成主观价值判断的冲突。

四、应对路径：确定债权请求权衡量进路

审理案外人执行异议之诉案件，应主要围绕案外人是否系执行标的物的权利人、该权利的合法性与真实性、该权利能否排除执行等要素展开。[2] 有鉴于此，本文认为，应当避免陷入理论纷争泥潭，单独拎出"权利"这一条线，作为审查进路。

1. 优先判断不动产权属。案外人执行异议之诉中，往往包含有所有权确权的诉讼请求，应遵循物权登记作为不动产权属判断标准，在案外人执行异议之诉中，对不动产实体权属的判断，应当适用物权法规范，即不动产登记簿是判断权利归属的依据，产权证书是权属证明，权属变动登记生效。对非基于法律行为的物权变动，应依据《民法典》物权编及其司法解释有关规则来判断，离婚协议中的财产约定，不属于非基于法律行为物权变动的情形，不发生物权直接变动的效力。所以，离婚协议中约定的不动产权属人，因未办理登记，未取得不动产所有权。因此，优先否决了案外人主张以所有权为由来排除执行的理由，其确权请求也不应支持。

2. 确定债权请求权衡量进路。在否决了案外人主张的所有权排除执行后，仅有"物权期待权"和"债权请求权"这两种进路。两者的分歧仅在于"物权化"保护与"债

---

[1] 熊玉梅：《离婚财产分割协议效力探究——以不动产执行异议之诉为视角》，载《江西财经大学学报》2020年第2期。

[2] 江必新、刘贵祥主编：《最高人民法院关于人民法院办理执行异议和复议案件若干问题规定理解与适用》，人民法院出版社2015年版，第339页。

权化”保护的不同,但就权益保护的本质上仍是一致的。且这两种进路均能达到相同的效果,即满足特定条件下,可以排除执行。《最高人民法院关于人民法院办理执行异议和复议案件若干问题的规定》第28条即关于不动产买受人执行异议之诉的立法精神就采纳了“物权期待权说”,实践中已有不少法院认可约定权利人依据离婚协议享有的请求权具有比不动产买受人更高程度的物权期待性,举轻以明重,该请求权应优于申请执行人的金钱债权获得法律的保护。但是,本文认为,应优先选择“债权化”保护进路,认定协议约定的不动产归属人对该不动产享有的是债权请求权,即请求交付并登记过户的债权,这种债权在满足特定条件下,具有排除执行的效力。理由为:一是能避免对物权期待权性质认定和构成要件的纷争;二是确定相冲突权利的保护顺位,从比较债权之间何种值得优先保护的角度,既考虑到了执行效率,又能兼顾实质正义,不失为一种化解冲突的次优选择;三是按照类案检索要求,最高人民法院的生效裁判案例在类案检索上顺位靠前,应遵循最高人民法院的审理思路和裁判观点;四是赋予伦理性审查条件也能避免物权期待权审查条件僵化可能导致的实质不公。

3. 明确债权请求权衡量要素标准。在明确了审理思路后,应将比较债权请求权的要素标准作为重点。债权请求权能排除执行需完整具备以下要素:(1)离婚财产分割协议生效于申请执行的债权前;(2)申请执行的债权系普通金钱债权且是被执行人个人债务;(3)协议约定的不动产归属人对未及时办理过户无明显过错;(4)存在保障生活或利害影响等伦理优先因素。离婚时间与金钱债权形成时间等客观事实比较容易审查,但是法律事实却容易引发争议,尚需进一步明确。

4. 审查离婚财产分割协议是否合法有效的标准。通常离婚事实是离婚财产分割协议的生效条件,若离婚事实发生于申请执行的债权形成之前,则基本排除夫妻双方主观恶意转移财产的嫌疑,也基本上能认定为被执行人个人债务。由于对意思表示和恶意串通的审查较为困难,在事实不明的情况下,对离婚协议虚假意思表示和恶意串通事实的举证责任,应分配至提出该主张的申请执行人一方;若离婚事实发生于申请执行的债权形成之后,法院采取查封扣押之前,即便是被执行人个人债务,若离婚协议约定内容明显降低了被执行人的责任财产,应认定该协议对外不具有法律约束力。[1]

5. 审查对未过户有无明显过错的标准。在认定过错标准上,应采用从宽原则,首先,可参照《最高人民法院〈关于审理执行异议之诉案件适用法律问题的解释(一)〉

---

〔1〕 福建省高级人民法院民事判决书,(2018)闽民终282号。

(向社会公开征求意见稿)》第9条的规定,明确非因案外人自身原因未办理过户登记情形,均不能认定其有明显过错,如涉案房屋存在按揭贷款、无法联系到被执行人、被执行人不配合过户等;[1]其次,无正当理由,案外人对产权变更登记持消极态度的,认定具有明显过错。

6. 审查伦理上优先性的标准。无论涉案不动产是唯一住房还是多套住房,无论不动产是否为其提供生活保障,只要是合法取得,应遵循保护合法财产、维护社会关系稳定的原则。如果不存在合理的必要性,不宜轻易打破这种稳定的社会关系。而对于该合理必要性的举证责任,应由申请执行人承担。

结 语

生效法律文书的执行事关当事人合法权益的实现,对司法权威的公信力也影响颇深。在审判实践中,因为案件的差异以及裁判者的认知差异,如何平衡生效裁判执行、当事人合法权益和案外人权益之间的平衡显得尤为重要。因学术观点不同,权利性质有待甄别,希望最高人民法院能够进行专项研究,指定或完善相关司法解释以及案例指导。

---

[1] 最高人民法院民事判决书,(2018)最高法民终462号。

夫妻一方负债执行夫妻共同财产之实现路径

蒙才良*

摘要：当前在夫妻一方负债执行夫妻共同财产的司法实践中，面临着两大难题：一是夫妻共同财产与个人财产"混同"交织难以区分；二是在婚姻存续期间缺乏因债务清偿而析产实体法律依据。两大难题导致执行夫妻共同财产难以有效实施。在结案的压力下，各省市做法不一，执行不规范不统一。为规范高效地执行夫妻共同财产，本文拟通过梳理分析导致执行夫妻共同财产困难的主要原因，论证执行夫妻共同财产的正当性、必要性、合理性，借鉴域外先进经验做法，从完善立法、引入制度、完善析产诉讼、执行中初步分割等多个方面，提出完善执行夫妻共同财产的建议，并对执行夫妻共同财产下的具体情形进行梳理总结，构建执行夫妻共同财产的完整路径。

引　言

随着全国法院"基本解决执行难"行动的结束，许多执行难题得以妥善化解。但有种"执行难"仍然困扰着当前司法实践，此种"执行难"即夫妻一方负债执行夫妻共同财产的司法困境，因其立法缺失、制度不健全等诸多因素，成为当前新的执行难题。

夫妻一方负债执行夫妻共同财产是指在穷尽执行债务人个人财产后再执行夫妻共同财产。此举旨在不侵害债务人配偶的合法权益的前提下，最大限度地保护债权人利益。实践中因面临两大难题，使其寸步

* 蒙才良，江南区人民法院审判管理办公室员额法官。

难行。首先,我国当前婚姻中的财产处于“混同”状态,即个人财产与共同财产混合交织,无法区分个人财产还是共同财产。财产归属不明确,导致区分不能,而区分出夫妻共同财产恰恰是分割夫妻共同财产的必要前提;其次,即便区分出夫妻共同财产,又因缺乏婚姻期间析产的相关实体法律依据,使分割夫妻共同财产无法可依,导致分割不能。而能否分割夫妻共同财产又正是能否可执行的关键点。可以说由于区分不能加上分割不能,最终导致执行不能。在此情况下,夫妻共同财产便成为夫妻一方举债后逃避债务的“法外之地”。

本文拟就通过梳理困境形成原因、借鉴域外经验、根据既判力和执行力扩张理论,平等保护、执行效率优先等原则,构思夫妻一方负债执行夫妻共同财产的完整路径。

一、深度解剖:夫妻一方负债难以执行夫妻共同财产之原因分析

(一)部分财产归属划分不健全

《民法典》婚姻家庭编规定我国当前实行夫妻法定财产制和约定财产制共存互补制度。互补制度中对约定财产归属设定了单独所有、共同所有、部分单独所有和共同所有。针对财产归属,首先因列举的局限性,无法面面俱到。《民法典》婚姻家庭编对夫妻共同财产和个人财产分别采取了列举式进行了划分。随着经济不断发展,财产性质种类不断涌现,已远远超出了所有列举的范围,导致无法归类。例如在互联网领域的比特币,数字游戏装备等。其次兜底条款留下了判断归类差异的空间。定义夫妻共同财产的《民法典》第 1062 条第 5 款“其他应当归共同所有的财产”,定义个人财产的《民法典》第 1063 条第 5 款“其他应当归一方的财产”,定义模糊宽泛,理解不一,容易导致同案不同判。对此,《民法典》婚姻家庭编司法解释进一步明确了三种类型,但实际上仍然无法解决列举的局限性问题。最后对财产归类无法判断的情况下,缺乏有效的推定原则。

(二)析产制度不健全,缺乏实体法上的支撑

《最高人民法院关于人民法院民事执行中查封、扣押、冻结财产的规定》第 12 条第 1 款规定,人民法院可以对被执行人与他人共有的财产采取查封、扣押、冻结的执行措施;第 3 款规定,共有人可以提起析产诉讼或者申请执行人可以代位提起析产诉讼。该条款可作为提起析产诉讼在程序上的法律依据,然而析产本质是对物权权属的调整变更,属于实体判断范畴。因此,无论是共有人提起析产诉讼或者申请执行人代位提起析产诉讼都必须有实体法上的依据。

为此寻找实体法依据。《民法典》婚姻家庭编规定,婚姻存续期间,夫妻共同财产为共同所有,夫妻拥有平等支配权。以共有关系为目标,追寻到《民法典》物权编共有

人分割共有物的条款“共有人约定不得分割共有的不动产或者动产,以维持共有关系的,应当按照约定,但是共有人有重大理由需要分割的,可以请求分割;没有约定或者约定不明确的,按份共有人可以随时请求分割,共同共有人在共有的基础丧失或者有重大理由需要分割时可以请求分割”。这看似找到了分割共同财产的实体法律依据,然而却无法援引。这是因为分割共同财产的期间为婚姻存续期间,该期间内共有物的分割同时应当受《民法典》婚姻家庭编及其司法解释的约束。《民法典》婚姻家庭编规定只有两种特定情形才能分割夫妻共有财产,即在婚姻存续期间,除了有隐藏、转移等严重损害夫妻共同财产利益的行为以及不同意支付医疗费用两种特定情形才能析产外,其他情形均无法分割。由于《民法典》婚姻家庭编属于特有的亲属法,《民法典》物权编属于普通法,特殊法效力优于普通法,应当优先适用。最终使依据《民法典》物权编分割共有物条款无法作为婚姻存续期间分割夫妻共同财产的实体法律依据。至此无论是《民法典》还是其司法解释等法律法规,均未能找到可以支持婚姻存续期间分割夫妻共同财产的法律依据。

(三)财产归属混同,难以识别共同财产还是个人财产

由于执行机构只有形式审查权,在执行中无法查清实际归属被执行人的财产。在执行实践中,执行机构往往根据权利外观实施执行,被执行人名下的财产优先推定为被执行人的实际财产。但这种推定在执行夫妻共同财产时可能出现问题,由于财产“混同”,夫妻个人账户下财产归属可能表现多种形式。以甲乙夫妻为例分别列举甲乙个人银行账户可能的权属,形成如表1所示。

表1 夫妻个人银行账户可能存在的权属

账户	余额(万元)	个人财产(万元)	夫妻共同财产(万元)
甲账户	100	100	0
甲账户	100	0	100
甲账户	100	50	50
乙账户	300	300	0
乙账户	300	0	300
乙账户	300	100	200

从执行机构的角度来看,在执行夫妻共同财产时,查封被执行人(甲)名下的银行账户。但执行机构根本无法厘清甲乙夫妻共同财产和甲个人财产分别是多少。与此同时,部分夫妻共同财产可能存储在乙名下的银行账户,根据《最高人民法院关于依法妥善审理涉及夫妻债务案件有关问题的通知》的规定,在未经审判确定未举债的夫

妻一方承担责任之前,不可以对乙名下的银行账户采取查封等执行措施。[1] 因此执行机构还可能遗漏对乙名下的夫妻共同财产的控制。总之,由于个人财产与夫妻共同财产交织,使难以区分出夫妻共同财产,让执行寸步难行。

二、可行性论证:夫妻一方负债执行夫妻共同财产之是否可行

(一)两个理论依据

当前针对夫妻一方负债执行夫妻共同财产的理论依据主要有两种。一种是既判力主观范围扩张理论。既判力的主观范围是指判决效力范围,即判决对哪些主体具有约束力,通常是指生效判决中的原被告。既判力主观范围扩张是指在某些条件下,判决效力约束至第三人,这些第三人主要包括诉讼中利益主体、争讼标的物的占有人以及案件当事人的继受人等。[2] 在执行依据为判决时,执行力的主观范围等于既判力的主观范围。另一种是执行力主观范围扩张理论,由既判力主观范围扩张理论发展衍变而来,旨在解决执行依据为仲裁裁决、公正债权文书等非判决类文书的情形。与既判力的主观范围相似,执行力的主观范围通常是指作为执行依据所确定的债权人和债务人。在第三人为利益共同体、当事人的继受人、争讼标的物占有人等特定情况下,执行力的作用范围会扩张第三人。[3] 按照该理论,可以要求案外第三人承担义务或案外第三人可以主张享受权利。[4]

由于夫妻共同财产的共同共有属性,夫妻拥有平等的处置权,在财产归属和处分上具有高度一致性和统一性,因此将执行力扩张至债务人配偶有其正当性和合理性。即执行夫妻共同财产有理论依据。

(二)保护债权人之必要性和紧迫性

在我国债权人的利益被侵害问题日益严重。以商业银行为例,截至 2020 年年末,我国银行业不良贷款余额 3.5 万亿元,较年初增加 2816 亿元,不良贷款率 1.92%。[5]

---

〔1〕《最高人民法院关于依法妥善审理涉及夫妻债务案件有关问题的通知》规定:未经审判程序,不得要求未举债的夫妻一方承担民事责任。

〔2〕张卫平:《判决执行力主体范围的扩张——以实体权利转让与执行权利的获得为中心》,载《现代法学》2007 年第 5 期。

〔3〕张卫平:《判决执行力主体范围的扩张——以实体权利转让与执行权利的获得为中心》,载《现代法学》2007 年第 5 期。

〔4〕肖建国、刘文勇:《论执行力主观范围的扩张及其正当性基础》,载《法学论坛》2016 年第 4 期。

〔5〕来源:中华人民共和国中央人民政府网站。

商业银行贷款通常有物资担保且借款人信用的审查较严格,在此条件下,不良贷款额仍然居高不下。相较于银行债权,缺乏担保和严格审查的其他普通债权被侵害可能性更大。由此可见,我国债权人的利益保护工作形势严峻,不容乐观。

司法实践中,被执行人通过向配偶方转移、隐匿资产,恶意逃避债务的现象时常发生。往往查控到被执行人名下财产几乎为零,但其配偶名下却拥有与其收入极不相符的大量资产。逃避债务,不仅损害了债权人的利益,同时也加大了社会的信用成本,恶化了市场的投资环境,形成了“欠钱的是爷,借钱的是孙子”的恶劣风气。故对债权人利益的保护,已成为推动经济发展,保障交易安全、维持市场秩序、净化社会风气的必然要求。

(三)债务人配偶的合法权益得以保障

根据既判力、执行力主观范围扩张理论,夫妻一方负债可以执行夫妻共同财产,但是具体如何实施或者执行多少数额?仍需要仔细考量。物权平等保护原则要求,物权受法律平等保护,任何组织或者个人不得侵犯。由此产生一个前提条件,即在不侵害债务人配偶合法权益的前提下,执行夫妻共同财产。由于夫妻共同财产具有整体性,夫妻不分份额的所有。若未经分割就直接执行,极可能侵害债务人配偶的合法权益。为公正执行夫妻共同财产,就必须对夫妻共同财产实施分割,将夫妻共同财产转化为个人财产或按份共有财产,确保仅执行债务人的个人财产或份额财产。由此引入析产诉讼,即先析产再执行。引入析产诉讼的原因有两方面:一方面析产诉讼不是对夫妻共同财产简单地“对半分”,而是应根据夫妻共同财产的具体情况、夫妻双方的贡献大小、有无过错等进行综合考量后析产,较为客观、准确。另一方面执行无法代替实体判断,若由执行分割,则违背了审执分离的基本原则,同时剥夺了当事人一审、二审乃至再审的救济权利。

为论证债务人配偶的合法权益是否得到保障,首先基于一个基本假设即“夫妻共同财产可以分割为个人财产或者按份共有财产”。在此假设下,对夫妻共同财产先进行分割,再执行夫妻共同财产中归属于债务人个人的财产或其对应份额财产,显然没有损害债务人配偶方的合法权益。在此情况下,夫妻一方负债执行夫妻共同财产的情形实质上等同于执行个人所有或者按份共有人份额财产的情形。根据《民事诉讼法》第232条和第234条的规定,若债务人配偶认为执行违反法律规定,可以提起执行异议。对驳回裁定不服的,可以申请执行复议。对执行标的实体权利存有争议的,还可以提起执行异议之诉。为此画出债务人配偶的寻求权利救济的路径图,如图1所示。

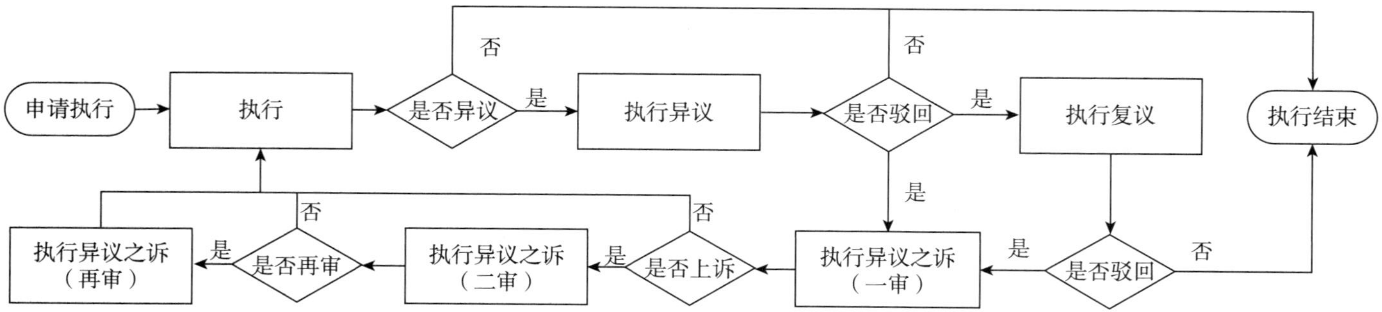

图 1　债务人配偶的寻求权利救济的路径图

从图1中显然可以看出,若债务人配偶的合法权益受到侵害,无论从程序上还是实体上受害方均可获得充分救济。

综上,只要夫妻共同财产可以分割,债务人配偶的合法权益就可以得到保障,即便在执行过程中受到侵害也可以获得救济。回到基本假设,为让假设成立,只要在实体法上提供分割的法律依据便可。即在婚姻关系存续期间,增加一项因夫妻一方负债分割夫妻共同财产的情形即可。

(四)可借鉴的德国和瑞士经验

"他山之石,可以攻玉",借鉴域外经验,对完善我国婚内财产制度具有重要意义。

《德国民法典》规定夫妻可以通过契约形式约定婚内财产的性质为分别所有或者共同所有。契约经过有管辖权的法院在财产登记簿记载后对外发生效力,并约束知情的第三人。[1] 约定财产制效力高于法定财产制,在夫妻没有约定财产性质时,实行法定的财产增加额共同制。[2] 对于夫妻共同财产,可以指定夫妻一方或双方为共同财产管理人。夫妻一方负债,需要执行夫妻共同财产,债权人只有三种情况可以受偿:(1)夫妻共同财产管理人一方负债;(2)经夫妻共同财产管理人同意的负债;(3)未经夫妻共同财产管理人同意,但为了夫妻共同财产利益的负债。[3] 虽然基于稳定婚姻关系原则,夫妻一方债务原则上只能有个人财产清偿。但也可以看出只要共同财产管理人做出或同意的,或者未经其同意但为了共同利益的,婚内夫妻共同财产仍然是可以执行的。此外,《德国民法典》还规定,在婚姻存续期间,依夫妻一方的请求,法院可以将共同财产制裁判适用为分别财产制,即实现了婚姻存续期间,夫妻共同财产有条件的分割。

《瑞士民法典》在夫妻财产制上面规定较为完善,其将夫妻财产分为普通夫妻财产制和非常财产制两种。其中非常财产制分为两种:(1)应配偶一方的申请(宣告的非常财产制)和监督官厅为执行夫妻一方个人债务而扣押其共同财产中的应有部分而向法院申请命令分别财产;(2)因配偶一方开始执行破产程序而当然分别财产(当然的非常财产制)。[4]

关于适用对共同财产分割的情形,《瑞士民法典》也作出了明确的规定。总结为

---

〔1〕 陈卫佐译注:《德国民法典》(第3版),法律出版社2010年版,第436页。

〔2〕 陈卫佐译注:《德国民法典》(第3版),法律出版社2010年版,第461页。

〔3〕 陈卫佐译注:《德国民法典》(第3版),法律出版社2010年版,第463页。

〔4〕 戴永盛译注:《瑞士民法典》,中国政法大学出版社2016年版,第68页。

五种情形:(1)配偶一方的财产不足以清偿债务或者共同财产应有部分已被扣押;(2)配偶一方危害到申请人或婚姻共同生活的利益;(3)配偶一方以无理的方式拒绝说明处分共同财产的理由;(4)配偶一方拒绝向申请方报告其财产、收入以及债务状况;(5)配偶一方持续无判断能力。[1]

此外,《瑞士民法典》还规定了分别财产制向夫妻共同财产制的转化。《瑞士民法典》第 187 条的规定,在法院判决夫妻双方实行分别财产制后,当时分割情形消失后,可以请求恢复原财产制或者夫妻双方依订立婚姻契约而恢复原财产制。

由此可见,《德国民法典》《瑞士民法典》在夫妻财产制度方面的规定,为我国完善夫妻财产制度指明了方向。

三、解决方案:夫妻一方负债执行夫妻共同财产之实现

(一)补齐法律依据的短板:一个推定、一种情形

首先要厘清婚姻存续期间的财产归属。《民法典》婚姻家庭编第 1062 条、第 1063 条分别对夫妻共同财产和夫妻个人财产作了规定。但由于经济社会的发展以及立法的滞后性,对于新型资产类型归类理解不一,导致归类无法统一,因此建议增加一个财产归类的推定,即在分类不明或无法分类的情况下,优先推定为夫妻共同财产。这样推定的好处有三点:一是推定为共同财产比推定为个人财产更慎重,在模糊状态下平衡了夫妻双方的利益。二是由于在婚姻存续期间获得财产,夫妻双方直接或间接地参与到获取财产的劳动中,归属夫妻共同财产可能性较大。三是利于第三人或者执行机构区分,无法区分则推定为夫妻共同财产,便于明晰财产归属。

其次要解决析产的实体法依据问题。目前对于析产诉讼在程序上已有依据,但出于婚姻稳定优先原则的考量,对婚姻存续期间分割夫妻共同财产的种类限制得过于严苛,导致因债务清偿而分割夫妻共同财产时无法可依。因此建议增加分割夫妻共同财产的情形。例如,"婚姻关系存续期间,有下列情形之一的,夫妻一方可以向人民法院请求分割共同财产:……(三)因夫妻一方的财产不足以清偿债务的……"

(二)区分财产需要两个"引入"

为了有效地区分夫妻共同财产还是夫妻个人财产,分别引入婚前财产申报制度

---

[1] 戴永盛译注:《瑞士民法典》,中国政法大学出版社 2016 年版,第 68 页。

和企业基本户做法。

1. 引入婚前财产申报制度。引入该制度,是区分婚前财产的重要手段。日本在这方面有相关规定,《日本民法典》要求婚前个人财产申报,若不申报则推定为夫妻共同财产。我国《民法典》婚姻家庭编规定夫妻个人财产主要有四类和一个兜底类,其中婚前财产是最重要的一类个人财产,也是最难区分的一类个人财产。婚前财产以结婚登记时间点进行划分,种类可能涵盖所有动产、不动产等种类。通过婚前财产申报后,对财产,尤其对没有署名的动产、权利性财产以及登记在他人名下但属于个人的财产,财产登记簿记载了明确产权,极利于区分,具有直观的重要意义。

2. 引入企业基本户做法。该做法是有效区分不记名且特征一致的有价证券类财产一个重要手段。目前财产外在形式主要包括有价证券类和实物类、权利类。对实物类、权利类性财产,如车辆、房屋、树木、抵押权等,可以通过婚前财产申报制度进行有效的区分。对于不记名的有价证券类财产,以货币为例,引入企业基本账户做法可以有效地进行区分。

企业基本账户做法是指为防范企业资金流入股东个人账户的风险,企业对外经营时设立一个有别于股东个人账户的独立账户用于办理涉及企业的所有转账结算和现金收付事宜,该独立账户即企业名下的基本账户。通常一个企业在一家银行中只对应一个基本账户。可见基本户的重要作用在于区分股东个人财产和企业财产。借助这一做法,将基本账户引入夫妻财产中。在婚姻登记时一对夫妻设立一个基本账号,基本账户用于对夫妻共同财产进行管理,个人账号用于对夫妻个人财产管理。显然在此情况下,通过账户可以对夫妻共同财产和夫妻个人财产在一定程度实施分离。根据司法解释对定义夫妻共同财产的第 5 款“其他应当归共同所有的财产”作出的解释“一方以个人财产投资取得的收益”应该划分为夫妻共同财产。因此除了基于 A、B 个人账户实施货币性资产投资,可能混合夫妻共同财产外,其余均为个人财产。现实中对涉及夫妻共同财产的业务优先使用基本账户进行办理。例如,在婚姻关系存续期间夫妻双方的工资、奖金、劳务报酬的发放,银行根据夫妻所有单位要求自动转账到夫妻基本账户中。

(三)析产诉讼的完善

析产是为分割夫妻共同财产而设,完善析产诉讼有利于执行。首先分析执行夫妻共同财产下析产诉讼(简称执行析产)与一般析产诉讼(简称一般析产)的主要差异点,总结如下:

1. 请求权的主体不一样。一般析产的请求权主体通常夫妻一方,被告为另一方;

执行析产的请求权主体,除了夫妻双方还可能是申请执行人,被告可能夫妻一方还可能是夫妻双方。

2. 诉讼地位状态不一样。一般析产中,为尽量争夺更多夫妻共同资产,夫妻往往形成对立的拉锯状态。执行析产中,为保护夫妻共同资产被分割出去,通常夫妻双方处于一致状态。尤其是夫妻串通逃避债务时,极有可能将大部分甚至全部夫妻共同财产主张为债务人配偶方所有。

3. 请求分割的标的额不一样。一般析产通常为离婚下的分家析产,请求分割的标的额为所有的夫妻共同财产。而执行析产仅仅为了完成执行标的额而生,其请求分割的标的额通常略大于等于执行标的额的两倍,请求分割后可执行的数额显然不宜超出执行标的额,否则可能存在超标的查封的风险,同时可能对婚姻关系造成不利影响。

4. 作出判决的考量侧重点不一样。一般析产通常是由于离婚引发。由于婚姻关系已消亡,无须考虑婚姻情况,分割时更侧重综合考量弱势群体、过错责任、个人财产多寡等因素。执行析产同由负债引发,仅析产特定数额内的夫妻共同财产,分割时更侧重考量对夫妻婚姻关系的影响以及债务人配偶方合法利益的保护。

根据执行析产诉讼的差异点,完善证明责任分配,查清财产归属以及准确分割夫妻共同财产。根据《最高人民法院关于人民法院民事执行中查封、扣押、冻结财产的规定》第12条第3款的规定,共有人可以提起析产诉讼或者申请执行人可以代位提起析产诉讼。以析产诉讼和代位析产诉讼分别讨论,证明责任分配问题:

1. 共有人提起的析产诉讼,夫妻一方为原告,另一方为被告。(1)对查清夫妻共同财产权属的问题上,原被告双方负有相同的证明责任,即只要夫或妻一方能证明分割物为夫妻共同财产就完成证明责任。(2)对夫妻一方主张多分割财产给己方的问题上,实行"谁主张,谁举证"的基本原则。证据充足达到高度盖然性,支持多分;证据不足或者无证据,按平均分割。该析产诉讼审理路径,如图2所示:

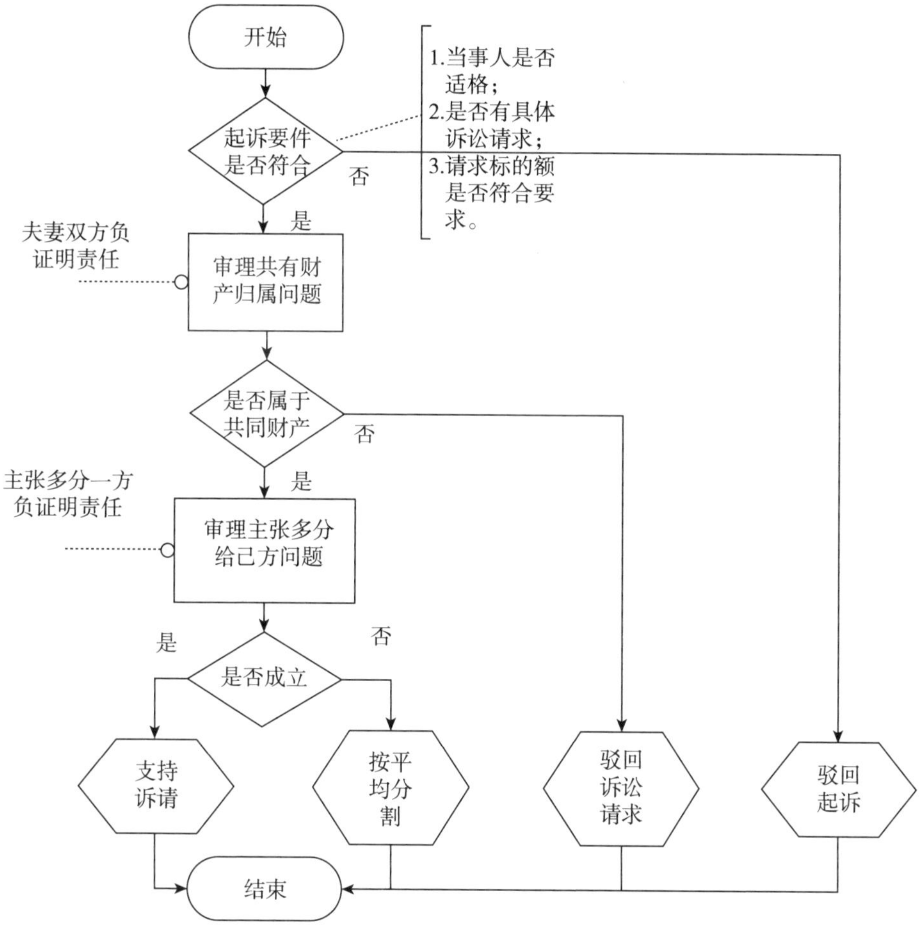

图 2　共有人提起的析产诉讼审理流程图

2. 申请执行人代位提起析产诉讼，申请执行人为原告，夫妻双方为被告。(1)对债权债务的真实性问题，应该由原告负证明责任。由于作为执行依据的生效裁判文书具有较强公信力，足以证明债权债务真实性，原告实质上不需要额外证明。同时应防止第三人与夫妻一方串通虚构债权债务侵害夫妻共同财产的情形。(2)标的物归属问题，应有原告负证明责任。原告代位提起析产诉讼的前提是找了被告夫妻的共同资产，且被告怠于行使析产请求权。一方面原告已经获知标的物信息，承担举证责任合适；另一方面若将举证责任分配给被告，若被告未出庭，诉讼就会终结。(3)原告是否明知道夫妻对财产的归属约定，如夫妻共同财产已约定归各自享有，由被告负证明责任。若被告证明不能，推定原告是善意的。(4)对夫妻一方要求多分割财产给己方的问题上，实行证明责任倒置，被告的证据充足达到高度盖然性，支持多分；证据不足或者无证据，按平均分割。该析产诉讼审理路径，如图 3 所示：

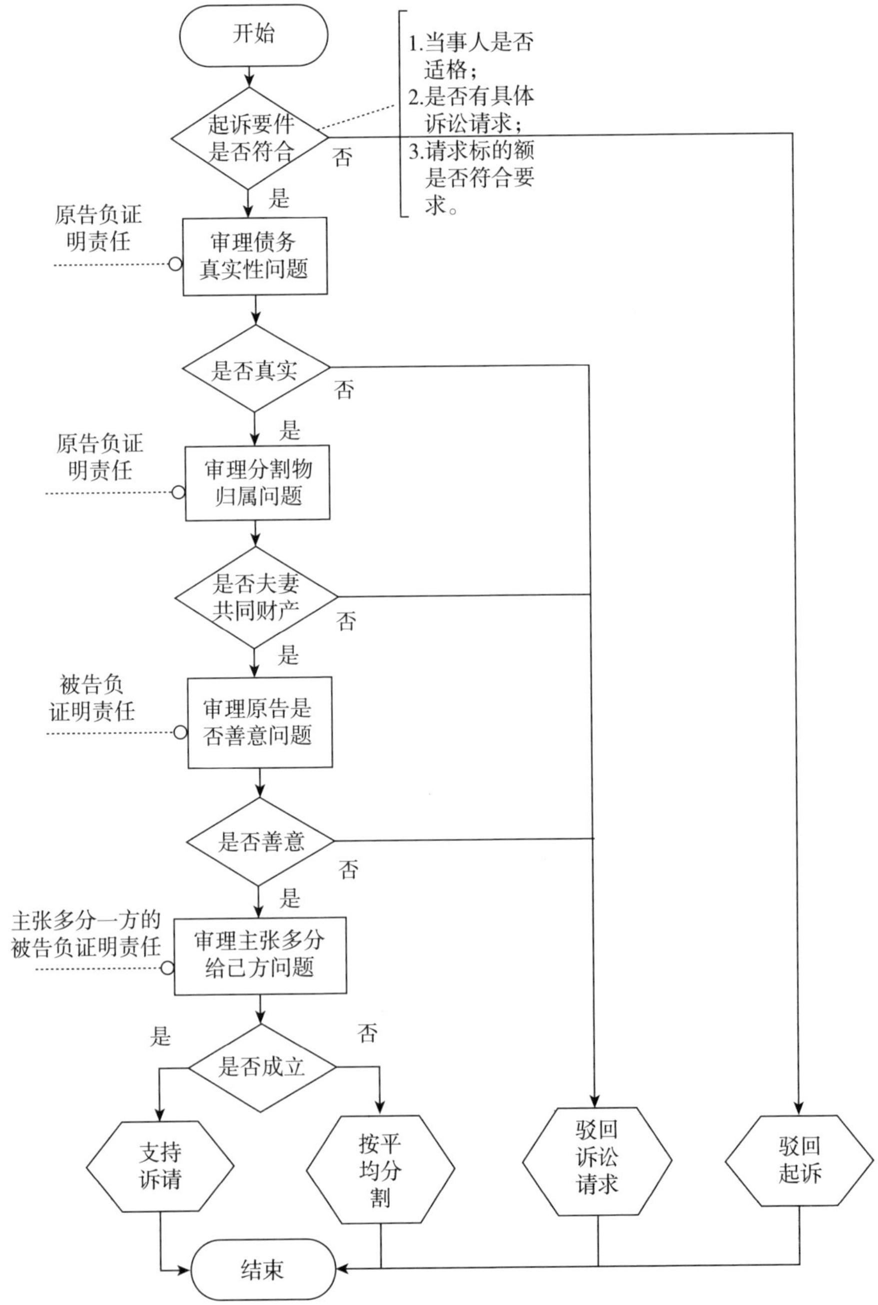

图 3　共有人提起的析产诉讼审理流程图

(四)在执行中优先推定按平均分割,降低提起析产诉讼的概率

在执行中初步确立分割方案,其依据是执行权包括执行裁决权,而执行裁决权具有一定的审查判断权限,同时执行以效率优先为基本原则。据此在执行中初步确立分割方案具有正当性、合法性。为降低提起执行异议之诉的概率,经形式审查为夫妻共同财产的,如夫妻名下的共同房产,则优先推定按平均分割并在文书中向夫妻阐明。从执行析产诉讼的举证责任分配上分析,析产诉讼中要想多分共同财产,就必须承担举证责任,若举证不能则按平均分割。可见只要举证不能,无论提起析产诉讼与否,最终结果都是按平均分割。实践中夫妻举证不能情况较多,根据政治经济学的二八定律,明知相同结果(按平均分割)仍然提起析产诉讼情况占比应当非常小,因此优先推定按平均分割在一定程度上稳定了债务人配偶方心态,有效降低提起执行异议的概率,从而具有重要的实践意义。

(五)执行夫妻共同财产分具体情况处理

实践中夫妻一方负债执行夫妻共同财产可能出现多种情况,归结如下:

1. 查控不到任何夫妻共同财产线索,当事人也没有提供夫妻共同财产线索,因无财产可供执行,执行案件进入终本。

2. 查控到夫妻共同财产线索,或当事人提供夫妻共同财产线索。例如夫妻基本账户中查控到100万元,根据基本账户管理资产的性质,应当属于夫妻共同财产。依据《最高人民法院关于人民法院民事执行中查封、扣押、冻结财产的规定》第12条之规定,“共有人协议分割共有财产,并经债权人认可的,人民法院可以认定有效”,夫妻可以对被控制的100万元进行协议分割,亦可以不同意分割,亦可提起析产诉讼要求分割100万元。因在执行过程中,可能会存在共有人协议分割、债权人认可、共有人提起析产诉讼或申请执行人代位提起析产诉讼等多环节组合的情况,将这些情况形成处置流程图,如图4所示。

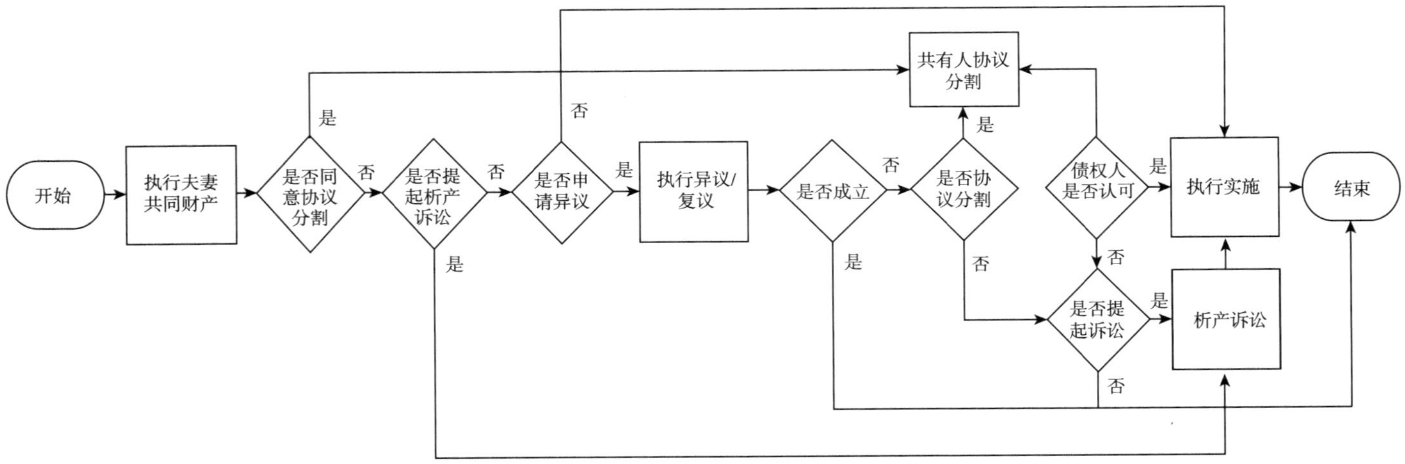

图 4　夫妻共同财产处置流程图

通过图4可以看出,在析产诉讼环节可能要经历一审、二审析产程序,时间可能会相当长,但是除非申请执行人主动放弃或者执行异议成立,否则都可以执行到夫妻共同财产。

3.查控到债务人配偶异常的财产线索或者申请执行人通过其他途径获得债务人配偶异常的财产线索。例如在债务人配偶的个人账户上发现与其个人收入不相符的大量资金。由于是个人账户,优先认定为个人资产。虽然可能存在将夫妻共同财产转移至夫妻个人账户的情形,但如果要认定为夫妻共同财产,显然要先判断该财产的实际归属情况。如果是夫妻共同财产,再进行分割析产,最后进入执行。因此其处置的流程图,如图5所示。

图5　债务人配偶的异常财产线索处置流程图

此外,由于对夫妻共同财产和个人财产根据账户进行了区分,如基本账户和个人账户之间的交易流水发生异常,如夫妻基本账户的资金流向夫妻个人账户,则可能存在夫妻一方侵吞夫妻共同财产或逃避执行夫妻共同财产的情形。因此,利用这一特征,可以查实被执行人夫妻逃避债务等情况。

结　语

尽管执行注重效率优先,要求尽快执行夫妻共同财产实现债权。但一味地追求效率,而不注重保护,必然损害他方利益。只有捋顺执行夫妻共同财产的全流程,在兼顾债务人配偶的合法利益,平衡各方利益的前提下,追求执行效率,方能凸显司法的价值。

审判实务研究

执行异议之诉案件审理若干问题分析

——以2021年高院执行异议之诉发改案件为样本

张英伦　梁舒寒*

执行异议之诉是案外人权利救济程序之一,一定程度上填补了对案外人实体权利救济的空白,但其所涉权利义务关系相对复杂,审判实践中面临事实认定难、法律适用难等诸多问题。本文对2021年高院执行异议之诉发改案件进行分析,对执行异议之诉案件若干问题提出建议与对策。

一、2021年高院执行异议之诉案件审理情况

2021年,高院受理执行异议之诉案件233件,其中旧存38件,新收195件。案外人执行异议之诉120件,其中一审4件,二审41件,审查监督75件;申请执行人执行异议之诉82件,其中一审20件,二审38件,审查监督24件;执行分配方案异议之诉16件,其中二审6件,审查监督10件;追加被执行人异议之诉15件,其中二审1件,审查监督14件(见图1)。

---

* 张英伦,广西壮族自治区高级人民法院执裁庭庭长,三级高级法官;梁舒寒,广西壮族自治区高级人民法院执裁庭四级法官助理。

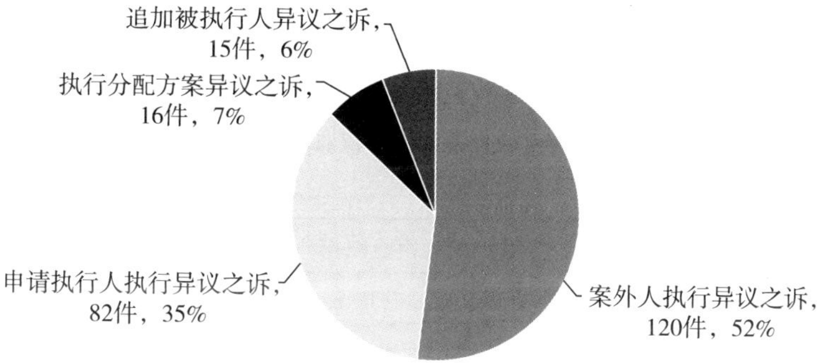

图1　2021年执行异议之诉案件统计

结案221件,未结12件,结案率94.85%。其中,一审案件24件,结案23件,结案率95.83%;二审案件86件,结案79件,结案率91.86%;审查监督案件123件,结案119件,结案率96.75%。一审案件审结23件,上诉2件,上诉率8.70%。已结案件中,案外人执行异议之诉3件,全部判决驳回案外人的诉讼请求,准许强制执行;申请执行人执行异议之诉20件,支持申请执行人诉讼请求2件,驳回申请执行人诉讼请求18件(见表1)。

表1　2021年高院执行异议之诉一审案件结案方式统计

单位:件

案件类型	支持诉讼请求	驳回诉讼请求	合计
案外人执行异议之诉	0	3	3
申请执行人执行异议之诉	2	18	20
合计	2	21	23

二审案件审结79件,维持一审判决38件,占48.10%;撤诉1件,按撤诉处理5件,占7.59%;发回重审3件,占3.80%;改判32件,占40.51%(见表2)。

表2　2021年高院执行异议之诉二审案件结案方式统计

单位:件

案件类型	维持	撤诉	按撤诉处理	发回重审	改判	合计
案外人执行异议之诉	31	0	5	3	0	39
申请执行人执行异议之诉	4	0	0	0	29	33
执行分配方案异议之诉	2	1	0	0	3	6
追加被执行人异议之诉	1	0	0	0	0	1
合计	38	1	5	3	32	79

审查监督审结 119 件，驳回当事人再审申请 89 件，占 74.79%；终结审查 1 件，占 0.84%；指令原审法院再审 17 件，占 14.29%；由提级再审 12 件，占 10.08%（见表 3）。

表 3　2021 年高院执行异议之诉审查监督案件结案方式统计

单位：件

案件类型	驳回再审申请	审查终结	指令再审	提审	合计
案外人执行异议之诉	59	0	13	5	77
申请执行人执行异议之诉	14	0	1	4	19
执行分配方案异议之诉	4	1	3	2	10
追加被执行人异议之诉	12	0	0	1	13
合计	89	1	17	12	119

发改案件 64 件，其中二审发回重审 3 件，改判 32 件；审查监督案件指令再审 17 件，提审 12 件。涉各中院执行异议之诉案件及发改情况如图 2 所示：

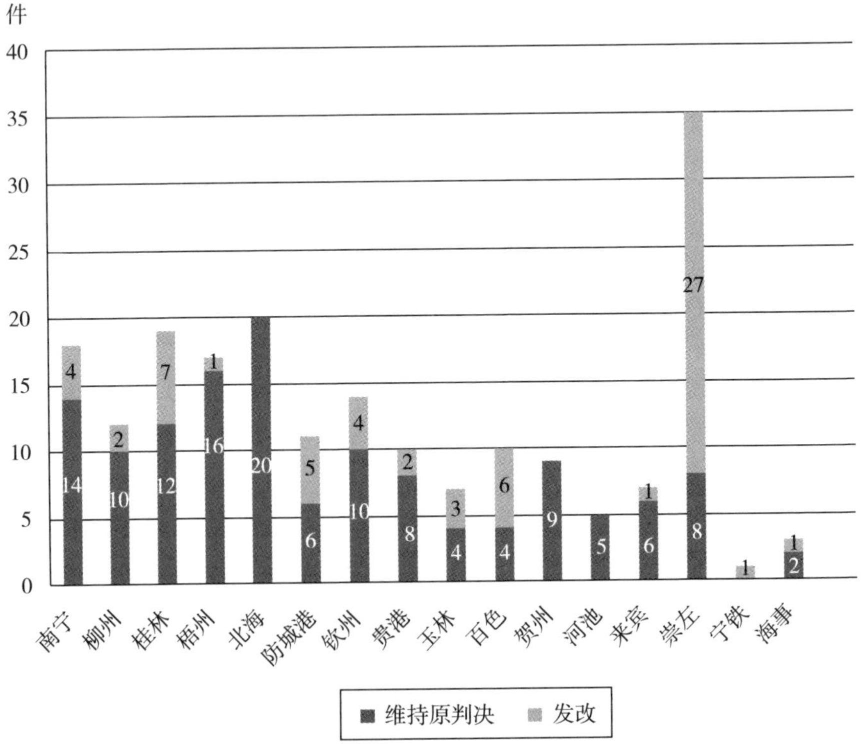

图 2　各中院案件数及发改情况柱状图

二、发改案件原因分析

总体来看，二审案件中，发回重审 3 件，改判 32 件，合计 35 件，占比 44.30%；审查监督案件中，指令再审 17 件，提审 12 件，合计 29 件，占比 24.37%。案件发改率较高，普遍存在认定事实不清、适用法律错误问题（见图 3）。

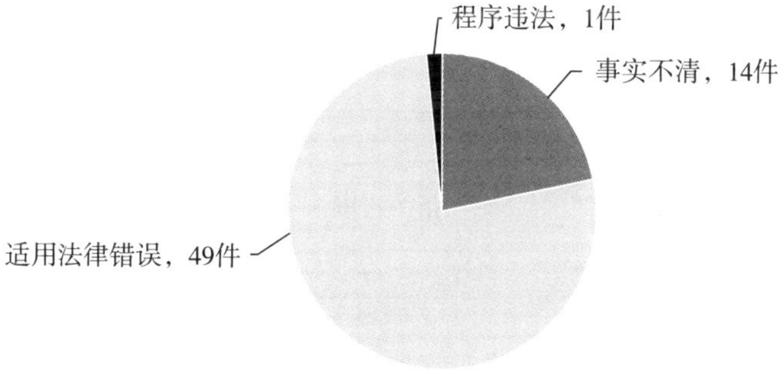

图 3　发改案统计图

（一）认定事实方面

二审案件中，有 5 件案件因认定事实不清被发回重审或改判，具体如表 4 所示：

表 4　二审案件因事实不清发改统计

案号	案由	结案方式	原因
(2021)桂民终 50、51 号	执行分配方案异议之诉	改判	没有查明当事人享有抵押优先权的本金及其利息数额
(2021)桂民终 79 号	执行分配方案异议之诉	改判	没有查清拍卖款是否属于一方当事人及为何重新分配，也没查清当事人是否已占有拍卖款
(2021)桂民终 270 号	案外人执行异议之诉	发回重审	本案系因另案诉讼保全引起，一审没有查清两案关系、两案诉讼标的是否重合的情况下径直确权，认定事实不清
(2021)桂民终 1504 号	案外人执行异议之诉	发回重审	对各方当事人诉讼地位未查明

审查监督案件中，有 9 件案件因认定事实不清被指令再审或提级再审，具体如表 5 所示：

表5 审查监督案件因事实不清指令再审或提审统计

案号	案由	结案方式	原因
(2020)桂民申6782、6819号	案外人执行异议之诉	指令再审	在未查清案外人与被执行人权利义务的情况下,查封案外人名下财产
(2020)桂民申7230号	案外人执行异议之诉	指令再审	没有查清以物抵债裁定是否符合国有资产处置的程序规定,以及标的包含多少国家投资,当事人是否已返还等事实
(2021)桂民申2990号	案外人执行异议之诉	指令再审	案外人与被执行人离婚后财产属案外人所有且登记在案外人名下,原审判决认定离婚协议减少被执行人名下财产、恶意逃避债务,证据不足
(2021)桂民申3194号	案外人执行异议之诉	指令再审	既认定涉案房产属案外人与被执行人夫妻共同财产,且双方离婚后属案外人个人所有,又判决驳回案外人不得查封、拍卖的诉讼请求,认定事实不清,判决矛盾
(2021)桂民申3863号	案外人执行异议之诉	指令再审	认定案外人对未办理过户登记存在过错,事实不清
(2021)桂民申4182、4183号	案外人执行异议之诉	提级再审	以当事人执行阶段签订的协议为依据认定涉案财产为案外人所有,事实不清
(2021)桂民申5196号	案外人执行异议之诉	指令再审	在生效调解书确认涉案房屋属案外人所有的情况下,仍认定涉案房屋属二者共同所有

(二)法律适用方面

二审案件中,有29件案件因法律适用错误被改判,均为适用《最高人民法院关于人民法院办理执行异议和复议案件若干问题的规定》(以下简称《执行异议和复议规定》)相关条款错误,具体如表6所示:

表6 二审案件因法律适用错误发改统计

案号	案由	结案方式	原因
(2021)桂民终228－254号(27件系列案)	案外人执行异议之诉	改判	适用第29条认定车位可以排除建设工程价款优先权

续表

案号	案由	结案方式	原因
(2021)桂民终1403、1404号	申请执行人执行异议之诉	改判	当事人已协议同意案涉房屋出售并解除查封,一审判决适用第29条准许申请人执行不当

审查监督案件中,有20件因法律适用错误、举证责任分配不当、程序衔接不畅等被提审或指令再审。具体如表7所示:

表7 审查监督案件因法律适用错误指令再审或提审统计

案号	案由	结案方式	原因
(2020)桂民申7161号	案外人执行异议之诉	指令再审	案外人部分诉讼请求属于执行异议之诉的审理范围,原审以其应按审判监督程序办理裁定驳回起诉,适用法律错误
(2021)桂民申157号	执行分配方案异议之诉	指令再审	对抵押财产的认定超出执行依据的范围,与生效判决相冲突,适用法律错误
(2021)桂民申889号	申请执行人执行异议之诉	指令再审	原审认定案外人符合第28条规定可排除执行不当
(2021)桂民申976号	案外人执行异议之诉	指令再审	依据第28条认定案外人可以对抗申请执行人的抵押优先权
(2021)桂民申1121号	执行分配方案异议之诉	指令再审	未追加相关当事人参与分配方案
(2021)桂民申1524-1527号	申请执行人执行异议之诉	提级再审	对一般房屋买受人适用第29条规定排除抵押优先权的执行
(2021)桂民申2603号	案外人执行异议之诉	指令再审	借名买房协议对外不产生效力,原审以登记错误为由支持案外人诉请错误
(2021)桂民申2705号	案外人执行异议之诉	指令再审	被执行人未取得房屋的权属证书即转让给案外人,原审适用第28条认定案外人可以排除执行
(2021)桂民申2758号	执行分配方案异议之诉	指令再审	未准许普通债权人参与分配,适用法律错误
(2021)桂民申3443、3446号	执行分配方案异议之诉	提级再审	认定抵押担保范围错误

续表

案号	案由	结案方式	原因
(2021)桂民申4343号	追加被执行人异议之诉	提级再审	被执行人已进入破产程序,不能追加为被执行人,与《破产法》相冲突
(2021)桂民申4630、4631号	案外人执行异议之诉	指令再审	冻结、执行存款没有法律基础
(2021)桂民申6615号	案外人执行异议之诉	提级再审	对商铺适用第29条排除执行
(2021)桂民申6796号	案外人执行异议之诉	提级再审	对自建房屋适用第28条排除抵押优先权
(2021)桂民申6957号	案外人执行异议之诉	提级再审	举证责任分配不当

三、案件审理若干问题分析

1. 执行异议之诉的受理。《民事诉讼法》第232条和第234条分别就执行异议和执行异议之诉进行了规定,如果案外人既对执行标的提出排除执行异议又作为利害关系人提出执行行为异议的,应当参照《执行异议和复议规定》第8条的规定,区分案外人所提出的执行行为异议是否与实体权利相关,如果案外人作为利害关系人提出与实体权利无关的执行行为异议的,应依照《民事诉讼法》第232条规定进行审查。另依据《最高人民法院关于人民法院办理财产保全案件若干问题的规定》第27条的规定,案外人对财产保全裁定提起执行异议之诉的,仅限于人民法院对诉讼争议标的以外的财产进行保全的情况。对民事执行中变更、追加当事人裁定不服提起执行异议之诉的,应当依据《最高人民法院关于民事执行中变更、追加当事人若干问题的规定》第32条的规定,被申请人或申请人对执行法院依据该规定第14条第2款、第17条至第21条规定作出的变更、追加裁定或驳回申请裁定不服的,方可以提起执行异议之诉。此外,法院在受理执行异议之诉时,还应当依据《最高人民法院关于适用〈中华人民共和国民事诉讼法〉的解释》第303条的规定,审查当事人是否具备执行异议申请已被人民法院裁定驳回,有明确的排除对执行标的执行的诉讼请求,且诉讼请求与原判决、裁定无关,以及自执行异议裁定送达之日起15日内提起诉讼等条件,如不符合其中一个条件的,应当裁定不予受理;已经受理的,应当裁定驳回起诉。

2. 执行异议之诉的举证责任特定化。依据《最高人民法院关于适用〈中华人民共和国民事诉讼法〉的解释》第309条的规定，案外人执行异议之诉和申请执行人执行异议之诉中，均由案外人就其对执行标的享有足以排除强制执行的民事权益承担举证证明责任。执行异议之诉中，容易出现案外人与被执行人恶意串通以规避法院强制执行的情形，因此，法院在审理执行异议之诉时，还应当根据《最高人民法院关于深入开展虚假诉讼整治工作的意见》，全面审查案外人主张事实的真实性及法律关系的有效性，综合判断当事人是否存在恶意串通、捏造事实的情形。需要注意的是，即使被执行人对案外人主张排除执行的民事权益予以认可时，亦不能免除案外人的举证义务。

3. 权利优先顺位的审查认定和法律适用。执行异议之诉的目的在于审查案外人权益的真实合法性，认定案外人与申请执行人的权利优先顺位。因此，在执行异议之诉中首先要认定申请执行人是普通债权人还是优先债权人，即申请执行人是否对执行标的享有担保物权、建设工程价款优先受偿权等法定优先权。如果申请执行人的债权为法定优先权，参照《执行异议和复议规定》第27条的规定，人民法院对案外人提出的排除执行异议不予支持，但法律、司法解释另有规定的除外。该条款确立了享有法定优先权的申请执行人的优先受偿地位，同时基于对一些特定权益优先保护的必要，通过“但书”条款予以排除。目前司法实践中，一般认为《执行异议和复议规定》第28条属于一般不动产买受人针对普通金钱债权提起的执行异议的处理，不属于上述“但书”条款的除外规定。基于保护消费者生存权的考虑，《执行异议和复议规定》第29条规定符合条件的商品房消费者可排除金钱债权甚至是享有抵押权、建设工程价款优先受偿权等优先受偿权的金钱债权的执行，系上述“但书”条款的除外规定。因此，应当区分申请执行人是普通债权人还是优先债权人的情形，分别参照适用《执行异议和复议规定》第28条和第29条规定的条件，认定案外人对执行标的是否享有排除人民法院强制执行的民事权益。但是，从法律逻辑上看，房屋买受人若要排除普通债权的执行，既可以选择适用第28条的规定，也可选择适用第29条的规定。

4. 执行依据与另案生效法律文书的冲突裁判思路。参照《执行异议和复议规定》第25条、第28条和《全国法院民商事审判工作会议纪要》第123条、第124条的精神，另案生效法律文书并非一律可以作为可以排除执行的依据，应当按照上述司法解释的规定审查认定另案生效法律文书是否符合排除执行的条件，执行标的被查封、扣押、冻结后作出的另案法律文书不能对抗法院执行。

四、对策及建议

审理执行异议之诉案件，既要求法官熟悉执行程序的相关规定，也要求法官精通民法典中有关物权、合同、担保等实体法律法规，达到当事人合法权益保护与高效执行二者的兼顾。提高执行异议之诉的案件审理质效，需做好以下几方面工作：

1. 加强法律适用指导，统一裁判尺度。通过深入调研，切实掌握执行异议之诉案件审理情况，发挥规范性文件和典型案例的指导作用，就案件审理的疑点难点制定针对性指导意见；强化执行异议之诉业务培训，增强审判人员的业务能力和业务水平；发挥审级监督作用，加强上下级法院沟通协调。

2. 加强审执配合，提升执行效率。加强与执行部门的沟通配合，发挥执行监督作用，对当事人合法权益足以排除强制执行的，及时阻却执行，防止浪费执行资源；对当事人合法权益不足以排除强制执行的，及时排除执行阻碍，提升执行效率。

3. 加强部门联动，化解矛盾纠纷。积极参与诉源治理，加强矛盾源头预防，从源头上减少案件增量；加强下级法院及时向地方党委汇报、与地方政府沟通，多措并举解决烂尾楼等问题，维护社会稳定；加强判后答疑和服判息诉工作，引导当事人依法维护自身权益，预防群体性事件发生。

执行法院专属审查权及其实现路径探究

——以执行标的关联合同为研究对象

朱微微　蓝　娟*

摘要:近年来,人民法院受理的执行异议之诉案件数量持续大幅增长,其中涉及执行标的关联合同[1]的审查问题已经成为司法工作的难点,对法院的审判执行工作产生掣肘。案外人在执行异议之诉外另行提起关联合同诉讼,对己方权利予以在先确认,并基于另案生效裁判请求执行法院排除强制执行,因关联合同诉讼与执行异议之诉各自为战,导致出现法院重复审查、民事虚假诉讼、裁判相互冲突等一系列问题,客观上造成司法资源浪费、法院执行困难、司法公信力受损等不利影响。本文通过分析执行法院对执行标的关联合同专属审查的必要性和可行性,归纳由执行法院专属审查的关联合同类型,构架执行法院、关联合同受诉法院对关联合同审查的程序衔接机制,实现执行异议之诉和关联合同诉讼的一体处理,为司法实践中解决上述问题开辟有益路径。

前　言

2020年11月召开的中央全面依法治国工作会议正式提出了“习近平法治思想”,习近平总书记强调要坚持以人民为中心,积极回应人民群众新要求新期待,系统研究谋划和解决法治领域人民群众反映强烈的突

---

* 朱微微,青秀区人民法院民一庭副庭长、二级法官;蓝娟,青秀区人民法院执行局五级法官助理。

〔1〕 本文所称的关联合同即案外人与被执行人就执行标的所订立的合同。

出问题。解决执行难问题涉及当事人的合法权益能否真正落到实处，客观上要求人民法院不断提高审判执行水平，打造公正高效的司法体系，从根本上增强人民群众的司法获得感。司法实践中，执行异议之诉与执行标的关联合同诉讼相互剥离引发的种种问题，已经成为阻碍执行进程的一个樊篱，通过执行法院对执行标的关联合同的专属审查，能有效解决法院重复审查、民事虚假诉讼、裁判相互冲突等问题，契合当前公正高效的司法理念和价值追求。

一、识时知务：执行异议之诉及关联合同审查的现状

（一）人民法院近年来受理执行异议之诉的情况

执行异议之诉最早出现在2007年修正的《民事诉讼法》中，明确将执行异议之诉作为申请人权利救济途径之一。但是在此后相当长一段时间内，执行异议之诉作为新的民事案件类型并未大量出现，一方面在于新规理解适用的滞后性，另一方面在于执行异议之诉作为特殊程序案件，对当事人、律师乃至法院均提出了较高的法律要求。近五年来，执行异议之诉案件数量激增（2020年受疫情影响执行异议之诉案件数同比出现下降），一定程度上加剧了执行难的困局。（见图1〔1〕）

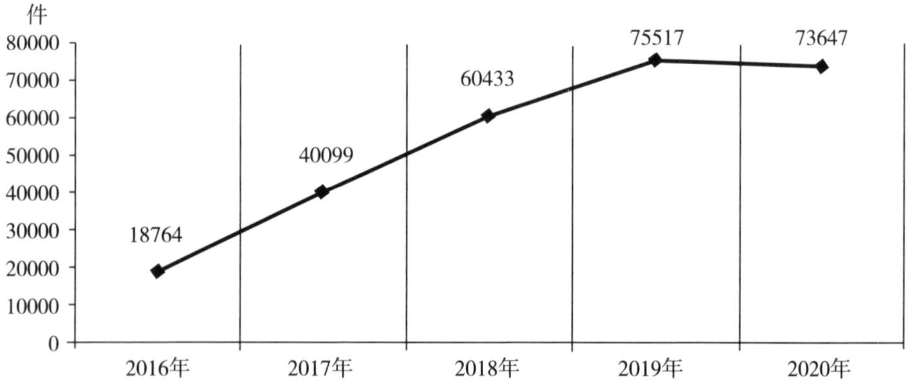

图1　执行异议之诉案件数量

同时，因执行异议之诉关系到案外人和申请执行人的各自权益实现，当事人之间利益冲突剧烈，主张未获支持的一方上诉意愿强烈，导致执行异议之诉一审服判息诉率较低，执行程序在裁判生效前始终处于中止状态，进一步加重了执行难的情况。

〔1〕 2021年5月21日，在中国裁判文书网检索"案由：执行异议之诉"得到近五年的文书情况。

(见图2[1])

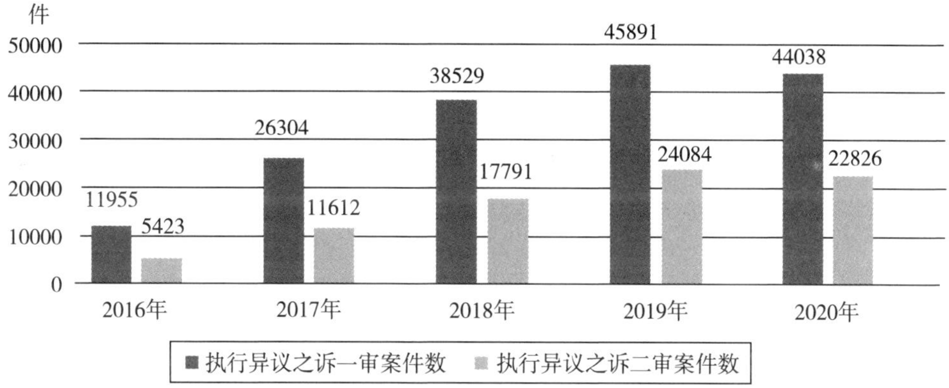

图2 近五年全国法院受理执行异议之诉一审及二审情况

(二)执行异议之诉中关联合同的审查情况

涉执行标的关联合同审查是执行异议之诉的重点。法院在审理过程中,辨别案外人依据关联合同享有何种民事权益,从生存权利优先、公平及效率的角度进行价值判断,从而确认应当对案外人给予的保护程度,并与申请执行人的民事权益两相比较,以确定是否排除案涉执行。司法实践中的审理情况与之能够契合(见表1[2],图3),执行异议之诉中涉及关联合同审查的案件数占据绝对比重,审查的合同类型以买卖合同居多,其余未涉及关联合同审查的案件系因追加、变更被执行人,以及原审不予受理后最高人民法院指令继续审理、未进入实体审查阶段。表1中同时列明了案外人基于关联合同在执行异议之诉外另行提起诉讼的情况,其中涉及的重复审查、虚假诉讼、裁判冲突问题,将在下文集中讨论。

表1 2019年最高人民法院审理执行异议之诉案件中涉及的关联合同审查情况

涉及关联合同审查	关联合同诉讼在执行异议之诉前
93件	2件
未涉及关联合同审查	关联合同诉讼在执行异议之诉后
7件	0件

[1] 基于图1数据,在检索结果中进一步筛选执行异议之诉近五年的一、二审案件情况。

[2] 2021年5月24日,在法信中以"案外人执行异议之诉"和"合同效力"为关键词检索2019年5月24日至2021年5月24日最高人民法院所作裁判文书,共100件案例。

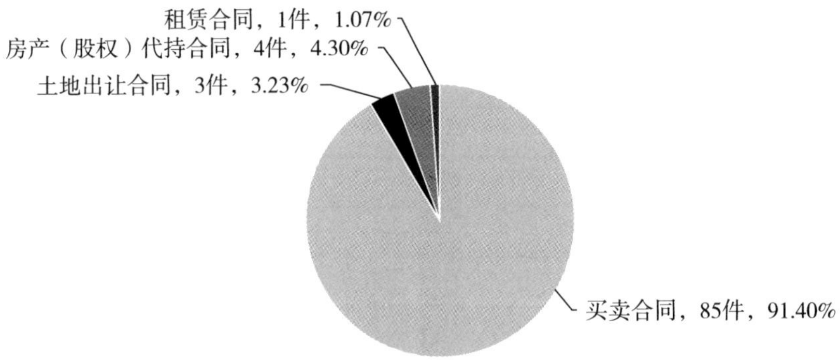

图 3　涉及关联合同审查的 93 个案例中合同类型分布情况

执行异议之诉作为适用特殊程序案件案由，以下两点区别于普通的民事诉讼：一是权利基础不同，执行异议之诉中的案外人与申请执行人本身不存在直接的权利义务关系，诉讼的产生系基于各自对执行标的享有的利益冲突；二是程序设置不同，执行异议之诉以执行异议程序为前提，案外人、当事人对执行部门所作裁定不服方可在一定期限内提起执行异议之诉。执行异议之诉中容纳了两方的权利请求，案外人主张对执行标的享有相关民事权益，申请执行人基于生效判决享有执行利益，执行异议程序的前置设计体现了效率和公正的统一，有效兼顾了案外人和申请执行人的权益平衡，执行部门在异议程序中仅对案外人所提异议进行形式审查；案外人、申请执行人提起执行异议之诉后，为比较双方的权利优劣，执行法院必然要对案外人基于执行标的关联合同〔1〕主张的民事权益予以实质审查。

二、洞见症结：执行异议之诉和另案关联合同诉讼各自审查面临的困境

（一）存在的问题及不利影响

1. 同一事实两次审理，造成司法资源浪费

案外人已另案就执行标的关联合同提起诉讼，并基于另诉生效裁判认定的事实在执行异议之诉中欲证明自己的主张，执行法院在审理执行异议之诉时，对另案关联

〔1〕《最高人民法院关于人民法院民事执行中查封、扣押、冻结财产的规定》第 2 条规定：人民法院可以查封、扣押、冻结被执行人占有的动产、登记在被执行人名下的不动产、特定动产及其他财产权。未登记的建筑物和土地使用权，依据土地使用权的审批文件和其他相关证据确定权属。对于第三人占有的动产或者登记在第三人名下的不动产、特定动产及其他财产权，第三人书面确认该财产属于被执行人的，人民法院可以查封、扣押、冻结。

合同诉讼生效裁判认定的事实是否应予直接采信，最高人民法院在(2019)最高法民申1613号民事裁定书中给出了否定的答案[1]。在该案例中，最高人民法院肯定了广东省阳江市中级人民法院在执行异议之诉审理中，对执行异议之诉前涉执行标的关联合同生效判决已认定的付款事实予以重新审查的做法，即另案关联合同诉讼中查明的事实，在执行异议之诉中并不当然被采信，由此一方面造成了案外人在执行标的关联合同诉讼中经济、时间等成本的湮灭，另一方面导致了关联合同诉讼法院和执行异议之诉法院就同一事实进行了重复审理，不仅浪费了司法资源，也与民事诉讼“一事不再理”的原则相悖。

2. 虚假诉讼逃避债务，造成法院执行困难

司法实践中，不乏有被执行人为逃避法院执行和案外人恶意串通，通过虚构案件事实、捏造法律关系、伪造诉讼证据，制造出假案子、假诉讼，意图利用法院裁判权和执行权实现非法目的。[2] 如被执行人与配偶订立虚假离婚协议后向法院提起离婚后财产纠纷，案外人与被执行人签订虚假不动产转让协议后向法院提起房屋买卖合同纠纷等方式，稀释被执行人债务履行能力，阻却法院执行。这些虚假法律关系通过司法程序合法化，对法院强制执行产生强大的阻力，也正是由于执行法院和执行标的关联合同诉讼法院信息不对称，使虚假诉讼有了可钻的空子。虽然《刑法修正案(九)》增设了虚假诉讼罪，但这是通过刑事手段对侵害他人权益、损害司法权威和公信力、扰乱市场经济和司法秩序虚假诉讼行为的事后惩罚和补救措施，只能对违法犯罪分子产生震慑作用，并不能从根源上杜绝虚假诉讼，现实中依然有当事人为了逃避债务铤而走险。

3. 两类裁判相互冲突，造成裁判无法执行

司法实践中，因执行标的关联合同诉讼和执行异议之诉分开审理而出现裁判冲突的情况并不鲜见，如A法院正在执行被执行人在B地的房产，案外人在A法院的执行异议被裁定驳回后，转而向该房产所在地的B法院提起执行标的关联合同诉讼，请求B法院确认其与被执行人签订的房屋转让合同有效，被执行人协助办理过户登

---

[1] (2019)最高法民申1613号民事裁定书本院认为部分载明：姚佰宙所依据的他案生效判决是为了确定其与东骏公司的商品房买卖合同有效(姚佰宙的诉讼请求)，本身并非为了确定合同履行情况，合同如何履行不影响对合同效力的认定。一审法院已充分注意到该生效判决，并对是否付款这一本案主要事实进行了查明和认定……二审判决因而认为现有证据并不足以证明姚佰宙已经付清房款，并无不当。

[2] 完颜文豪：《“假官司”数量逐年攀升，民间借贷领域高发——一些人以诉讼牟利，违法成本低助推虚假诉讼泛滥，如何破局，请听专家与法官检察官会诊》，载《新华每日电讯》2021年4月8日，第12版。

记手续。B法院经审理后对涉执行标的的合同效力予以确认，并判决被执行人协助案外人办理案涉房产的过户登记手续。判决生效后，案外人就案涉房产过户登记手续向B法院申请强制执行，B法院在执行中发现，案涉房产被A法院查封并已在财产处置阶段，故无法办理过户登记手续。因B法院的生效判决确认案涉房产应过户登记至案外人名下，故A法院的执行工作也陷入僵局。关联合同诉讼法院和执行法院各自为战出现相互冲突的裁判文书，不仅让两个案件的执行陷入两难境地，生效裁判中当事人的权益难以得到兑现，还会对司法公信力造成冲击。[1]

由此可见，将涉执行标的的关联合同审查交由执行法院以外判断，因关联合同受诉法院难以进行全局性的综合考量，易因当事人虚假诉讼等导致裁判失当，而执行异议之诉中因案外人、申请执行人均未缺席诉讼，使执行法院能够对双方的民事权益作出准确的评价，正如一个人可以通过自己的双手轻易判断两边的铅球轻重，如果两个人分持一球，孰轻孰重只会各执一词。

（二）原因分析

1. 程序设置尚未统一

《民事诉讼法》第234条仅规定执行异议之诉由执行法院进行专属管辖，但未明确涉执行标的关联合同由执行法院专属审查，故关联合同的当事人可以按照民事诉讼管辖规定提起另案诉讼。但近年的司法实践中，已有部分省高级人民法院通过发布规范性文件的方式，对案外人提起的涉执行标的另案诉讼进行规范化处理，如《广东省高级人民法院关于执行异议诉讼案件受理与审理的指导意见（试行）》《浙江省高级人民法院关于审理案外人异议之诉和许可执行之诉案件的指导意见》均规定，在执行过程中，案外人对执行标的有异议的，应通过执行异议之诉主张权利；案外人就执行标的另行向执行法院或者其他法院提起确权之诉的，人民法院不予受理；案件已经受理的，应当驳回起诉。[2] 也为本文提出执行法院对执行标的关联合同的专属审查，提供了有益借鉴。

2. 衔接机制尚未形成

如上所述，一方面法律未明确涉执行标的关联合同应由执行法院专属审查，合同当事人可以依据普通民事诉讼管辖规则另行起诉；另一方面在于司法实践中缺乏相

[1] 张晋红：《诉的合并制度的立法缺陷与立法完善之价值分析》，载《法学评论》2007年第4期。

[2] 张永泉：《案外人另案裁判在执行异议之诉中的审查原理与规则》，载《法治现代化研究》2019年第6期。

应的衔接程序,使执行法院与关联合同受诉法院之间的衔接路径不畅通,导致执行法院即便知晓执行标的关联合同诉讼在其他法院受理的情况下,两个法院之间亦无法就关联合同的审查进行衔接处置,部分案件中执行法院以需待另案关联合同诉讼为依据作出中止裁定,而部分案件中执行法院则认为另案关联合同诉讼应当中止,由执行异议之诉对关联合同的效力及履行等情况进行审查。

3. 权利保护机制失衡

涉执行标的关联合同的当事人为案外人与被执行人,申请执行人系关联合同之外的第三方,案外人与被执行人就执行标的所订立的合同是否合法有效、有无共谋损害申请执行人合法权益,在执行异议之诉中不得不予以考虑。毕竟,就申请执行人在执行中所依据的生效法律文书是否存在错误(申请执行人的生效债权是否真实),《民事诉讼法》第234条同时规定了审判监督程序的路径,从权利对等的角度考量,在执行异议之诉中也应对案外人与被执行人之间有关执行标的的合同予以全面审查,否则申请执行人与案外人在执行异议之诉中的权利保护就处于失衡状态。

三、敬陈管见:执行法院专属审查的必要性和可行性

(一)执行法院专属审查的必要性

执行标的关联合同的当事人在另案中可以仅提出确认合同效力的诉请,而执行异议之诉中,以《最高人民法院关于人民法院办理执行异议和复议案件若干问题的规定》(以下简称《规定》)第28条、第29条为例,要求根据合同的效力及履行等情况进而判断能否产生排除执行的效果。因合同合法有效是合同履行的基础,故在执行异议之诉中必然会对合同效力进行审查,所以从诉的功能上看,执行异议之诉兼具合同审查确认之诉的功能[1]。合同合法有效并不等同于合同实际履行,合同有效亦不必然会产生排除执行的效果。合同合法有效只能在合同相对方之间产生债权关系,而合同有效履行才能达到物权变动的效果,才具备对抗第三人的法律效力[2]。故执行异议之诉和执行标的关联合同诉讼审理的内容实为相互交叉的关系,将执行标的关联合同由执行法院专属审查,可以从源头上避免不同法院甚至相同法院不同法官作出相冲突的裁判。

---

〔1〕 陈珊燕:《另案代为确权之诉怎样受理》,载《中国商报》2020年8月20日,第P03版。

〔2〕 郑怀勇:《以离婚协议的约定内容对抗房产执行的问题探析》,载《法治论坛》2020年第2期。

(二)执行法院专属审查的可行性

1. 理论可行

将执行标的关联合同由执行异议之诉法院专属审查之法律依据,可追溯到《规定》第 28 条、第 29 条。执行异议是执行程序,而执行异议之诉本质上属于诉讼程序,其保障了当事人二审和再审的权利,这样的制度设计使在执行异议之诉中对合同实质审查成为可能,也为执行标的关联合同由执行异议之诉法院专属审查提供了制度基础〔1〕。此外,《最高人民法院关于适用〈中华人民共和国民事诉讼法〉的解释》第 310 条第 2 款也赋予案外人在执行异议之诉中同时提出确权请求的权利,在案外人执行异议之诉中对合同进行实质审查,不仅可以一次性处理实体权利和执行纠纷,提高审判和执行效率,而且可以避免案外人单独另行提起确权诉讼带来的前后矛盾判决,减少案外人与被执行人相互串通提起虚假诉讼的情况。〔2〕 同理,将涉执行标的关联合同归由执行法院专属审查可以起到异曲同工之效。

2. 实践可行

除了前文提到的江苏、广东、浙江高院自己出台的规范性文件,在司法实践中,亦有其他地方法院在尝试将执行标的关联合同由执行法院专属审查,如原告某公司在涉案房屋所在地广西某地 C 法院提起解除合同诉讼,请求解除其与被告林某签订的商品房买卖合同,并注销该合同的备案证明和该房屋的预告登记证明,同时,林某作为 D 法院的被执行人,因该房屋已经预告登记在林某名下,D 法院欲处置该房屋,故某公司又在 D 法院提起执行异议之诉,请求确认该房屋系某公司所有,并且不得执行。后 C 法院认为该商品房买卖合同的效力及解除与否,直接影响某公司能否取得涉案房屋的所有权,以及某公司能否基于所有权人身份主张排除执行,在执行异议之诉中需对合同效力及合同解除与否进行审查,故上述问题应在执行异议之诉中先行认定,因某公司的其他诉讼请求均与合同的效力及解除与否相关,需待执行异议之诉判决后方能进行审理。随后 C 法院中止该案件审理,由 D 法院在执行异议之诉中一并审查商品房买卖合同的效力及履行等情况,作出确认商品房买卖合同已经解除的生效判决后,C 法院才将案件恢复审理。

上述案例是执行异议之诉中对执行标的关联合同专属审查的一次有益尝试,将执行标的关联合同审查纳入执行异议之诉中一并审理,不仅节约司法资源,提高司法

〔1〕 王毓莹:《不动产买受人提起的执行异议之诉的处理》,载《人民法院报》2019 年 2 月 21 日,第 7 版。

〔2〕 侯伊:《案外人执行异议之诉中确权诉请研究》,江西财经大学 2020 年硕士学位论文。

效率,有效防止了"一事二理",同时也缩短了执行周期,避免了执行异议之诉因等待另案合同诉讼而中止审理,有力保障了申请执行人的权益实现,对化解执行难问题提供了有益的思路。[1]

四、抽丁拔楔:执行法院专属审查的合同类型及衔接程序

(一)执行法院专属审查的合同类型

执行异议之诉对关联合同进行专属审查有一定的积极意义,但应当注意的是,并非任何关联合同均适用于执行异议之诉中专属审查,应根据关联合同的性质加以区分,从《规定》第 26 条第 1 款[2]可以得到提示:案外人系执行标的的所有人,对其排除执行的请求可以予以支持;案外人所依据的前案生效法律文书,系能够引起执行标的财产权属转移的债权纠纷,执行法院则不会当然排除执行。进言之,即有关执行标的权属变动的债权债务合同,以及有关执行标的占有、使用的债权债务合同可由执行法院专属审查,上述两类关联合同归由执行法院专属审查,符合合法性、处分性和经济性的原则[3],相应合同类型包括买卖合同、赠与合同、租赁合同及保管合同等(见图 4)。

---

[1] 吴英姿:《论案外人异议之诉的强制合并——兼与张永泉教授商榷》,载《法治现代化研究》2019 年第 6 期。

[2] 《最高人民法院关于人民法院办理执行异议和复议案件若干问题的规定》第 26 条第 1 款规定:金钱债权执行中,案外人依据执行标的被查封、扣押、冻结前作出的另案生效法律文书提出排除执行异议,人民法院应当按照下列情形,分别处理:(一)该法律文书系就案外人与被执行人之间的权属纠纷以及租赁、借用、保管等不以转移财产权属为目的的合同纠纷,判决、裁决执行标的归属于案外人或者向其返还执行标的且其权利能够排除执行的,应予支持;(二)该法律文书系就案外人与被执行人之间除前项所列合同之外的债权纠纷,判决、裁决执行标的归属于案外人或者向其交付、返还执行标的的,不予支持;(三)该法律文书系案外人受让执行标的的拍卖、变卖成交裁定或者以物抵债裁定且其权利能够排除执行的,应予支持。

[3] 李盛烨:《诉的合并的实证形态和"三维"认定——以立案工作遇到的诉的合并疑难案例为切入点》,载《法律适用(司法案例)》2019 年第 4 期。

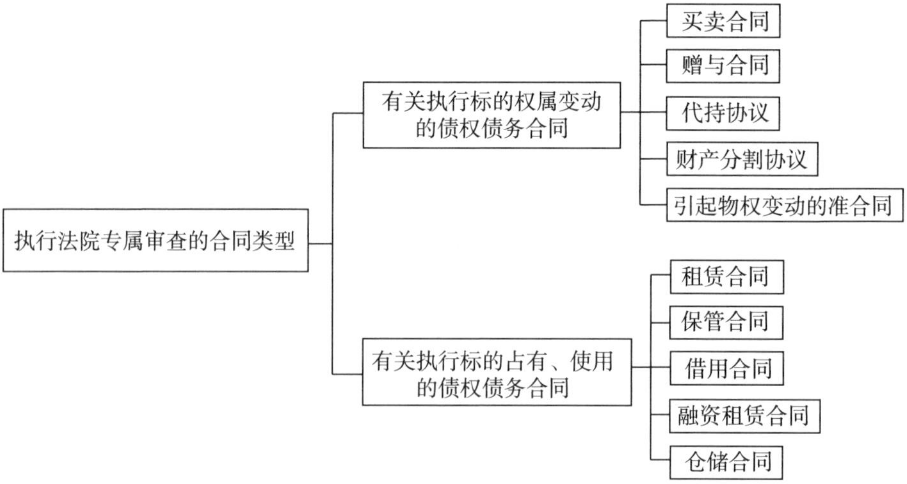

图4　执行法院专属审查的合同类型

1. 有关执行标的权属变动的债权债务合同

常见的如商品房买卖合同,案外人(出卖人)能否解除与被执行人(买受人)之间的商品房买卖合同,进而基于所有人的身份主张排除执行,在司法实践中已经不乏类似观点,如吉卓烨、鲁晓薇在《案外人异议之诉与关联诉讼"合并一吸收"程序构建——以预查封房产处置中出售人合同解除之诉为例》一文中即提到:在预查封房产处置过程中,出售人另行诉请解除房屋预售合同,而后持解除合同的判决再提请执行异议、案外人异议之诉,此举不仅使被执行人责任财产处于不确定之状态,影响执行质效,又使不同法院就同一法律事实作重复之判决,浪费司法资源,人为地引发法院内部的冲突。在认同上述观点之外,本文特别强调执行法院应当"合并"的关联合同类型应不限于商品房预售合同,且在"吸收"程度上应对关联合同进行专属审查。

2. 有关执行标的占有、使用的债权债务合同

常见的如租赁合同,以《规定》第31条第1款为例:承租人请求在租赁期内阻止向受让人移交占有被执行的不动产,在人民法院查封之前已签订合法有效的书面租赁合同并占有使用该不动产的,人民法院应予支持。如上所述,执行法院应对案外人提出的租赁执行标的主张予以严格审查,如其在法院查封前确已签订合法有效的书面租赁合同,还应当结合水、电等交费凭证审慎认定案外人实际占有使用租赁物,基于保护承租人合法权益的出发点,参照买卖不破租赁的原则对案外人阻止移交执行的请求予以支持。

（二）执行法院专属审查的衔接程序

1. 设置书面告知程序

根据《民事诉讼法》第234条之规定：执行过程中，案外人对执行标的提出书面异议的，人民法院应当自收到书面异议之日起15日内审查……考虑到执行效率问题，法院在执行异议程序中仅进行形式审查，为节约司法资源、减轻当事人诉累，无论案外人是否已就关联合同提起另案诉讼，执行法院在执行异议程序中即向案外人进行书面告知：案外人就执行标的主张民事权益依据的关联合同的效力及履行等情况，应在执行异议之诉中提出，由执行法院进行审查；如案外人另行提起关联合同诉讼，执行法院不以另案诉讼的审理结果为依据、不对另案生效法律文书中涉关联合同的效力及履行等情况直接予以采信，另案生效法律文书仅作为案外人提供的证据使用。

2. 设置分类衔接程序

案外人在执行异议之诉外就关联合同提起另案诉讼的，根据执行异议之诉和关联合同诉讼所处的不同审理阶段设置相应的程序。

另案关联合同诉讼尚未作出裁判，或者已作出裁判但尚未生效的，关联合同受诉法院在知悉执行异议之诉案件受理后，关联合同受诉法院对已受理的合同诉讼应作中止处理。执行法院就案外人异议作出执行裁定后，案外人、申请执行人不服执行裁定提起执行异议之诉，此时无论关联合同诉讼系在一审或二审审理期间，如前所述，基于执行法院对关联合同专属审查的必要性，另案合同诉讼应以执行异议之诉对关联合同的审查结果作为依据，故由执行法院将执行异议之诉的受理情况通知关联合同诉讼的受诉法院，关联合同受诉法院对案件作中止处理。

另案关联合同诉讼裁判已生效的，执行异议之诉仍需独立审查关联合同。此种情形下可以参考《江苏省高级人民法院执行异议及执行异议之诉案件审理指南（二）》（现已失效），其中第4条第5项载明“另案生效法律文书仅作为案外人提供的证据使用，执行异议之诉案件的判决不就其对错进行评判”，如前所述，基于执行法院对关联合同专属审查的必要性，在执行异议之诉中不能以另案关联合同的审理结果直接作为判断案外人民事权益的依据，故执行异议之诉受理法院应当继续就案外人主张的关联合同的效力及合同履行等情况进行审查，以判断案外人是否享有足以排除本案执行的相关民事权益。（见图5）

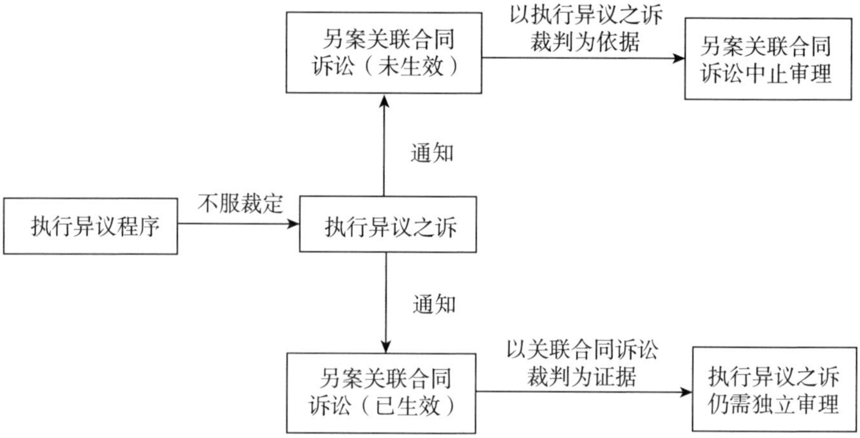

图5　执行异议之诉与另案关联合同诉讼不同阶段的衔接程序

3. 明确冲突纠正机制

因执行异议之诉对执行标的关联合同审查的标准高于普通的合同诉讼，且执行法院对当事人为规避执行而订立的虚假合同也有着更为清晰的辨别力，[1]若关联合同诉讼已生效的裁判与执行异议之诉裁判相冲突的，原则上以执行法院作出的裁判为准，关联合同诉讼的生效裁判应通过审判监督程序予以纠正。值得一提的是，随着人民法院信息化建设的不断推进，大数据的分析应用有助于在审判执行工作中最大程度避免裁判冲突问题。

法谚有云：超出管辖权所作的判决不必遵守。现行《民事诉讼法》及其司法解释虽未明确规定执行异议之诉对关联合同的专属审查，但最高人民法院以司法解释的形式在《规定》第28条、第29条中明确了在执行异议之诉中对关联合同效力及履行情况予以审查，可以作为上述程序的参考依据，不至于使程序制约成为现阶段执行法院对关联合同专属审查的樊篱，并同时兼顾了法院与当事人之间、不同法院之间的民事诉讼效率，也有助于化解法院重复审查、民事虚假诉讼、裁判相互冲突等问题。

（三）执行法院专属审查后合同权利主张

考虑到执行异议之诉在判项中仅处理是否排除执行及案外人提出的确权请求，案外人就执行标的关联合同的权利主张，诸如诉请违约责任、要求继续履行等无法在执行异议之诉中一并处理，基于“禁止重复评价”的民事诉讼基本原则，同时为避免法

〔1〕林丽君：《房屋预查封制度研究》，华东政法大学2016年硕士学位论文。

院二次审查带来的司法资源浪费,保障案外人合同权利的及时实现,在执行异议之诉案件生效后,考虑到该诉讼中已经对合同效力及履行等情况进行了认定,在合同当事人(包括案外人和被执行人)就执行标的关联合同产生后续争议时,可以执行异议之诉的生效裁判文书为依据,参照《最高人民法院关于民商事案件繁简分流和调解速裁操作规程(试行)》的相关规定,适用简易程序予以处理,从而将司法效率与当事人的民事权益保障有机结合起来,最大限度地减轻当事人的诉累。

结　语

公平与效率是法律的永恒话题,两者辩证统一,偏重公平而忽视效率会致正义迟到,效率脱离公平亦形如空中楼阁,这在执行异议之诉中体现尤为明显。结合现有的司法实践和逻辑演绎,由执行法院对执行标的关联合同诉讼予以专属审查,有助于法院以同一视角对案外人、申请执行人的民事权益进行比较,将两方权益的价值判断由分离归于统一,既可以有效兼顾案外人、申请执行人的合法权益,也确保了法律的公平适用,提高了司法效率[1],同时清除了执行工作中人为设定的障碍,在当下解决执行难的司法环境下具有重要意义,这样的专属审查改革必将为推动人民法院服务发展新阶段、实现社会主义现代化法治国家提供更强大的司法动力。

---

〔1〕 陈杭平:《“纠纷事件”:美国民事诉讼标的理论探析》,载《法学论坛》2017 年第 6 期。

财产保全程序中异议救济途径分析与思考

李天和　劳建明*

摘要：民事财产保全制度作为民事诉讼法不可或缺的一项保障制度，体现了程序的公平与正义，具有弥补诉讼事后救济不足的功能，成为解决民事纠纷的重要途径之一，应受到立法的重视。〔1〕近年来，随着对财产保全制度的重视，申请财产保全已经成为债权人防止债务人转移财产、维护自身权益的重要手段，随之带来的是财产保全引发的执行异议及复议也越来越多。目前，财产保全中当事人及案外人的异议救济途径，实务中存在几个值得探讨的问题。例如案外人提出异议情形下的审查程序、案件管辖权转移后对原保全措施提出的异议由谁进行审查、保全标的被多个法院采取保全措施情况下的异议如何审查等问题在法律层面欠缺明确的规定，导致在司法实务中容易产生误解，未能形成统一的实务操作。本文试从上述存在的问题入手，着重分析各个问题在法律规范中的模糊地带，进而统一梳理当前的相关司法解释或司法主流观点，以期为解决上述问题提供清晰的思路和有益的借鉴。

一、财产保全中案外人异议的救济途径选择

《最高人民法院关于适用〈中华人民共和国民事诉讼法〉的解释》（以下简称《民诉法解释》）第171条规定，当事人对保全裁定不服的可

* 李天和，北海海事法院执行局三级法官助理；劳建明，北海海事法院执行局副局长，一级法官。

〔1〕项虹：《论我国财产保全制度的缺陷与完善》，上海交通大学2012年硕士学位论文。

向作出裁定的人民法院申请复议。这是关于财产保全的初步救济方式,旨在解决当事人对保全裁定提出救济的途径。但是对于利害关系人或者案外人的救济,法律规定尚不统一。《民诉法解释》第172条规定,利害关系人对保全或者先予执行的裁定不服申请复议的,由作出裁定的人民法院依照《民事诉讼法》第111条规定处理,即通过复议程序进行。主要理由是:保全裁定和先予执行裁定只是中间性的裁定,而非终局裁定,赋予利害关系人与当事人相同的申请复议权利即可,不宜给予其异议之诉的权利;诉讼程序要兼顾权利救济的充分性和诉讼的效率性,如果给予利害关系人过多的救济环节和手段,保全程序将变得过于冗长和低效,严重影响整个案件的审理。而《最高人民法院关于人民法院办理财产保全案件若干问题的规定》(以下简称《财产保全规定》)第27条规定:"人民法院对诉讼争议标的以外的财产进行保全,案外人对保全裁定或者保全裁定实施过程中的执行行为不服,基于实体权利对被保全财产提出书面异议的,人民法院应当依照民事诉讼法第二百二十七条〔1〕规定审查处理并作出裁定。"案外人、申请保全人对该裁定不服的,可以自裁定送达之日起15日内向人民法院提起执行异议之诉。该条规定对于案外人基于实体权利提出的异议,是通过案外人执行异议及异议之诉程序解决,二者从条文规定上存在冲突。《民诉法解释》和《财产保全规定》均是最高人民法院颁布的司法解释,民诉法解释颁布在前,二者均在2020年12月23日由最高人民法院修正,很难从新旧司法解释的角度解决适用问题。

对此,笔者认为,首先,应依照案外人请求的类型区分复议和执行异议。《最高人民法院关于执行权合理配置和科学运行的若干意见》第17条基于对保全裁定不服提出的复议和对执行实施行为不服提出的执行异议之间存在差异,将异议审查权分由不同的主体按照不同的程序行使。如果当事人、案外人对保全裁定不服申请复议的,应由作出裁定的立案或者审判部门按照民诉法规定的复议程序进行审查。如果当事人、案外人对保全的实施行为提出异议的,由执行裁决部门按照异议事项的性质依照《民事诉讼法》第232条规定的异议和复议程序进行审查。

其次,案外人对于保全标的主张实体权利的,无论是针对保全裁定还是执行行为,均应按照《民事诉讼法》第234条规定通过案外人异议及案外人异议之诉程序审查处理。理由如下:(1)赋予案外人执行异议的救济符合法律规定。《财产保全规定》第27条已明确针对诉讼争议标的以外的财产进行保全,案外人基于实体权利提

〔1〕 现为《民事诉讼法》第234条。——编者注

出书面异议的，应当依照《民事诉讼法》的规定审查并作出裁定，案外人对裁定不服的可自裁定送达之日起 15 日内向法院提起执行异议之诉。经搜索中国裁判文书网，针对案外人此种异议情形的审理以被保全财产属于“诉讼争议标的以外的财产”为前提条件，且案外人执行异议之诉同时具有确定当事人之间实体上的法律关系和排除强制执行双重作用，通过案外人执行异议之诉，可将当事人之间就执行标的物的实体争议和能否强制执行问题一并解决。[1] (2)《民诉法解释》第 172 条规定的利害关系人复议的救济方式，应限于利害关系人就保全请求权及其要件是否具备、担保提供是否符合法定要求等所提的异议，而非对保全标的提出实体权利情况下的救济方式。(3)对保全标的主张阻却保全的实体权利，请求停止保全而提出的实体异议，往往涉及保全标的的权属问题，情况比较复杂，复议程序进行的是形式审查，10 日的审查期限很难对实体权利作出判断。只有通过案外人异议及异议之诉程序进行审查，才能作出明确的裁决，保障案外人合法权益。(4)实体权利的异议，也影响保全申请人保全目的的实现。如果不进行实体审查确认权属及能否强制执行，一旦保全标的的权属不属于被申请人或者有其他执行障碍，将不利于保全申请人及时变更申请，另选其他财产进行保全，进而影响胜诉利益的顺利实现。因此，对于案外人提出的实体权利异议，应一律按照案外人异议的相关规定进行审查。

需要特别指出的是，《财产保全规定》第 27 条限定了案外人对保全标的主张实体权利的范围，即诉讼争议标的以外的财产，案外人对诉争标的的保全主张实体权利，不适用案外人异议的规定。如果保全标的属于正在进行的诉讼争议财产，案外人提出异议，必然是认为其系该标的物的所有权人或者对标的物享有其他足以排除保全或者执行的实体权利，此时其与正在进行的案件存在利害关系，应以有独立请求权第三人身份参与到正在审理的诉讼中，而不能提出案外人异议，同时依照《最高人民法院关于执行权合理配置和科学运行的若干意见》第 26 条规定，案外人也不能对保全标的单独提起确权之诉。这既符合《财产保全规定》第 27 条的立法原意，又有利于在诉讼中一并解决与诉争标的有关的其他纠纷，防止法院对当事人诉争标的的诉讼纠纷作出判决后，案外人对诉争标的另行提起的实体权益确权纠纷再获另一份与前判决相矛盾的判决[2]，不利于维护司法公信力，也不利于节约司法资源。

---

〔1〕 陈西苓：《案外人对诉讼中的财产保全行为不能提起执行异议之诉》，载《人民司法》2018 年第 20 期。

〔2〕 张伟锋：《财产保全救济程序的反思与完善》，载《西部学刊》2021 年第 21 期。

二、诉讼案件管辖权转移后原财产保全措施的救济审查处理

实践中，因财产保全程序依诉讼程序而存在，申请人在向有管辖权的法院提起诉讼时如要采取保全措施必定要向受诉法院提出申请，由该法院审查并作出保全裁定。[1] 实践中，保全法院和受诉法院存在几种不一致的情况：一是按照《民诉法解释》第160条规定，当事人向采取诉前保全措施以外的其他有管辖权的人民法院起诉的，采取诉前保全措施的人民法院应当将保全手续移送受理案件的人民法院；二是诉讼法院作出保全裁定后因诉讼管辖问题移送诉讼案件，财产保全措施也一并移送；三是下级法院实施保全后，上级法院依照《民事诉讼法》的规定进行的指定管辖、提级管辖。此时财产保全的实施法院和审查法院相分离，被申请人或案外人对保全措施提出异议的该由谁负责审查法律规定并不明确，容易出现被申请人或案外人的权益救济遭"踢皮球"现象，对司法公信力的树立产生不良影响。有观点认为，被保全人或者案外人提出异议的，应向作出保全裁定的法院申请复议或者异议，由其进行审查可以减少对异议审查的调查支出，并有利于节约成本、提高效率。由管辖权转移后的法院对保全法院的保全行为进行审查也不符合《民诉法解释》第165条的规定，即人民法院裁定采取保全措施后，除作出保全裁定的人民法院自行解除或者其上级人民法院决定解除外，在保全期限内，任何单位不得解除保全措施。

笔者认为，首先，诉讼案件管辖权转移后对原财产保全裁定及实施行为的异议审查，原则上应由转移管辖权后的法院进行审查。法院在采取保全措施后，对其保全行为是否合法的审查应由保全法院进行，但发生管辖权转移时，保全法院丧失了对案件的管辖权，原保全措施已经转移于其他法院，则异议审查权也应一并丧失。当事人、案外人针对保全裁定抑或是保全执行行为所提异议，出发点是排除保全措施，为更利于受托法院的诉争案件进入执行后的工作衔接，由受托法院按审查处理更合理。如仍由原保全法院审查，当事人、案外人会因案件的保全异议和诉讼奔波于不同法院，影响其权利的救济。对此，《民诉法解释》第160条第2款规定，采取诉前保全措施的人民法院将保全手续移送受理案件的人民法院后，诉前保全的裁定视为受移送人民法院作出的裁定。从该条文规定的精神来看，保全措施移送后，即视为受移送法院的所作的诉讼行为，因此当事人、案外人也应向受移送法院提出。该规定与《民诉法解

---

〔1〕 田桂瑶、彭立峰：《诉前财产保全案件案外人权利救济途径的研究——评（2020）最高法民申123号民事裁定》，载《法律适用》2020年第16期。

释》第 165 条也并不冲突，保全措施随诉讼案件移送，受移送法院自动成为作出保全裁定的法院，其对当事人、案外人的异议进行审查乃至解除保全措施符合法律规定。同时，《最高人民法院关于人民法院办理执行异议和复议案件若干问题的规定》（以下简称《异议和复议规定》）第 4 条也有类似规定：执行案件被指定执行、提级执行、委托执行后，当事人、利害关系人对原执行法院的执行行为提出异议的，由提出异议时负责该案件执行的人民法院审查处理；受指定或者受委托的人民法院是原执行法院的下级人民法院的，仍由原执行法院审查处理。执行案件被指定执行、提级执行、委托执行后，案外人对原执行法院的执行标的提出异议的，参照前款规定处理。该规定对执行行为因委托、提级执行而发生分离时审查所确立的规则与民诉法解释相关规定所持的态度基本一致，案件委托执行后，对执行异议的审查原则由提出异议时执行案件的法院审查处理。对于一审法院作出保全措施后，当事人在二审中对原保全措施提出异议的情形，属于诉讼的审级程序问题，并不属于管辖权的转移，仍应由一审法院进行审查。

其次，当原保全法院是上级法院的，仍由原保全法院进行审查。在特殊情况下，上级法院采取保全措施后，将案件指定下级法院审理，此时对保全措施的异议，不能再由下级法院审查。这是因为当审查保全异议的法院与原执行法院存在上下级关系时，限于审级管辖，下级法院直接审查，尤其是异议成立需要直接撤销原保全措施时，可能会出现下级法院撤销上级法院裁定，而其复议法院又是上级法院的情形。因此《异议和复议规定》第 4 条明确指出，受指定或者受委托的人民法院是原执行法院的下级人民法院的，仍由原执行法院审查处理，也体现出上下级法院之间监督与被监督的关系。

最后，对于因财产保全问题可能引起国家赔偿情形下的异议，由原保全法院审查。如法院错误财产保全和保全措施导致案外人财产损害等情形下，可能引发国家赔偿，参照《国家赔偿法》第 31 条的规定精神，原保全法院为可能的赔偿义务机关，此时案外人提出的异议，由原保全法院审查。

三、同一财产被多次保全时异议的审查处理

实践中，同一项财产被多次采取保全措施的情形大量存在，案外人基于实体权利向首先保全法院提出异议并最终获得支持时，首先保全法院解除保全措施。但因为法律对此情形下多个保全措施是否一并解除并无明确的规定，即使首先保全法院作出裁定解除保全，但其不能对其他案件的保全措施予以解除，案外人如要完全清除该

财产上的保全措施往往要逐个向保全法院提出异议,对案外人造成无形中的层层障碍,带来很多不必要的诉累和成本。

（一）同一财产被其他法院采取轮候保全且未进入执行程序时的异议处理

《最高人民法院关于人民法院民事执行中查封、扣押、冻结财产的规定》第 26 条规定:“对已被人民法院查封、扣押、冻结的财产,其他人民法院可以进行轮候查封、扣押、冻结。查封、扣押、冻结解除的,登记在先的轮候查封、扣押、冻结自动生效。”可见,案外人会因为多个轮候保全措施而被迫卷入多个异议程序中,但对于赋予其申请复议抑或异议及异议之诉的救济权利问题,目前相关法律并没有作出明确规定。从司法实践中看,对于轮候保全提出的异议,保全法院多数会驳回异议,主要理由是轮候保全区别于正式保全,在转化为正式保全之前,并不产生保全的法律效力,不会损害案外人对标的物享有的权利,这就使案外人需要按照查封的顺序逐一提出异议,由此造成案外人异议程序漫长且繁多。因此,案外人已向首先保全法院提起异议并获得支持,有必要考虑案外人对轮候保全法院的查封、扣押、冻结自动生效的后续异议救济问题。此情形下如果仍适用《财产保全规定》第 27 条规定审查并赋予其执行异议及异议之诉的救济不仅耗时还无形中增加了案外人的诉累和成本。此种情形下可赋予案外人依据首先保全法院根据异议作出的异议裁定或异议之诉判决文书直接向各个轮候保全法院同时申请复议的救济权利,由轮候保全法院在法定期限内及时审查完毕,并作出最终裁决结果,确保高效及时维护好案外人的合法权益。

（二）同一被其他法院采取轮候保全并已进入执行程序的异议处理

实践中,存在被保全的财产最终进入执行程序后案外人对保全裁定提出异议的情形。笔者认为,根据《民诉法解释》第 168 条的规定,保全裁定未经撤销或解除的,进入执行程序后自动转为执行中的查封、扣押、冻结措施。此时的保全措施已转为执行中的措施,如果案外人对保全裁定不服提出异议按照复议程序进行审查不符合法律规定,且在执行程序阶段,只能对执行阶段采取的执行行为或标的提出异议,不能随意倒退至诉讼程序中的保全,从裁判文书网相关裁判观点看,亦不支持此种异议。此种情形应向案外人明示其救济的途径应提起执行异议或异议之诉。因此,如案外人已在首先保全法院通过异议程序获得支持的裁决文书,此时针对的应该是执行法院不应该对其财产实施执行处置行为,依据《民事诉讼法》第 232 条规定赋予其执行异议、复议救济更妥当,也能更高效地处理其异议诉求。

四、针对地方法院违反专属管辖原则实施保全所提异议如何审查

《财产保全规定》第 28 条明确规定:海事请求人申请海事请求保全的,适用《中

华人民共和国海事诉讼特别程序法》(以下简称《海诉法》),而《海诉法》第22条已明确规定非因该法第21条规定的22种海事请求情形不得申请扣押船舶。《最高人民法院关于适用〈中华人民共和国海事诉讼特别程序法〉若干问题的解释》(以下简称《海诉法解释》)第15条规定:"除海事法院及其上级人民法院外,地方人民法院对当事人提出的船舶保全申请应不予受理",但在司法实务中会存在地方法院在财产保全中对船舶并不实施实际扣押而是作出裁定书及协助执行通知书,要求船舶登记机关协助查封被保全船舶或作出裁定后委托海事法院实施保全。申请人以保障将来依法作出的生效裁判文书能够顺利执行为由申请对船舶实施保全毋庸置喙,但因地方法院受理船舶保全申请不符合《海诉法解释》的规定,如果被申请人或案外人对保全船舶裁定提出异议,此处探讨的船舶系诉讼争议标的以外的财产,此情形下对被申请人的异议赋予申请复议抑或按《民事诉讼法》第232条规定提出执行异议,目前法律规定并不明确,前者复议需向作出裁定的法院申请,后者提出执行异议对裁定仍不服的可向上一级法院申请复议,救济程序显然不同。此时案外人的异议及异议之诉应向作出保全裁定的法院提起抑或向受托海事法院提起也不明确。如由保全法院审查,涉及船舶权属问题又专属海事法院管辖,此情形下保全法院该如何审查需进一步明确。

笔者认为,此时应区别被申请人对地方法院受理船舶保全的异议与案外人基于实体权利对地方法院作出的船舶保全所提异议,并赋予不同的救济保障。首先,被申请人对地方法院受理船舶保全提出不符合专属管辖原则异议的,因《民事诉讼法》及相关司法解释并未对法院复议裁判的形式作出明确规定,实践中有部分法院以口头或书面通知的方式驳回复议申请,此种情形下如仅赋予被申请人申请复议的机会,被申请人的权利难以保障到位,应赋予其依照《民事诉讼法》第232条规定提起执行异议,对异议不服可以向上级法院复议。

其次,案外人基于实体权利对地方法院作出的船舶保全提起异议的,依据《财产保全规定》第27条规定,应通过执行异议及案外人执行异议之诉程序予以解决。如果涉及船舶权属等海事法院专属管辖相关内容的认定,应告知案外人就船舶权属问题提起诉讼,异议程序中止。有观点认可将已实施的保全程序一并移送具有管辖权的海事法院,由海事法院对执行异议之诉进行审理,但保全程序依附于诉讼程序,将保全程序单独移送不仅不符合法律规定,在案件进入执行程序后,还涉及将保全措施移交执行法院以进行财产处置,增加了程序成本。由案外人向海事法院就船舶权属提起诉讼,保全法院根据裁判结果进行异议审查更符合诉讼效率原则。此时船舶权属已经生效裁判文书确定，无须进入案外人异议之诉程序，在执行异议程序中即可进行判定。如果不涉及船舶权属等海事法院专属管辖相关权属的认定，由保全法院直接审查处理即可。

案外人执行异议之诉证明责任裁判规则的完善

——以案外人排除执行的权益为视角

龙馨蕾　徐茂晟*

摘要:执行异议制度扮演着我国民事诉讼程序的“救济者”和“纠错者”,对维护执行过程中案外人的权益有着重要作用。执行异议之诉自2007年确立以来,为我国的司法实践提供了一个良好的法制遵循,也为案外人在实体上开辟了一条通过诉来解决纠纷的途径。但是面对新时代出现的新矛盾,执行异议之诉特别是在证明责任的裁判规则方面还存在一定的空白。本文立足于司法实践,以案外人排除执行权益为视角,探讨案外人执行异议之诉证明责任的裁判规则,提出完善执行异议之诉证明责任的裁判规则的建议。全文总共三部分:第一部分总述介绍了执行异议之诉产生的背景、性质和存在的问题;第二部分分析案外人执行异议之诉证明责任制度存在困难的原因;第三部分针对案外人执行异议之诉证明责任制度存在的困难,提出了完善前置程序中证明责任的内容、确定案外人执行异议之诉中证明责任的规制等相关建议。

一、总述

(一)执行异议之诉产生的背景

在我国的司法实践中,“执行难”一直是一个困扰广大执行法官的难题。在迈入新时代的今天,习总书记提出了“努力让人民群众在每一

---

* 龙馨蕾,鱼峰区人民法院执行庭法官助理;徐茂晟,鱼峰区人民法院执行庭法官助理。

个司法案件中感受到公平正义”的口号，不仅要求我们在执行过程中讲究效率，还要注重公平。执行异议制度是案外人对自己合法财产权益受到不当执行的一种保护措施，而执行异议之诉则是他们维护自己合法权益的具体方式。我国执行异议制度的开端是1991年颁布的《中华人民共和国民事诉讼法》，其中仅仅确立了执行异议制度，并没有从实体上规定执行异议之诉，直到2007年和2012年我国对《中华人民共和国民事诉讼法》两次大的修改才确定了执行异议之诉，完善了我国的执行救济制度，给我们的执行工作解决了不少的问题。但是，在社会发展的今天，产生了各种各样的新变化，旧的制度和规定的滞后性，导致各地法院在执行过程中困难重重，我国的执行异议之诉的裁判规则亟须完善。

（二）执行异议之诉的性质

根据原告诉求的不同，可以将诉分为三类，即确认之诉、给付之诉和形成之诉。对于案外人执行异议之诉属于哪种类型的诉，学术上有确认之诉说、形成之诉说、给付之诉说、命令之诉说和救济之诉说五种不同的观点。“确认之诉说”，案外人对执行标的的权属具有排除执行的权利是由法院确认或赋予的，在经过法院通过执行异议之诉确认后，执行机关不得对标的物强制执行。“形成之诉说”，案外人提起异议之诉的是一种已经存在的形成权，案外人提起异议之诉则是变更已有的不当执行法律关系，故属于形成之诉。“给付之诉说”，是案外人执行异议之诉的诉讼目的是要求法院停止错误的执行行为，或者以返还执行标的物为给付请求的内容，是请求权中的一种。“命令之诉说〔1〕”，第三人异议之诉的胜诉判决为执行机关设定了相应义务，即宣告执行机关须为一定行为，故其不属于任何一种既有的诉讼类型。这里的命令并非指职务关系上的命令，而是设定特定的义务。“救济之诉说”，执行异议之诉兼有确认之诉和形成之诉的特点，而不单单属于某一种诉，其不仅有确认权属的法律效果，同时也具有排除强制执行的法律效果。

在具体的司法实践过程中，执行异议之诉充当了“救济者”和“纠错者”两个角色，其核心首先要确认执行标的物权属的归属问题，而后还要斟酌该权属能否阻止对执行标的物的强制执行。阻止强制执行的问题超出了确认之诉，属于形成之诉的范畴，故“救济之诉说”相对于其他学说，更贴近执行的司法实践。

（三）案外人执行异议之诉存在的问题

一是证明责任规定没有细化。在执行过程中，为了追求效率，执行法官只注重维

〔1〕 百晓峰：《论案外人异议之诉的程序构造》，载《清华法学》2010年第3期。

护申请执行人的权利,而对于执行标的没有过多地去排查权属或者其他的权利负担。在我国的法律体系中,只有《最高人民法院关于适用〈中华人民共和国民事诉讼法〉的解释》对案外人的证明责任作出规定,而在实践中,案外人往往举证困难,面临着败诉的风险。

二是法官释明权模糊。法官的释明权,是指在民事诉讼中,当事人的诉讼请求不明确或者有矛盾,或者陈述事实不清楚、不完整时,法官可以依据职权向当事人提出关于诉求及程序上的质问,促请当事人明确诉讼请求,查明案件事实的权能。在执行异议之诉中,案外人在承担证明责任时,也可以请求法官释明证明责任的标准。而"高度盖然性"这一标准的释明过于抽象模糊,不能有助于案外人理解自己该提供什么样的证据,导致举证困难。

三是影响司法效率。在整个民事诉讼的过程中,从判决生效到执行完毕,短则几个月,长则几年,若再加上执行异议之诉的审理,从审判到执行,再由执行到审判,当事人消耗了大量的时间,权利得不到及时保障,影响了当事人的生产生活,同时也体现不出司法的效率功能。

四是虚假诉讼案件日益增多。近年来,在执行过程中滋生了许多案外人和被执行人恶意串通的案件。如案外人与被执行人借离婚的名义转移被执行人的财产逃避债务或串通损害案外人权益的案件层出不穷。在(2021)最高法民申4215号案中,案外人与被执行人之间恶意串通,通过伪造虚假借款凭证、虚构借贷事实的方式提起的诉讼是虚假诉讼,其目的是将案外人对被执行人的一般债权转化为高顺位的抵押债权,以获得在执行时抵押物拍卖款项分配时优先受偿的权利。

二、存在问题的原因

(一)证明责任制度存在法律空白

《最高人民法院关于适用〈中华人民共和国民事诉讼法〉的解释》规定执行异议之诉的举证责任由案外人承担,对于申请执行人和被执行人应该承担的证明责任,目前还存在法律空白。在申请执行人、被执行人以及案外人这三者之间,因形成了明显的权利外观,案外人的证明能力一般比较弱,当出现恶意串通的虚假诉讼时,案外人不能提供有力的证据,只能提供一些表面证据或者通过法官的主观认知加以推定,举证十分困难。另外,《最高人民法院关于适用〈中华人民共和国民事诉讼法〉的解释》只对于恶意串通采用了"排除合理怀疑"这一证明标准。虽然提高了标准,但是在实践中缺乏相应虚假诉讼的案例指导和虚假诉讼的处罚制度,在执行时,个别法官疏于对虚假诉讼的审查,增加了案外人的证明难度,不利于对真实权利的保护。

(二)相应的配套法律制度缺位

《最高人民法院关于适用〈中华人民共和国民事诉讼法〉的解释》规定:“案外人或者申请执行人提起执行异议之诉的,案外人应当就其对执行标的享有足以排除强制执行的民事权益承担举证证明责任。”在现实司法实践中,法官主要是审查案外人是否对执行标的具有优先权以及优先权的顺位,例如股权是一种优先权,可以排除申请人的债权请求权对执行标的执行,但是对于股权的取得方式缺乏法律根据,有些法官是根据股东名册来确定股权,有些则是根据工商登记来确定,给我们的执行工作带来了一定的困扰,同案不同判的现象时有发生。针对这些现实问题,最高人民法院在《全国法院民商事审判工作会议纪要》中有了统一的指导:“当事人之间转让有限责任公司股权,受让人以其姓名或者名称已记载于股东名册为由主张其已经取得股权的,人民法院依法予以支持,但法律、行政法规规定应当办理批准手续生效的股权转让除外。未向公司登记机关办理股权变更登记的,不得对抗善意相对人。”[1]最终确定了股权的变动以股东名册为要件,公司登记则为了对抗善意第三人。毕竟《全国法院民商事审判工作会议纪要》只是一个审判的指导性文件,还有很多配套的法律制度需要完善。另外,我国的执行回转程序中没有对事后得知执行情况的案外人权利的保护制度,不能在执行回转中给予案外人最便捷的救济途径,影响了执行的效率。

(三)审理部门问题

在执行过程中,案外人执行异议之诉由审判庭审理还是由执行部门审理争论不休。若是执行部门审理,虽然对案件财产的具体情况比较了解,可以提高执行效率,但是违背“审执分离”的原则,执行没有审判权,也不利于案件事实的查明和法律的认定。

(四)案外人提起执行异议之诉的事由过于笼统

我国的民事诉讼法对于提起执行异议之诉的事由过于笼统,实操性不强,提出的理由不够具体明确。在具体的执行过程中,各地法院受理的执行异议之诉中,诉求五花八门,没有一个统一的指导性规定,不利于执行工作的顺利展开。

---

〔1〕《全国法院民商事审判工作会议纪要》第8条。

三、对于案外人执行异议之诉证明责任制度完善的相关建议

(一)考量因素

执行异议作为执行程序中案外人主要权利救济制度,主要通过执行裁决权来监督制约执行实施权,而执行异议之诉通过诉权制约执行权,在相互的配合之下,进一步做到保护案件当事人的合法权益,确保执行程序公平公正。据此,笔者将从以下几个方面进行考量,为案外人执行异议之诉证明责任制度的完善提出一些建议。

1. 法律和司法解释

根据划分,证明责任分为主观证明责任和客观证明责任,在这之中,客观证明责任尤为重要,是证明责任的本质[1],不仅给当事人预置了客观的证明责任,有助于查明真伪难辨的案件事实,也给法官的裁判提供了依据。法官依法进行裁判,说明实体法是证明责任分配考量的首要因素,然而立法存在一定的滞后性,司法解释作为理解和执行法律规定而作出的官方统一解释,在分配案外人证明责任中也具有相当重要的作用。

2. 效率价值与公平价值的兼顾

效率概念来源于经济学,在大家熟知的概念中,效率属于纯客观的概念,而公平是有主观的成分的。可以说,用最小的投入得到最大产出的收益状态就是效率的目的,但没有人能以绝对的方式说出公平的定义是什么。在诉讼中,需要尽可能查明案情真相,以事实为准绳,即司法领域注重的是司法公正,但在执行过程中,执行机关为了保障胜诉当事人的合法权利,更注重的是效率价值,兼顾公平。案外人执行异议之诉作为诉的一种,影响着申请执行人胜诉权利的实现,也与案外人利益的保护关联紧密。但同时与执行领域也联系紧密,做到公平与效率兼顾,就显得尤为重要。

3. 权利救济与防范逃避执行并举

执行异议之诉的主要目的是案外人实现权利救济,但由于案外人与被执行人恶意串通转移财产导致无法执行的情况存在,执行异议之诉也能够让我们在给案外人权利救济的同时,对出现恶意串通逃避执行的风险进行相应防范。最高人民法院(2021)最高法民申148号案件中,案外人提供了向被执行人房开公司总经理转账房款的证明,但无证据证实其总经理具有代表房开公司收取房款的权利,即使房开公司对收取的购房款的行为表示认可,但未提供相关转账记录予以证实,故法院不予认

〔1〕 黄湧:《民事审判争点归纳:技术分析与综合运用》,法律出版社2017年版,第114~115页。

可,根据该裁判的主旨可知:在执行异议之诉中,因涉及申请执行人利益,不能简单地适用自认原则。在案外人执行异议之诉的证明责任制度中,通过限制自认原则来充分防范被执行人与案外人合作,企图逃避执行的可能性。

4. 根据不同情形适用技术手段对证明责任的合理分配

《最高人民法院关于适用〈中华人民共和国民事诉讼法〉的解释》第91条规定了按照形式标准分配证明责任,并未规定例外情形。在立法中,为了明确方向,法条的内容是单一的、固定的,用明确的法条予以指导,对案件进行相应的裁判,最终得出公平公正的判决。但是我国的法官在应用法律法规对案件裁判的时候,也拥有一定的自由裁量权,能够根据自由心证的原则对案件进行裁判。明确的法律条文,虽然能够增加法律的确定性,但是也相应地忽视了法官自由裁量权的重要作用,弱化了根据案情进行灵活变通的可能性。法官为了对证明责任进行合理分配,催生了证明责任转移和减轻证明责任两种技术手段。

(二)完善前置程序中证明责任的内容

1. 在前置程序中构建相关制度,减少恶意异议

近几年案外人执行异议中,出现了大量的恶意异议、虚假异议。由于执行异议前置程序既不需要付出额外金钱成本,也不需要花费过长的时间,如果虚假的异议能够得到法院的支持,既加重了申请执行人行使权利的成本,浪费司法资源的同时也不用负担任何违法成本。因此,我国需要建立异议审判法官控制案外人滥用权利的制约程序,增加提起前置程序的环节。通过赋予法官相应的程序控制权,对于案外人恶意异议、虚假异议情节严重的,法官可以对当事人处以罚款、拘留甚至是刑事处罚。由于我国目前以审执分离为原则,所以执行异议、执行异议之诉仍应当由民事庭进行审理,不应当由执行局负责。

2. 前置程序中证明责任的分配

前置程序中的证明责任涵盖着主观的证明责任和客观的证明责任,其既适用于程序性事实争议,也能够适用实体性事实争议。并且在前置程序中适用证明责任的前提是法官的调查权以及当事人的举证证明都已经完全穷尽,但仍然无法得出案件事实〔1〕。根据以上前置程序中证明责任的特征,笔者认为,案外人提起执行异议,前置程序中的程序性证明责任理应由案外人来承担,进行相应的举证和说明,但在执行异议审查中不可避免地需要对现实体性事实作进一步审查,那么法官通过执行标的

〔1〕 姚宜均:《案外人执行异议之诉证明责任制度研究》,湘潭大学2020年硕士学位论文。

物的权利外观来对案件当事人进行证明责任的再分配就尤为重要，需要法官具备一定的实务经验和水平。

3. 前置程序中证明责任的标准

对于程序性事实争议的证明，虽然在《最高人民法院关于适用〈中华人民共和国民事诉讼法〉的解释》中尚未规定对于降低前置程序中证明责任标准的情形，但我们可以从《民事诉讼法》的表述上推导出适用降低高度盖然性的证明标准。而对于实体性事实争议而言，由于前置程序中人民法院的审限只有15日，囿于审限过短，法官不可能对执行标的的权利进行全面审查，出于严谨考虑，在前置程序中对执行标的物的权利外观进行初步审查即可，所以也适用降低高度盖然性的证明标准。通过进行合理分配证明责任的标准，在前置程序中适用降低性证明标准，进入案外人执行异议之诉后采用高度盖然性标准，才能使司法资源的利用效率得到更好的提升。

（三）确定案外人执行异议之诉中证明责任的规制

1. 明确证明责任的主体

法官在执行异议之诉案件的审理过程中，对于案外人与被执行人是否针对事实的证明责任分配已作了相关约定，或案外人是否与申请执行人之前达成了证明责任分配的约定。在法无禁止即自由原则下，证明责任分配的约定并不为我国法律所禁止，法官应当按照相关约定来确定证明责任的主体。接着，法官需要依据权利外观来认定证明责任承担的主体。在案外人具备权利的外观，则应当由被执行人来承担证明责任，若被执行人未到场参加执行异议之诉的庭审，那么被执行人的部分证明责任应当由与被执行人拥有一致主张的申请执行人进行。当然若申请执行人能够有充分的证据来证明被执行人企图逃避执行，与案外人恶意串通，在案件执行前就将执行标的转移给案外人，此情况下已涉及虚假诉讼，依据诚实守信原则，人民法院则依法驳回案外人的诉讼请求。当被执行人已有证据证明对执行标的物拥有相应的权利，此时仍然让案外人承担证明责任将会不符合《最高人民法院关于民事诉讼证据的若干规定》中第7条规定的公平原则和诚实守信原则。例如被执行人确有实行了妨碍行为以至于案外人举证困难，此时法官可以根据被执行人的主观过错，采用不同的技术手段来对案外人的证明责任进行再一次的分配。

2. 充分细化证明责任的内容

虽然证明责任是在民事诉讼法中进行运用，但要充分细化案外人证明责任的内容，首要任务是在实体法中明确足以排除执行的权益的内容。在实体法中已经对于权利的形成、妨碍、消灭等要件作了相应规定，所以如何进行证明责任分配也需要在实体法中找到相应的依据。执行异议之诉中的案外人为了方便搜集相应证据，赢得诉讼，也需要在一开始就明确足以排除执行的权益包含那些实体权利，在实体法的指引下来承担相应的证明责任。

对于执行标的物来说最常见的权利即为物权和债权，如果案外人想要在执行异议之诉中主张自己对于执行标的物享有权利，不应仅证明自己对于执行标的物拥有权利外观，还须通过对于所有权、担保物权、用益物权等权利的主张，才能充分达到本身的诉讼目的。

(1)所有权。所有权是最为重要的物权形式，是一种绝对权。当案外人可以证明自己对执行标的物享有所有权，那么执行机关必定会根据该权利而停止执行程序。根据法律的规定，动产需要通过交付转移所有权，不动产依据自然资源和规划局以及其下属机构不动产中心的登记才会发生所有权转移。案外人若要向法官主张其对执行标的物的所有权，出示执行标的物被依法交付或是已经被相关机关登记的证明即可达到目的。当然也可能会出现双方签订的合约中有类似约定：在债务人将款项彻底清偿前，物品的所有权不发生转移，债权人对此物品只具有使用权，物品所有权仍归债权人所有。这类的保留标的物所有权的条款出现时，若该物品被执行，债权人或案外人可以通过出示该合同，以及转账记录来证明自己的还款情况，以主张自己在执行异议之诉中对于执行标的物的所有权。

(2)担保物权。由于担保物权大多是基于特定的权利义务而产生的，一般享有的是标的物的优先受偿权，而非标的物的所有权。例如甲乙双方签订买卖合同，甲作为买方，乙作为卖方，为了更好确保甲方的价款能够到期交付给乙方，乙让甲提供抵押担保，若甲到期未履行付款义务，乙能够对抵押物进行就物清偿。当案外人对执行标的物享有占有，但执行中要求案外人转移占有，案外人因此具有了提起执行异议之诉的资格。否则担保物权若只作为一种顺位权利，案外人是不能据此为由提起执行异议之诉的。案外人若要证明其对执行标的物享有该项权利，笔者认为案外人首先需要证明原本债权的清偿期限届满，合同的提供是必需的，还需要证明执行标的物若被执行将显著影响自身权益。

(3)用益物权。按照法律规定，用益物权只能在不动产上设立，如果案外人想要主张自己的用益物权而提起执行异议之诉，那么该案的执行标的物必须是不动产。在执行异议之诉中，案外人要从自身主体出发，在客体、用途等方面对自己享有的用益物权来提供完整的证据证明，从而才能够排除执行。

(4)债权。债权可以被细分为普通债权和以租赁权为代表的特殊债权，特殊债权之中以建设工程优先权为代表的债权优先权与前文所述的担保物权一样,享有的是标的物的优先受偿权,如果案外人以债权人的身份请求被执行人履行金钱给付义务,应当向法院提供权利已经依法形成的证据和期限已经届满的事实。同样,作为特殊债权的租赁权,因为有买卖不破租赁的原则存在,当租赁合同成立于法院采取强制措施前,且案外人作为承租人已支付租金、合理进行占有的情况下,才能够排除执行。在(2021)最高法民申 6575 号案中,案外人虽然提供了与被执行人在法院对执行标的物采取强制措施前就已经签订的租赁合同,但由于案外人与被执行人系亲戚关系,且为能够提供其已对执行标的物进行占有的证据,例如实际入住后,缴纳相应的房屋水、电、物业费等费用的证明材料。法院据此认定,该案外人对该执行标的物不具有排除强制执行的民事权益。

笔者认为在以上权利中,应当对案外人的证明内容能够排除执行的民事权益进行类型化的处理,可以按照权利分层来确定优先级。考虑到生存权作为关系到个体生命的重要权利,其优先于财产权。在财产权中又能够被细分为成立需要到相应的机关进行登记,完成权利的公示后,才能标志产生的绝对权,和在双方当事人之间通过协议即可产生的相对权。由于相对权的效力只发生在双方之间,相对权作为一种绝对权,具有排他性,所以绝对权应当优先于相对权。所有权作为最完整的物权,优先于申请执行人的普通债权。但在实务中要注意虚假登记,如名义股东、借名买房等的情况。当实质权利人和形式权利人出于主观因素达成了合意,实质权利人和形式权利人应当能够预知到虚假登记的风险,法院仍应当按照登记确定权利归属,实质权利人承担的权利不足以排除执行的不利风险。

3. 进一步明确法官的释明权

由于我国法律中并未明确地对法官在执行异议之诉中的释明权以及释明的限度作进一步的规定,导致在理论和司法实践中都存在较大的争议。而实践中法官给当事人进行释明的现象比比皆是,大多数的普通民众没有受到过专业的法律培训,虽说聘请律师亦是可行之举,但高昂的律师费对他们而言又是一笔巨大的经济支出,对于不懂法律的他们来说,希望法院作出公正的判决,也期待着法律能够维护自己的合法权利,这就需要法官对其进行充分的释明。在法律允许的范围内,法官在熟练地运用法条过程中,进一步对法律法条予以释明,能够促进庭审的效率,反映当事人的诉求,也能在庭审中让百姓提高学法用法意识,进一步宣传了法治理念。可以说明确法官的释明权标准,让法官行使释明权,是法官审判的需要,也是法治社会不断发展的要求。综上所述,在案外人执行异议之诉中,法官作为中立的裁判者,需要在确保中立原则的前提下进行相应的释明，不仅要平衡双方的权利，也要充分考虑当事人举证能力的大小，不能在释明的过程中损害当事人的诉讼权利，若有导致实体不公的可能，则法官不能加以释明。

首先，审判人员应当对行使释明权的方式进行明确。释明时，为了防范有不利后果的产生，也为了确保法官释明权的过程合法性，在庭审过程中应全程录音录像，且谈话笔录中也要对释明权的相关内容进行保留。其次，明确法官释明权的内容。明确法官能够行使释明权的情形包括：案外人无法准确分辨自己主张的诉讼请求源于哪一种法定权利时、案外人无法提供充分证据证明自己的权利主张时、案外人提供的证据材料与自己主张的权利无关联时。法官在行使释明权时，不能流于形式，应当系统地学习证明责任理论知识，依据法律的规定结合对事实的判断依法行使释明权，尽可能地做到还原真相，减少诉讼差距，让当事人得到满意的答案。

4. 防范恶意串通案件

在执行异议之诉的案件实务中，法官需要注重识别该诉是否为恶意串通，可采用限制自认原则来进行防范。由于案外人执行异议之诉中出现的恶意串通案件，往往存在案外人证据证明不够充分，但是被执行人急于自认，这在庭审中不仅是侵犯了申请执行人的合法利益，也是在挑战司法的严肃性，阻碍执行的合理进程，影响司法权威。据此，即便被执行人在案外人执行异议之诉中把案外人对自己不利主张均予以自认了，法官也应当进行进一步地核实查证，而不能直接排除执行，免去案外人所有的证明责任。

虽然民事诉讼法相关司法解释规定了排除合理怀疑的证明标准，但对于大多数隐蔽且属于主观状态，无法使第三人充分知晓内容的恶意串通的案件来说，很难对恶意串通当事人的主观状态进行举证证明。所以不应当要求第三人对于交易双方的恶意串通达到排除合理怀疑的证明标准。对此，笔者认为，由于信息不可能在第三人中达到完全对称，申请执行人只需要提供证据证明案外人与被执行人存在恶意串通的可能性，且该举证只需要达到不符合常理的证明程度并能形成一个完整的证据链就可以使证明责任转移，由被执行人和案外人承担双方不存在恶意串通举证证明责任。

在执行异议之诉中，防范恶意串通案件的发生对于法官的审理水平也有一定要求，法官不能严格地采取排除合理怀疑的证明标准，当一方当事人对于另外两方当事人存在恶意串通的可能性提供了初步的证据进行相应的举证，那么证明责任就转移到可能存在恶意串通的双方，他们需要对于交易的合理合法性提供相应的证据证明，如果不能完成证明则应当承担举证不能的法律后果。

结 语

我国的执行异议之诉制度从确立到发展,距今不过十余年。案外人执行异议之诉作为一种新的诉讼形态,不仅可以通过审判程序来纠正执行行为中的错误,及时给予案外人权利救济,同时维护了司法的公平公正。随着社会经济不断进步和发展,案外人执行异议之诉也应当不断地进行完善和发展才能够达到与时代发展和社会进步相匹配。相关法律中关于完善案外人证明责任分配的原则性规定应尽快完善,为法官审判具体案件提供相应的依据。人民法院在审理处理执行异议之诉时,也应重视前置程序的作用,通过充分发挥前置程序来对案件进行初步过滤,从而缓和案外人执行异议之诉中的证明难的压力。笔者考虑不够全面,理论功底以及实践经验都有所欠缺,分析论述不够透彻,还望广大学者、法律建设者共同探讨研究,为我国的案外人执行异议之诉证明责任制度的完善添砖加瓦。

民事诉讼财产分配执行异议若干问题研究

——以涉企业法人的财产分配及异议为例

姚中伟　李天和[*]

摘要：民事执行程序中，被执行人为公民或者其他组织的执行财产不足清偿全部债权的，依法适用参与分配制度，对此并无争议。但对被执行人为企业法人时，其财产的分配问题在司法实务中存在较大争议。有观点认为，当财产不足以清偿所有债务时，除非进入破产程序，否则不能适用参与分配制度；另有观点认为，应区分不同情况适用分配制度。本文认为，鉴于债权种类多种多样，实践中破产程序耗时长久，因此有必要允许在不进入破产程序的情况下，区分不同情况对企业法人的有限财产进行分配受偿。本文主要从参照适用分配制度对企业法人财产进行清偿的法理依据、实务必要性进行分析，并就完善当事人就清偿方案提出异议及异议之诉的救济途径提出合理建议，以期进一步规范涉企业法人的财产清偿，充分保护各方当事人的合法权益，提高执行效率。

当被执行的企业法人财产不足以清偿全部债务又不能进入破产程序时，多数学者简单依据《最高人民法院关于适用〈中华人民共和国民事诉讼法〉的解释》（以下简称《民诉法解释》）第514条的规定，对涉企业法人的财产清偿问题否定适用参与分配制度，一律按照保全和执行中查封、扣押、冻结的顺序进行分配。但此种观点忽略了优先受偿权人、普

---

* 姚中伟，北海海事法院执行局局长，四级高级法官；李天和，北海海事法院执行局三级法官助理。

通债权人并存或者普通债权人参与一致要求对企业法人的有限财产进行分配受偿的情形。同时,对由此引起的救济程序,实践中也存在诸多争议。

一、理论界与实务界的不同观点

我国现行的参与分配制度主要体现在《民诉法解释》中,参与分配制度的适用对象是公民或其他组织,理论和实务界对此均无分歧。但被执行人为企业法人时能否适用参与分配制度、是否制作分配方案、对方案提出异议该给予何种救济却有不同看法。有观点认为企业法人适用参与分配制度会对破产制度造成冲击,导致执行程序和破产程序适用混乱,从债权的平等性原则及债权的公平保护出发,否定对企业法人适用参与分配制度。[1] 另有观点从《民诉法解释》第 514 条的角度认为涉企业法人的财产清偿并非一概不能参照适用分配制度制作清偿方案。新修订的《最高人民法院关于适用〈中华人民共和国民事诉讼法〉执行程序若干问题的解释》(以下简称《执行程序解释》)第 17 条规定了多个债权人对同一被执行人申请执行或对执行财产申请参与分配的制度。可见,并未将被执行人为企业法人的财产清偿排除在外。司法实务中对企业法人参照适用分配制度的案例也不少见。由上述两种不同观点可见,针对被执行人为企业法人的情形,由于对公平与效率理解不一致,执行案件在参与分配制度适用主体和权利救济方面与破产制度在衔接上产生一定分歧,当被执行人为企业法人时多数人一概否定适用参与分配制度。但由此引发的异议如何救济,并不明确。如当债权人或被执行人不同意移送破产或者被执行人住所地人民法院不受理破产案件,优先受偿权人、普通债权人参与执行或多个普通债权人参与执行要求对企业法人的有限财产进行分配受偿,且对债权性质、清偿数额、清偿顺序等实体事项提出争议时,是否应参照适用分配制度、制作财产清偿方案、给予当事人完善的权利救济。当前研究领域对此情形的探讨涉足较少,在司法实务中亦未形成统一意见。

二、实务中存在的问题

民事执行中参与分配制度的法律规范主要集中在《执行程序解释》第 17 条、第 18 条,该解释确立了分配方案异议及分配方案异议之诉制度。《民诉法解释》第 506 条至第 510 条对分配制度的适用主体、分配顺序及提出分配方案异议及异议之诉进行了确认和补充。修订前的《最高人民法院关于人民法院执行工作若干问题的规定

---

[1] 何习虎:《执行参与分配制度在实践中的几个疑难问题》,载《法制与社会》2020 年第 21 期。

(试行)》(以下简称《执行规定》)第90条规定了适用参与分配制度的被执行人为公民或其他组织,但新修订的《执行规定》删除了此条款。实务中对参与分配制度的研究主要集中于被执行人为公民或其他组织的情形,理论和实务界对此分配制度已形成较统一的共识。但针对被执行人为企业法人且债务不能通过破产程序得以清偿的情形,仅较模糊地规定按《民诉法解释》第514条处理,但是否一概不能进行分配,应通过何种方式进行清偿尚未形成统一共识。因现有法律规定的模糊性导致实务中对执行法院的清偿方案提出异议时应给予何种救济途径,异议人据以提起异议之诉的事项、执行法院的审查范围如何界定等问题不清晰。主要存在以下几方面的问题:

1. 参与分配与财产清偿概念混淆。参与分配与财产清偿是两个不同的概念。参与分配是解决被执行人为公民或者其他组织时,其财产不能清偿所有债权的情况下的财产清偿制度。而财产清偿则是一种更广义的财产分配制度,包括参与分配形式和其他财产分配形式。《民诉法解释》第514条与《最高人民法院关于执行案件移送破产审查若干问题的指导意见》(以下简称《执转破意见》)第4条已形成统一的立法共识,即对未能进入破产程序的被执行企业法人的变价所得财产,优先扣除执行费用,之后清偿优先受偿权人,财产有剩余的,对普通债权,按采取执行措施的先后顺序清偿。此规定为处理企业法人财产不足以清偿的情形确立了分配原则,即对企业法人不适用参与分配制度,但在一定条件下仍可对其财产进行清偿。司法实践中,容易将适用《民诉法解释》第514条进行财产清偿与适用参与分配制度的概念混淆,导致对制作财产清偿方案的分配行为一概否定,从而影响了债权的实现及权利救济。

2. 现行法律对具体的实务操作规定模糊及存在空白。《企业破产法》第2条第1款明确规定了企业必须清理债务的情形,《民诉法解释》第511条规定了在此种情形下,执行法院经申请执行人或被执行人同意,应裁定中止执行,移送破产。但我国的破产案件采申请主义,由于社会观念、配套制度、个人利益等各方面原因[1],司法实践中,申请执行人、被执行人均不同意移送破产情形并不鲜见。针对此种情况,《执转破意见》第4条规定了应按《民诉法解释》第514条对企业法人的财产进行处理。《民诉法解释》第514条虽然对企业法人财产不足以清偿时的分配问题作了原则规定,但对清偿的程序以及是否赋予救济途径等未明确。如享有优先权、担保物权的债权人对法院执行的财产主张优先权且债权人对优先权的范围存在异议,普通债权人对采取执行措施的顺序存在异议,普通债权人均未申请采取执行措施等情况时,当事

[1] 韩蓉、徐阳光:《"执破衔接"之问题与对策研究》,载《法制与经济(上旬刊)》2016年第7期。

人享有哪些救济权利等问题规定模糊,实务操作存在空白页。

3. 是否应当制作清偿方案意见不统一。针对适用《民诉法解释》第 514 条对企业法人有限财产进行清偿的问题,有观点认为应当制作分配方案,理由是可全面保证执行程序的公开透明及当事人权益的全面维护。否定意见则认为执行财产已无法清偿优先权人或首封债权人债务,是否制作分配方案已无实际意义,故从节约司法资源提高效率的角度出发,不制作分配方案。但在不制作分配方案情形下,如何保护债权人提出的关于财产清偿次序、债权性质及数额等实体事项的异议,是否能适用分配方案异议之诉行使救济权利也存在争议。

4. 给予清偿方案异议的救济不统一。针对企业法人的财产清偿问题,有学者按不制作清偿方案和制作清偿方案区别对待。认为对前一情形应按照《中华人民共和国民事诉讼法》(以下简称《民事诉讼法》)第 232 条规定,通过执行异议、复议或执行监督程序进行救济。对后一情形给予两种选择:(1)按《民事诉讼法》第 232 条规定,通过执行异议、复议或执行监督程序进行救济;(2)区分当事人对执行行为或执行标的的异议,分别按照《民事诉讼法》第 232 条、第 234 条规定处理。[1] 是否应参照《民诉法解释》第 509 条、第 510 条规定给予当事人充分的异议及异议之诉救济途径,实务中存在较大分歧,未能达成共识。

三、涉企业法人财产清偿参照适用分配制度的现实障碍

(一)实务操作存在技术缺陷

1. 对分配方案据以提出异议的范畴界定难。执行法院按照《民诉法解释》第 514 条规定对企业法人的有限财产进行处理时,如出现优先权人、担保物权人、普通债权人或者多个普通债权人同时申请对同一企业法人执行,实务中部分观点支持参照分配制度制作财产清偿方案,并按照该解释第 509 条、第 510 条规定给予当事人提出异议及其他债权人或被执行人可对异议人提出反对意见。但可基于哪些事由对分配方案提出异议、该异议具体范畴如何界定并不明晰,容易出现某个债权人或被执行人滥用该权利以提出异议之名掩拖延执行之恶意。如司法实务中,某些被执行人以拍卖款中部分款项属于案外人的财产、应扣除相关税费等事由提出与其在该清偿方案中的实体性、程序性权益并无关联的异议,但因法律无明确的规定而不得将其行使异议

〔1〕 周家开、茹超:《企业法人参与分配制度适用问题探析——以〈民诉法解释〉第 516 条为视角》,载《法律适用》2020 年第 16 期。

的权利拒之门外。

2. 提起清偿方案异议之诉的事由分辨难。分配方案异议之诉是债权人或债务人对于分配方案不同意，提出异议，其他债权人或债务人有反对意见，致异议未终结，由异议人对作出反对意见的债权人或债务人提起之诉讼。[1]《民诉法解释》第510条给予了提出异议一方以提出反对意见的债权人或债务人为被告提起分配方案异议之诉的救济权利。该制度的设计初衷系充分保障当事人的救济权利，确保执行工作的透明公开。[2] 但实务中可依程序或实体方面事由提起异议之诉的规定尚不清晰，如何界定程序与实体方面的范畴，均未明确，难以分辨。一般而言，如异议人已就同一争执先行提起其他诉讼（如确认债权不存在之诉），如果允许同一异议人依同一事由再次提起分配方案异议之诉，或某一方债权人、债务人因清偿方案对其不利而以无理之由恶意提起异议之诉，都终将延缓执行程序。

（二）异议的救济、审查易陷窘境

1. 异议的救济途径机械化。根据《民诉法解释》第509条、第510条及《执行程序解释》第17条、第18条的规定，对分配方案提出异议系启动分配方案异议之诉的前置程序。执行法院将制作的分配方案送达各债权人和债务人后，债权人或债务人可在收到分配方案之日起15日内以书面方式提出异议。若提出异议，则执行法院应当通知未提出异议的债权人和债务人。如果未提出异议的债权人和债务人并未对该异议提出反对意见，此时执行法院直接依异议人的意见对分配方案审查修正后进行分配。如果未提出异议的债权人和债务人对该异议提出了反对意见，执行法院应将相关反对意见通知异议人，异议人收到通知后可在15日内以提出反对意见的债权人、债务人为被告，向执行法院提起分配方案异议之诉。可见，提出异议进而进入异议之诉系该规定的机械化救济途径。此救济途径的漏洞在于不管源于何种反对意见进入异议之诉的概率都相当大。但如果债权人、债务人仅对执行行为提出程序性违法异议的，是否还有必要给予其他债权人、债务人提出反对意见的机会，执行法院能否按照《民事诉讼法》第232条异议、复议程序进行审查，目前分配制度相关法律并未作出明确规定。

2. 异议之诉审查范围不明。在提出异议的主体资格方面，无论债权人或是债务人均可对清偿方案提出异议。只要对法院制作的清偿方案不服，无论是否合理，都可

〔1〕 王玲：《民事执行程序中分配方案异议之诉研究》，载《法学论坛》2019年第4期。

〔2〕 盛金金：《民事执行分配方案异议之诉研究》，中南民族大学2018年硕士学位论文。

以提出反对意见,而没有对异议的原因和事由作出任何限定。由异议进入异议之诉后,法院究竟是就债权性质、存在与否、数额大小、清偿顺序、优先受偿等实体问题审查,抑或对执行机构在行使执行权中的程序性异议一概要审查,目前的法律并未作出具体规定。

四、执行中涉企业法人财产清偿程序的合理性分析及建议

(一)对涉企业法人的财产清偿参照适用分配制度具有合理性

1. 我国《民诉法解释》第511条确立了执转破制度,但严格贯彻了当事人申请主义原则,当法院在执转破程序中发现被执行人财产资不抵债时,向申请执行人、被执行人告知或释明,建议其同意移送破产。因此,是否移送破产的主动权、决定权在当事人手中,执行法院没有强制力。[1] 如出现当事人不同意将企业法人移送破产或企业法人因客观原因确实无法通过破产程序清偿债务的情形,当事人期待司法权介入对企业法人的变价所得财产依法进行分配,而不选择走破产程序,可作为例外情形参照适用参与分配制度。[2]

2.《民诉法解释》第508条规定的参与分配的清偿原则:参与分配执行中,执行所得价款扣除执行费用,并清偿应当优先受偿的债权后,对于普通债权,原则上按照其占全部申请参与分配债权数额的比例受偿。虽然《执转破意见》第4条规定被执行的企业法人在财产不能清偿所有债权且未进入破程序时,不能适用参与分配,但《民诉法解释》第514条及《执转破意见》第4条规定变价款项扣除执行费用及清偿优先受偿的债权后按照保全和采取执行措施的先后顺序受偿。显而易见,当出现优先权人、担保物权人、普通债权人同时申请对同一企业法人执行时,参照分配制度制作财产清偿方案与进入破产程序两种处理方式对优先权人、担保物权人的受偿结果差异不大。对于普通债权人而言,二者的区别在于普通债权的分配规则有所不同。此种情况下,如果债权人、被执行人对清偿方案中的优先权范围、债权性质、债权数额、受偿顺序等实体权利存在较大争议,且执行法院不参照分配制度给予各方就清偿方案提起异议、异议之诉的救济权利,仅通过执行异议、复议程序审查,当事人的争议事项将无法得到实质性的解决。可见,在本文探讨的情形下涉企业法人财产的清偿参照适用分配

---

〔1〕 韩蓉、徐阳光:《"执破衔接"之问题与对策研究》,载《法制与经济(上旬刊)》2016年第7期。

〔2〕 许尚豪、欧元捷:《执行分配与破产还债的功能分离:参与分配制度的现实重构》,载《人民司法》2014年第17期。

制度是合理的，不仅不损害相关当事人的权益，而且各方当事人的实体性争议最终能得到较彻底的解决。

（二）区分清偿方案执行异议与异议之诉的界限

1. 明确执行异议的程序事项、救济途径。如果当事人认为执行机构违反了程序性规定，对执行行为不满，如认为执行法院不应参照分配制度制作清偿方案、执行管辖错误、债权人的债权应当列入清偿方案分配而没有列入等程序违法情形。此类异议对相互间的实体问题并无争议，异议所依据的基础权利与所有权或其他能够阻碍执行标的物发生转移的实体权利无关，仅为程序性问题，应明确为执行异议复议审查问题，应按照《民事诉讼法》第 232 条规定向执行法院提出异议，该异议立案后由执行裁决部门或办理执行异议复议案件的部门进行审查，依审查结果作出支持或驳回的裁定，并给予向上级法院申请复议的救济机会。经过异议复议程序后，执行实施部门根据裁决结果按照原清偿方案进行分配或修改后再分配。

2. 明确异议之诉的实体事项、救济途径。《中华人民共和国民事强制执行法草案》规定执行员在制作财产分配表时应记载下列事项：当事人姓名、案号、案由；执行所得款项之金额；债权总额；各债权人的债权额、各债权性质、优先顺序；平等分配时的分配比例和分配数额；分配表制作日期。[1] 财产清偿方案的制作应参照上述记载事项。除此以外，执行法院应将实施分配的时间、提出分配方案异议的时间、方式等包括在清偿方案内，并规定债权人或被执行人可对清偿方案中具体列明的各债权人的债权大小、债权性质、清偿顺序、优先受偿等实体事项提出异议，并按照《民诉法解释》第 510 条规定给予救济，即未提出异议的债权人或被执行人对异议提出反对意见的，异议方以未提出异议的债权人或被执行人为被告提起清偿方案异议之诉。

（三）明确涉企业法人财产的分配方式和原则

1. 通过财产清偿方案进行分配。如前所述，《执行程序解释》第 17 条规定贯彻了执行效率的原则，无论被执行人是否为企业法人，多个债权人申请分配财产时，鉴于当事人对司法公信力的信任及对意思自治的选择，执行法院均应制作分配方案，只是分配的规则有所不同。也可以称为财产清偿方案，以区别于参与分配制度中的分配方案。这样既增加了执行程序的透明度，使当事人对自己债权受偿情况更加清楚，同时也便于后续救济权利的行使。但对于当事人对财产清偿方案达成一致意见的，从

---

〔1〕 参见方怀宇、马浩杰：《执行分配方案异议之诉实务探讨》，载《湖北经济学院学报（人文社会科学版）》2016 年第 7 期。

执行效率优先原则出发,可不必制作财产清偿方案,但应将各债权人达成的财产清偿协议附卷。

2. 明确财产分配规则。未进入破产程序的企业法人有限财产,原则上按《民诉法解释》第 514 条的规定,执行所得价款先行扣除执行费用,然后清偿应当优先受偿的债权,普通债权原则上按照保全和采取执行措施的先后顺序受偿。如果当事人对财产清偿达成一致分配意见时,按照意思自治的原则,执行法院应当尊重当事人意思表示,按照债权人达成的一致分配意见制作财产清偿方案。对于未申请保全或未采取执行措施的多个债权人,以及采取保全或者执行措施日期相同的债权人,应参照参与分配的规定,按照债权比例进行受偿。

(四)完善清偿方案异议之诉的救济路径

1. 明确异议之诉的提起主体及审查范围。企业法人财产分配方案的救济程序,应参照参与分配制度进行。《执行程序解释》第 17 条、第 18 条已明确了对分配方案有异议的债权人或被执行人为提起异议之诉的主体。另外,《民诉法解释》第 514 条规定执行法院就变价所得财产,扣除执行费用后先清偿优先受偿的债权人。因此,对参照适用分配制度制作的财产清偿方案提起异议之诉的主体理应包括已取得执行依据的债权人、被执行人或对法院处置的被执行人财产享有优先权、担保物权优先受偿的债权人。异议之诉以当事人之间就清偿方案记载的实体事项内容的争议作为审理对象,针对执行依据的生效判决内容或判决是否存在错误提出异议,不属于本诉的审理范围。[1] 债权人或被执行人针对司法费用支出、税收优先权、行政罚款、刑罚罚金等非民事债权提出异议,或该类费用的收取人向执行法院提出清偿方案异议之诉,均不应列入异议之诉的审查范围。

2. 明确据以提出异议及反对意见的具体范畴。《执行程序解释》《民诉法解释》对提起清偿方案异议及异议之诉作出了具体的程序规定。其中规定了未提出异议的债权人或被执行人自收到通知后 15 日内享有提出反对意见的权利,但对反对意见的具体范畴并不明确,极易出现未提出异议的债权人或被执行人以任何一个反对意见逼迫异议方提起分配方案异议之诉的弊端。因此,应明确对清偿方案据以提出异议、反对意见、异议之诉的范畴为涉实体性权利,即属于清偿方案记载事项中涉及的债权性质、清偿数额、清偿顺序等实体事项范畴的,允许未提异议的他方针对该实体事项范畴提出反对意见,提出与该实体事项范畴无关的反对意见法院无须通知异议方,避

〔1〕 参见杜斌:《民事执行分配方案异议之诉实证研究》,西南政法大学 2016 年硕士学位论文。

免因任何一方提出无理异议另一方提出反对意见而进入异议之诉，进而拖延执行。相反，如所提异议仅涉执行法院违反程序性事项与实体事项无关的，按前文所述的执行异议复议程序审查处理即可。

3. 扩张异议之诉审理部门的审查权限。目前，审理执行分配方案异议之诉的审理部门对分配方案审查的范围是有限的，即使认为分配方案有问题，只能撤销分配方案要求执行机构重新制作，而不能由审理部门对分配方案直接变更。如审理部门在分配方案异议之诉中经审查后认为该分配方案不合理，仅是撤销并要求执行机构重新制作，这样又回到了执行实施程序中，不排除执行机构对分配方案重新修改制作后，当事人仍对修改后的分配方案再次提起分配方案异议之诉的情形，如此循环反复不仅严重影响执行效率，更浪费大量的司法资源。因此，可完善审理执行分配方案异议之诉相关法律规定，扩张分配方案异议之诉审理部门的审查权限，使审理部门能够对分配方案直接认定进行变更，并作出具体的判决。

结　语

目前，针对被执行人为公民或其他组织，其财产不足以清偿所有债务的，已逐步构建一个相对完善的参与分配制度。当被执行人为企业法人且符合《民诉法解释》第514 条规定的情形时，参照适用参与分配制度制作清偿方案与适用参与分配制度属于不同的概念。本文进一步明确了制作财产清偿方案的情形，区分了程序性与实体性事项异议的界限，进一步完善清偿方案异议之诉的救济路径，对充分保护当事人合法权益、提高执行效率具有较大的实务意义。但本文因篇幅的限制，对清偿方案异议之诉的诉讼主体、审理程序、救济路径等探讨较浅，仅阐述了较为粗浅的思考，以期抛砖引玉。

浅析被执行人为企业法人时参与分配制度适用问题

蒋柳艳*

摘要：被执行人为企业法人且资不抵债时，执行法院首先应按照《最高人民法院关于适用〈中华人民共和国民事诉讼法〉的解释》（以下简称《民诉法解释》）第511条的规定，引导当事人启动破产申请程序，实现"执转破"。若当事人不同意移送破产或被执行人住所地法院不受理破产案件，再由执行法院按《民诉法解释》第514条规定的清偿顺序，作出财产分配（清偿）方案。当事人认为该方案损害其实体权利，有权提起执行分配方案异议之诉。

司法实践中，被执行人为企业法人且资不抵债时，是否适用参与分配制度、应否作出分配方案、就分配方案能否提起异议之诉等，目前仍存在较大分歧，本文将结合法律演变、生效案例、理论研究等，对相应问题进行比较、梳理及分析，并提出浅薄观点，以供探讨。

一、参与分配制度的法律沿革

1992年《最高人民法院关于适用〈中华人民共和国民事诉讼法〉若

* 蒋柳艳，柳北区人民法院民二庭三级法官。

干问题的意见》,首次在司法解释中对参与分配制度进行了规定[1],适用情形是"被执行人为公民或其他组织"且财产不能清偿所有债权时。

1998 年《最高人民法院关于人民法院执行工作若干问题的规定(试行)》(以下简称《执行工作规定》)第 90 ~96 条对参与分配制度进行了修正及完善[2],其中第 96 条增加了被执行人为企业法人,未经清理或清算而撤销、注销或歇业,财产不足清偿全部债务时,适用参与分配制度的情形。实务中,不少法院扩大第 96 条的适用范围,认为被执行人为企业法人时,均可适用参与分配制度。此后,2008 年修正的《执行工作规定》未对前述第 90 ~96 条作出改变。

2009 年起实施的《最高人民法院关于适用〈中华人民共和国民事诉讼法〉执行程序若干问题的解释》(以下简称《执行程序解释》)第 25 条明确规定,多个债权人对同一被执行人申请执行或对执行财产申请参与分配的,法院应当制作财产分配方案并送达,债权人、债务人可就分配方案提出异议,第 26 条首次明确规定了执行分配方案异议之诉。[3]

2011 年最高人民法院修订《民事案件案由规定》,将执行分配方案异议之诉归类

---

[1] 1992 年《最高人民法院关于适用〈中华人民共和国民事诉讼法〉若干问题的意见》第 297 条规定:"被执行人为公民或者其他组织,在执行程序开始后,被执行人的其他已经取得执行依据的或者已经起诉的债权人发现被执行人的财产不能清偿所有债权的,可以向人民法院申请参与分配。"

[2] 1998 年《关于人民法院执行工作若干问题的规定(试行)》第 90 条规定:"被执行人为公民或其他组织,其全部或主要财产已被一个人民法院因执行确定金钱给付的生效法律文书而查封、扣押或冻结,无其他财产可供执行或其他财产不足清偿全部债务的,在被执行人的财产被执行完毕前,对该被执行人已经取得金钱债权执行依据的其他债权人可以申请对该被执行人的财产参与分配。"第 93 条规定:"对人民法院查封、扣押或冻结的财产有优先权、担保物权的债权人,可以申请参加参与分配程序,主张优先受偿权。"第 96 条规定:"被执行人为企业法人,未经清理或清算而撤销、注销或歇业,其财产不足清偿全部债务的,应当参照本规定第 90 条至第 95 条的规定,对各债权人的债权按比例清偿。"

[3] 2009 年起实施的《最高人民法院关于适用〈中华人民共和国民事诉讼法〉执行程序若干问题的解释》第 25 条规定:"多个债权人对同一被执行人申请执行或者对执行财产申请参与分配的,执行法院应当制作财产分配方案,并送达各债权人和被执行人。债权人或者被执行人对分配方案有异议的,应当自收到分配方案之日起十五日内向执行法院提出书面异议。"第 26 条规定:"债权人或者被执行人对分配方案提出书面异议的,执行法院应当通知未提出异议的债权人或被执行人。未提出异议的债权人、被执行人收到通知之日起十五日内未提出反对意见的,执行法院依异议人的意见对分配方案审查修正后进行分配;提出反对意见的,应当通知异议人。异议人可以自收到通知之日起十五日内,以提出反对意见的债权人、被执行人为被告,向执行法院提起诉讼;异议人逾期未提起诉讼的,执行法院依原分配方案进行分配。诉讼期间进行分配的,执行法院应当将与争议债权数额相应的款项予以提存。"

到执行异议之诉项下。

2015 年《最高人民法院关于适用〈中华人民共和国民事诉讼法〉的解释》(以下简称《民诉法解释》)第 508 条至第 516 条,进一步明确对被执行人财产不足以清偿全部债务时的处理规则。第 508 条、第 510 条明确参与分配制度适用的主体是公民或其他组织,按照平等主义原则,普通债权人按照债权数额比例受偿。第 512 条,是对 2009 年起实施的《执行程序解释》第 26 条的重申。第 513 条,明确被执行人为企业法人的,适用“执转破”程序。第 516 条,就破产不能,对清偿顺序进行了规定。[1]

2017 年《最高人民法院关于执行案件移送破产审查若干问题的指导意见》(以下简称《执转破意见》)第 4 条明确规定:执行法院在执行程序中应加强对执行案件移送破产审查有关事宜的告知和征询工作。执行法院采取财产调查措施后,发现作为被执行人的企业法人符合破产法第 2 条规定的,应当及时询问申请执行人、被执行人是否同意将案件移送破产审查。申请执行人、被执行人均不同意移送且无人申请破产的,执行法院应当按照《民诉法解释》第 516 条的规定处理,企业法人的其他已经取得执行依据的债权人申请参与分配的,人民法院不予支持。

2020 年《最高人民法院关于修改〈最高人民法院关于人民法院扣押铁路运输货物若干问题的规定〉等十八件执行类司法解释的决定》将 2008 年《执行工作规定》中多个条文删除,其中包括第 90 条、第 92 条至第 96 条。

2020 年《最高人民法院关于修改〈最高人民法院关于人民法院民事调解工作若干问题的规定〉等十九件民事诉讼类司法解释的决定》对 2015 年《民诉法解释》部分条文进行修改,未涉及前述第 508 条至第 516 条的内容。

---

[1] 2015 年《最高人民法院关于适用〈中华人民共和国民事诉讼法〉的解释》第 508 条规定:“被执行人为公民或者其他组织,在执行程序开始后,被执行人的其他已经取得执行依据的债权人发现被执行人的财产不能清偿所有债权的,可以向人民法院申请参与分配。对人民法院查封、扣押、冻结的财产有优先权、担保物权的债权人,可以直接申请参与分配,主张优先受偿权。”第 510 条规定:“参与分配执行中,执行所得价款扣除执行费用,并清偿应当优先受偿的债权后,对于普通债权,原则上按照其占全部申请参与分配债权数额的比例受偿。清偿后的剩余债务,被执行人应当继续清偿。债权人发现被执行人有其他财产的,可以随时请求人民法院执行。”第 513 条规定:“在执行中,作为被执行人的企业法人符合企业破产法第二条第一款规定情形的,执行法院经申请执行人之一或者被执行人同意,应当裁定中止对该被执行人的执行,将执行案件相关材料移送被执行人住所地人民法院。”第 516 条规定:“当事人不同意移送破产或者被执行人住所地人民法院不受理破产案件的,执行法院就执行变价所得财产,在扣除执行费用及清偿优先受偿的债权后,对于普通债权,按照财产保全和执行中查封、扣押、冻结财产的先后顺序清偿。”

二、参与分配制度适用的现实分歧

由于《执行程序解释》第17条未对被执行人身份进行区分，直接规定法院应制作分配方案，而《民诉法解释》《执转破意见》则对参与分配制度的主体进行了限定，因此实践中，当被执行人是企业法人时，不少当事人、法院对分配制度适用及救济途径等的认知，出现分歧，主要体现在以下几个方面：

（一）是否适用参与分配制度、应否作出分配方案

一种观点认为，应予适用并作出分配方案。理由之一，参与分配有广义和狭义两种概念，广义的参与分配，是指不管被执行人是否为企业法人，只要涉及多个债权人对其财产申请分配的，执行法院均应按《执行程序解释》第17条的规定启动分配程序；而狭义的参与分配，则特指被执行人为公民或者其他组织时，在其财产不能清偿所有债权的情况下，按债权比例公平清偿的分配方式。《民诉法解释》第506条的规定针对的正是狭义参与分配，但不能据此否定《执行程序解释》第17条规定的广义参与分配程序之适用，只是根据《民诉法解释》的相关规定，被执行人为企业法人的，不得对其采取按债权比例清偿的狭义参与分配程序。[1] 理由之二，《民诉法解释》第506条至第510条，并未限制人民法院在被执行人为企业法人的案件中适用执行分配程序。存在多名申请执行人及执行债权人申请分配可供执行财产时，执行法院在处置案涉财产前制作分配方案，更有利于平等保护各方当事人及执行债权人的合法权益。[2]

另一种观点认为，不应适用参与分配制度也不应制作分配方案，因为按照《民诉法解释》的相关规定，适用参与分配程序的被执行人必须是公民或其他组织，对法人不适用参与分配制度，如就企业法人适用参与分配制度、制作财产分配方案是缺乏法律依据的。[3] 例如《江苏省高级人民法院关于正确理解和适用参与分配制度的指导意见》也明确规定“企业法人的财产不能清偿所有债权的，不得适用参与分配制度”。

还有一种观点认为，不适用参与分配制度，但可作出清偿方案，“在被执行人为企

---

〔1〕(2019)最高法执复14号中国银行股份有限公司重庆市分行、海南保发实业贸易公司与公司有关的纠纷执行审查执行裁定书。

〔2〕(2019)最高法执复97号阜新盛金投资管理有限公司、沈阳新拓置业发展有限公司金融借款合同纠纷执行审查类执行裁定书。

〔3〕(2018)辽民终485号大连华洋建筑工程有限公司、盛京银行股份有限公司沈阳市亚明支行二审民事判决书。

业法人的执行案件中，当事人不申请依法破产，也不申请执行案件依法移送破产审查，企业法人也不符合破产条件的情况下，应按照《民诉法解释》第514条的规定执行，不应制作执行分配方案。但从规范执行行为及执行公开透明的角度来讲，此时即便制作方案也不是参与分配制度下的执行分配方案……叫作执行财产清偿方案似乎更为妥当”。[1]

笔者认为，对于被执行人是公民、其他组织的情形，依法制作分配方案并送达，无可厚非；对于被执行人是企业法人时，则不应直接适用参与分配制度作出分配方案，而是应先行引导“执转破”，在破产不能的情况下，再依《民诉法解释》第514条的清偿顺序进行处理，并以分配方案的形式向申请人、被执行人尽到告知义务。

（二）是否应“执转破”前置，方可作出分配方案

一种做法，是并未采取启动破产程序的动作。不少法院基于上述第（一）方面的第一种观点，认为无须区别被执行是公民、其他组织或企业法人的情形，应当依据《执行程序解释》第17条规定直接作出分配方案，故并未考虑引导当事人申请破产；另有部分法院认为，申请人有提出破产申请的权利，但申请人并未要求移送破产审查，即视为《民诉法解释》第514条规定的“不同意移送”，故直接按照该条款对财产进行分配。

另一种做法，是将破产告知程序前置在分配财产之前。柳州市中级人民法院（2021）桂02民终4136号民事判决书认为，“被执行人是企业法人的，应先适用破产程序”“执行法院在没有向当事人释明破产流程的情况下，直接对执行回款作出分配方案不当”，该院认为，一审法院判决撤销该分配方案是正确的，但判令重新作出分配方案，属于表述不当，故纠正该项表述为，由一审法院对执行回款“依法作出处置意见”。

笔者认为，4136号判决的做法更贴合《民诉法解释》第514条的规定和《执转破意见》的立法目的，执行法院应积极履行告知义务，引导当事人启动破产申请程序，最大限度实现“执转破”，做到执行程序和破产程序的有序衔接，在释明破产流程而当事人明确表示不同意移送破产后，才能按照《民诉法解释》第514条作出分配方案。

（三）对分配方案不服，如何救济

第一种观点，基于持有前文第（一）方面中的第一种观点，认为被执行人是企业法人时，也可适用参与分配制度并直接制作分配方案，因此对分配方案不服时，自然可按照《民诉法解释》第509条、第510条的规定提出异议、分配方案异议之诉。

---

〔1〕 周家开、茹超：《企业法人参与分配制度适用问题探析——以〈民诉法解释〉第516条为视角》，载《法律适用》2020年第16期。

第二种观点，认为被执行人是企业法人时，并不适用参与分配制度，因此当事人就法院依据《民诉法解释》第514条规定作出的分配方案，并不享有提起分配方案异议之诉的权利，当事人只能通过执行异议[1]、复议、执行监督程序予以救济。例如《重庆市高级人民法院关于执行分配方案异议之诉若干问题的解答》就表明："被执行人为企业法人，当事人提起执行分配方案异议之诉的，人民法院不予受理；已经受理的，裁定驳回起诉。"

第三种观点，认为《民诉法解释》第511条并未限制被执行人为企业法人时申请执行人提起执行分配方案异议之诉的诉权，对于执行法院作出的执行分配方案，债权人有异议时应当赋予其提起异议之诉的权利，以维护其合法权益。[2]

综合上述三种观点，笔者认为，被执行人是企业法人时，当事人对于执行法院作出的分配方案，如在程序上有异议，可采取异议、复议、执行监督等方式予以救济，如在实体上有异议，则可通过提出异议进而提起分配方案异议之诉进行救济。

三、"执转破"的困境与愿景

（一）困境及成因

从《民诉法解释》《执转破意见》，到2018年最高人民法院《全国法院破产审判工作会议纪要》的出台，执行案件移送破产审查的制度得以明确，"立—审—执—破"的创新工作体系得以形成。与《民诉法解释》第506条参与分配制度追求的平等受偿的目的不同，第514条规定的优先清偿规则，则以效率优先为导向的，鼓励"先到先得"，为倒逼债权人申请破产、实现"执转破"而设计。执行过程中，各地法院均面临被执行企业无财产可供执行成为"僵尸企业"，执行积案"长清不减"的现象，造成客观上的"执行难"，这既浪费司法资源，也一定程度上对司法公信带来负面评价。为清退"僵尸企业"、化解执行积案、释放生产资源、焕发市场活力，"执转破"制度应运而生。但由于破产启动程序依赖于债权人、债务人以及负有清算责任的人的申请，法院处于被动地位，所以从"执"到"破"，往往在"转"的时候遭遇障碍，笔者认为，原因主要如下：

1. 从债权人的角度来看。为了实现自身胜诉权益最大化，债权人一般不愿意启动破产程序，因为较之破产程序而言，进入执行程序的门槛较低，一般持有可执行内

---

〔1〕 侯军、李能文：《法院制作的清偿方案应赋予当事人异议权》，载《人民司法》2019年第35期。

〔2〕 (2019)最高法民再146号重庆中集物流有限公司、重庆三峡融资担保集团股份有限公司执行分配方案异议之诉再审民事裁定书。

容的生效法律文书即可，且执行程序是对已知债权人的清偿，而破产案件办理周期长并以公平清偿为目的，一定程度上存在潜在债权人稀释债权的可能性。其中，对享有优先受偿权的债权人而言，无论是执行程序还是破产程序，其优先受偿权均是得到保障的，并且有可能因为执行的效率性而更早实现优先权。对于申请了保全的普通债权人，在执行程序中有机会依据《民诉法解释》第514条享有在先清偿的待遇，而在破产程序中，则会与其他普通债权人一样按比例清偿。再者，对于申请"执转破"的债权人而言，并无激励机制，因此基于对自身利益的考量，申请破产的积极性并不高。另外，部分债权人法律意识淡薄，未认识到破产制度的价值，如被执行企业拖欠职工工资，职工未申请保全，胜诉后在执行程序中其债权是普通债权，但若进入破产程序，其债权则可在清偿破产费用和共益债务后，优先清偿。但由于认知不到位且考虑时间成本，职工债权人也不愿申请破产。

2. 从债务人及负有清算责任的人来看。首先，很多债务人的法定代表人或实际控制人从心理上抵触破产，担心外在评价，认为进入破产程序等同贴上"经商失败"的标签，而确定管理人后，也会丧失对企业的管控权力，心理落差感太大，且进入破产意味着企业资产面临拍卖，但多数企业家都抱着"东山再起"的想法，不愿意拼搏多年的产业易主或灭失，因此大多"谈破色变"，不愿申请破产。其次，相关责任人害怕在破产程序财产审计时，暴露出违法违规经营问题，而被追究民事甚至刑事责任，因此不敢申请破产。再次，按照《公司法》的规定，如若对公司、企业的破产负有个人责任的，自该公司、企业破产清算完结之日起未逾3年，是不得担任公司的董事、监事、高级管理人员的，该项规定，导致相关责任人也不会主动申请。最后，《企业破产法》规定，债权人想要申请破产清算、重整，只需要满足"债务人不能清偿到期债务"这个条件，而债务人则需要满足该法第2条的规定的情形，才能提出申请，并且应提交财产状况说明、债务清册、债权清册、有关财务会计报告、职工安置预案以及职工工资的支付和社会保险费用的缴纳情况，相对来说申请的条件严苛于债权人，因此不少债务人即便想申请，也可能会受审查条件的限制，而难以启动。

3. 从法院、政府的角度来看。由于现行法律规定，进入破产程序遵循债权人、债务人及相关责任人"申请主义"原则，法院处于较为被动的地位，即便执行过程中认为企业应当进入破产程序，但囿于无人申请或不同意移送，只能按执行程序继续处理，虽以中止或终本方式结案，但并未实际消减积案。即便有人申请，执行法院也可能在历经听证、破产告知、债权人会议、债权审查认定、财产清查、程序终结等程序后，因未能准确甄别是否符合"转破"的情形，面临移送审查但被驳回的可能，导致前期的诸多努力白费,耗费时间、精力。而目前多数法院还存在案多人少的实际困难,且基于对法院内部考核指标的考虑,相应也欠缺积极性。另外,不少地方政府出于招商引资、社会舆情等多方面的因素考虑,并不希望辖区内的企业进入破产程序。

(二)对策与愿景

虽然“执转破”面临着启动难等现实的困境,但通过对《民事强制执行法(草案)》及现行各地法院有效措施的分析来看,“执转破”制度将会得到进一步完善,亦会更有效地服务于优化营商环境、助力于供给侧结构性改革。

1. 启动主动化。《民事强制执行法(草案)》相关规定突破了破产程序启动的“申请主义”,将法院由被动移送转为依职权主动审查,相信该法正式出台后,将会极大推动破产程序适用率,对破解“执行难”大有裨益,但若如当事人不同意进入破产程序,也应赋予其合理合法的救济途径。对于主动申请“执转破”的债权人,或可制定相应合理的奖励机制,激发申请的主动性。

2. 制度规范化。对于被执行人为企业法人且资不抵债的执行案件,在内部,要建立规范的审查移送制度,标准化各流程节点。例如我市中院就在广西率先制定《关于执行不能案件移送破产程序若干问题的意见》,明确了部门职责、厘清了转化程序,起到立、执、破有序对接的作用。在外部,应完善府院联动机制,加强法院与职能部门、机构的联系沟通,为执行案件的破产审查,起到促进作用。

3. 方式信息化。加强办案平台的建设,整合大数据资源,通过技术手段提升对被执行企业的风险监控、资产监管能力,提高破产移送前期准备工作的精确度和快捷度。从“执”变“破”以后,债权人会议的召开、管理人材料的申报审核以及相关文书的送达,如能依赖科技手段通过互联网完成,对破产案件的审理效率将会大有帮助,做到“让数据多跑路,让群众少跑腿”。我院办理的(2021)桂0205破3号柳州市五顺汽车模具部件有限责任公司破产清算案,便依托我市中院自行开发的“破立有方”案件监督管理平台,首个顺利召开了第一次债权人会议,在当前新冠疫情防控形势下,充分保障了债权人权利。

4. 人员专业化。“执转破”涉及立案、执行、破产等多方面的全流程工作,要求办案人员具有较强的工作能力和协调能力,案件涉及较多职工债权人利益时,也可能存在一定舆情压力,因此无论是负责审查移送的执行员或是实体办理破产案的合议庭成员,都必须具备较强的专业素养,且兼具一定社会敏感度。如基层法院有条件可由执行员和业务部门审判员组成“执破”团队,专门审理破产案件,并组织开展业务培训,必会提高审判质效。

5. 考核科学化。就目前大多基层法院现状来说，无论是移送破产审查的执行员，还是承办破产案的业务庭法官，都是在处理涉破产案件的同时，兼顾办理执行案、诉讼案，有时为移送破产开展一系列工作，但客观上未能进入破产程序，执行员的工作量却实实在在发生，或者是进入破产程序后，业务庭更面临资产处置难、衍生诉多且杂等情况，导致办理周期长，不得不成为长期未结案件。因此，制定科学并具有倾斜性的绩效考核指标，对于办理涉破案人员有着重要的激励作用，也更符合公平原则。

四、破产不能，对清偿顺序的思考

被执行企业的财产不足以清偿全部债务，且当事人不同意移送破产审查或不符合受理条件时，执行法院应当按照《民诉法解释》第 514 条的规定，对财产进行分配，即扣除执行费用及清偿优先受偿权后，对于普通债权，按保全和执行中查封、扣押、冻结财产的先后顺序清偿。那么，未申请保全的普通债权人，能否因为其所在的诉讼案件中他人的保全，而在执行时一并享有优先清偿的待遇呢？有观点认为，只要是诉讼案件中采取了保全措施，则优先清偿的顺序便可惠及该案中未采取保全措施的其他债权人。也有观点认为，应当分情况对待，例如我院（2021）桂 0205 民初 5298 号生效判决就认为，诉讼案中，原告申请了保全但诉请未获支持，有独三未申请保全但诉请得到支持，在按照《民诉法解释》第 514 条对财产进行分配时，考虑到有独三与原告有着不同的诉求，各自利益相互对立，互不承认对方诉请，不是利益共同体，因此原告因申请保全而在执行阶段获得优先清偿的效力，并不及于有独三。笔者认同该判决观点，在具体的执行过程中，因保全而优先分配，应以“人”（普通债权人）是否申请保全、与保全申请人是否具有共同诉讼目的来考虑，不能简单以“案”（诉讼案）中存在保全措施即予以确定。

结　语

综上所述，笔者认为，被执行企业资不抵债之际，执行法院不宜径自作出分配方案，而是应首先向当事人履行破产程序告知义务，引导当事人申请破产，通过“执转破”达到化解积案、清退僵尸企业从而优化营商环境之目的。若当事人不同意移送破产或被执行人住所地法院不受理破产案件，再由执行法院按《民诉法解释》第 514 条规定，作出财产分配方案。如当事人对该分配方案不服，有权提出异议进而提起分配方案异议之诉。

案例分析

抵押权人同意转让抵押物对抵押权人具有约束力

——中国工商银行股份有限公司北海市云南路支行、马某凤、广西鸿源先科股份有限公司申请执行人执行异议之诉案

茹　超　韦伟强*

【裁判要旨】

抵押权人同意转让抵押物的情况下,抵押人可以处分即转让抵押物,在抵押物的交换价值实现之日抵押权人即丧失了物上追及力,抵押权的效力仅及于转让价金。对于转让价金应向抵押权人提前清偿债务或者提存。抵押权人同意转让抵押物,并就转让所得的价款优先受偿,是抵押权人行使抵押权、实现抵押权的一种方式,是抵押权人对其享有的民事权利所作的处分和限制,对抵押权人具有约束力。

【基本案情】

2010 年 3 月 3 日,工行云南路支行向北海市建设委员会出具《抵押物转让同意书》,载明:“广西鸿源先科股份有限公司(抵押人)因建设

* 茹超,广西壮族自治区高级人民法院执裁庭三级法官助理;韦伟强,广西壮族自治区高级人民法院执裁庭二级高级法官。

‘鸿源生态新城’项目的需要(抵押目的),以‘鸿源生态新城’项目的土地使用权(土地证号:2003－602645号、2004－800158号、2004－800159号)及工程(栋号或房号及建筑面积:A、C、E、F、H、J、K、L栋共51515.2平方米。)作为抵押物,向我方进行抵押,双方于2005年12月12日签订了2005年房贷抵字第002号抵押合同,并于2005年12月13日在北海市房地产交易中心(登记机构)办理了抵押权设立登记,抵押登记证明书编号为:2005－13060号。现抵押人向我方提出,拟就已设定抵押的以上项目在建工程向贵委提出商品房预售许可申请,如取得许可,将向社会公开预售商品房,所得价款用于清偿该项目抵押款项。经我方与抵押人协商,我方同意(抵押人)广西鸿源先科股份有限公司向贵委提出鸿源生态新城项目商品房预售许可申请,在取得商品房预售许可后,同意抵押人向社会公开预售该项目商品房(即同意转让上述抵押合同项下的抵押物)。”同日,北海市建设委员会核发北建房预字第2010021号《北海市商品房预售许可证》,预售项目及栋号为鸿源生态新城A幢。

2010年3月4日,马某凤与鸿源先科公司签订《商品房买卖合同》,约定马某凤购买鸿源先科公司开发的鸿源生态新城A幢5层05号商品房,面积为102.86平方米,总价款437772元。2010年3月23日,马某凤向税务机关缴纳涉案商品房契税13133.16元。2011年11月21日,鸿源先科公司开具《销售不动产统一发票》,载明收到马某凤交付的A栋505号房购房款437772元。2017年7月21日,北海鸿源生态新城物业管理处出具《证明》,载明“鸿源生态新城业主A栋505号房业主马某凤于2011年4月份已装修完毕并已入住,入住后一直正常缴纳物业费”。

另查明,鸿源先科公司于2004年6月18日、6月28日、2005年12月12日先后向原告工行云南路支行贷款2000万元、2300万元、4700万元,鸿源先科公司以其坐落于北海市北海大道南、云南路西鸿源生态新城内[土地使用权证号分别为:北国用(2003)第602645号、北国用(2004)800158号、北国用(2004)第800159号]的土地及地上建筑物为上述借款提供抵押担保,并于2005年12月13日办理了抵押登记。后因鸿源先科逾期未能清偿借款,工行云南路支行向一审法院提起诉讼。诉讼中,经工行云南路支行申请,一审法院于2009年7月23日作出(2009)北民二初字第70号民事裁定,查封鸿源先科公司坐落于北海市北海大道南、云南路西,国有土地使用权证号分别为:北国用(2003)第602654号、(2004)第800158号、(2004)第800159号项下的,已经办理抵押给工行云南路支行的42871.9平方米国有土地使用权以及该土地上建筑面积为12809.3平方米的房产[抵押登记证书为:北房地交押字(2005)第13060号《北海市房地产抵押登记证明书》]。一审法院于2009年7月24日向北海市国土资源局送达上述民事裁定及(2009)北民二初字第70-1号协助执行通知书,查封鸿源先科公司位于北海市北海大道南、云南路西,国有土地使用权证号分别为:北国用(2003)第602654号、(2004)第800158号、(2004)第800159号项下、已经办理抵押给工行云南路支行的42871.9平方米国有土地使用权,2009年8月3日向北海市房地产交易中心送达上述民事裁定及(2009)北民二初字第70-2号协助执行通知书,查封北海市北海大道241号鸿源生态新城C、E、F、J、K、L幢共42套房产。该财产保全的二年查封期限届满后,因未续封,查封效力消灭。后经工行云南路支行再次申请,一审法院又作出(2009)北民二初字第70-4号民事裁定,于2011年11月3日查封:鸿源生态新城42871.9平方米土地使用权及地上建筑面积为56422.43平方米的房屋,其中:A栋地下1层至21层共38705.9平方米在建工程(已抵押,含涉案商品房),A栋22层至24层共4907.23平方米新增在建工程(未抵押),C栋10365.3平方米,E栋869平方米,F栋291平方米,H栋161平方米,J栋429平方米,K栋342平方米,L栋352平方米。

一审法院于2012年1月18日作出(2009)北民二初字第70号民事判决书,判决:(1)鸿源先科公司应偿还工行云南路支行借款本金5136.72万元及利息;(2)工行云南路支行在上述款项范围内对北房地交押字(2005)第13060号《北海市房地产抵押登记证明书》项下的抵押房地产享有优先受偿权。鸿源先科公司不服上述判决,提起上诉。广西壮族自治区高级人民法院经审理作出(2012)桂民二终字第26号民事判决,判决驳回上诉,维持原判。因鸿源先科公司未履行上述生效法律文书确定的义务,工行云南路支行向一审法院申请强制执行。一审法院以(2013)北法执字第8号案立案执行,并于2013年、2014年、2015年续封了鸿源先科公司名下“鸿源生态新城”土地使用权及地上相关建筑物。在该案执行过程中,马某凤以法院查封的涉案商品房系其合法购买为由,提出执行异议,一审法院经审查后,于2017年8月8日作出(2017)桂05执异159号执行裁定,以案外人马某凤对登记在被执行人名下的不动产提出的异议符合《最高人民法院关于人民法院办理执行异议和复议案件若干问题的规定》第29条关于异议人应符合的三个情形且其权利能够排除执行之规定为由,裁定中止对涉案商品房的执行。工行云南路支行对该裁定不服,提起本案诉讼。

再查明,截至2017年7月12日,经北海市不动产登记中心查询,马某凤在该中心名下没有房屋登记信息。

【裁判结果】

一审(2019)桂05民初236号民事判决:驳回原告工行云南路支行的诉讼请求。

二审(2020)桂民终904号民事判决:驳回上诉,维持原判。

申请再审(2021)最高法民申7760民事裁定:驳回工行云南路支行的再审申请。

【裁判评析】

本案系申请执行人执行异议之诉,争议的焦点在于案外人马某凤对涉案商品房是否享有足以排除强制执行的民事权益。

一、关于本案房屋买受人对涉案房屋所享有的权利问题

马某凤与鸿源先科公司签订了涉案商品房买卖合同,是双方真实意思表示,内容没有违反法律、行政法规的强制性规定,不存在损害国家、集体或其他公民合法权益的情形,应为合法有效的合同。结合马某凤提供的商品房买卖合同、销售不动产统一发票、税收通用完税证等证据,足以认定本案商品房买卖合同关系成立且合法有效,马某凤已相应地支付了购房款。工行云南路支行对上述合同、发票的真实性提出质疑,主张案外人马某凤与鸿源先科公司不存在商品房买卖关系及马某凤未实际支付房屋价款,但未提供相关证据推翻上述合同及发票的真实性。据此,马某凤作为购房者对该房屋所有权人享有请求办理过户的请求权,即其对该商品房享有物权期待权。

二、关于房屋买受人对执行标的享有的民事权益是否足以排除强制执行的问题

(一)涉案房屋的买受人就执行标的享有足以排除强制执行的民事权益

具体理由如下:

工行云南路支行同意销售涉案房屋,是其对涉案房屋抵押权作出处分和限制的法律行为。

《中华人民共和国物权法》(已失效)第191条[1]规定:"抵押期间,抵押人经抵押权人同意转让抵押财产的,应当将转让所得的价款向抵押权人提前清偿债务或者提存。转让的价款超过债权数额的部分归抵押人所有,不足部分由债务人清偿。抵押期间,抵押人未经抵押权人同意,不得转让抵押财产,但受让人代为清偿债务消灭抵押权的除外。"根据该条规定,在抵押权人同意转让抵押物的情况下,抵押人可以处分即转让抵押物,在抵押物的交换价值实现之日抵押权人即丧失了物上追及力,抵押

[1] 现主要规定于《民法典》第406条。

权的效力仅及于转让价金。对于转让价金应向抵押权人提前清偿债务或者提存。抵押权人同意转让抵押物,并就转让所得的价款优先受偿,是抵押权人行使抵押权、实现抵押权的一种方式,是抵押权人对其享有的民事权利所作的处分和限制,对抵押权人具有约束力。本案中,工行云南路支行于2010年3月3日向北海市建设委员会出具《抵押物转让通知书》,明确表示同意抵押人向社会公开预售该项目商品房(即同意转让上述抵押合同项下的抵押物)。同时在涉案房屋的开发商获批的预售许可证上载明了预售款监管账户,并载明预售款监督银行为工行云南路支行。对于工行云南路支行而言,其已经选择了通过转让抵押物获取相应的转让价金作为实现其抵押权的途径,并且设立了监管账户对预售资金进行监督以确保资金安全,应当承担监管不力的法律风险。在涉案房屋的交换价值实现之日起,工行云南路支行应当对涉案房屋的转让价金行使权利,而无权就涉案房屋本身继续行使抵押权。

(二)本案中房屋买受人的物权期待权可以对抗申请执行人的强制执行

《最高人民法院关于人民法院民事执行中查封、扣押、冻结财产的规定》第24条"被执行人就已经查封、扣押、冻结的财产所作的移转、设定权利负担或者其他有碍执行的行为,不得对抗申请执行人"的规定,目的是防止在执行期间被执行人作出不利于申请执行人的法律行为来对抗申请执行人,以此来保证申请执行人的债权得以实现。但并不包括申请执行人自主同意转让查封财产的情形。在申请执行人同意转让查封财产的情况下,转让行为本身并不损害申请执行人的权益,不违反上述法律规定。本案中,2009年7月23日,工行云南路支行提出诉讼保全申请,一审法院据此对涉案"鸿源生态新城"项目的土地及在建工程进行查封。查封期间,工行云南路支行以书面形式表示同意鸿源先科公司出售被查封的房屋,选择通过获取被查封的涉案房屋的转让价金的途径来实现其申请强制执行的利益。该转让行为对工行云南路支行发生效力。结合前述分析,在工行云南路支行对其抵押权已经作出处分和限制的情况下,不能再享有优先于房屋买受人对涉案房屋所享有的物权期待权的权利。房屋买受人对涉案房屋享有的权益足以排除人民法院的强制执行。

【本案所涉及的法律要点】

一、查封期间处置被查封财产的效力

查封,是指对债务人的财产加以封存,禁止债务人或其他人转移或处分的一种限制性措施。是民事执行中常用的保全措施之一。对于被执行人而言,无论其财产是否被查封,在债务履行期届满后本身就负有偿还债务的义务。因此,查封实质上是一种行政行为,并不需要与查封对象达成合意。人民法院仅是通知被执行人财产已处于查封状态。由于查封行为本身不是完全排除被执行人对财产的控制,故在查封期间被执行人有处置被查封财产的能力和机会。同时,在财产被查封时也可能已经处于交易阶段,因此需要对合同效力和物权效力进行区分。《中华人民共和国民法典》(以下简称《民法典》)第 215 条规定:"当事人之间订立有关设立、变更、转让和消灭不动产物权的合同,除法律另有规定或者当事人另有约定外,自合同成立时生效;未办理物权登记的,不影响合同效力。"合同为交易双方设定权利义务在合同成立时产生效力,对双方具有约束力。由于查封行为的目的是实现债权人的债权,并非阻止被查封财产进行权利移转,同时在被查封财产处在交易阶段的情况下,限制案外人继续进行交易也会影响案外人的权利。《最高人民法院关于人民法院民事执行中查封、扣押、冻结财产的规定》第 24 条"被执行人就已经查封、扣押、冻结的财产所作的移转、设定权利负担或者其他有碍执行的行为,不得对抗申请执行人。第三人未经人民法院准许占有查封、扣押、冻结的财产或者实施其他有碍执行的行为的,人民法院可以依据申请执行人的申请或者依职权解除其占有或者排除其妨害。人民法院的查封、扣押、冻结没有公示的,其效力不得对抗善意第三人。"查封期间所做的财产移转仅是不能对抗申请执行人,并非无效。这也是《最高人民法院关于人民法院办理执行异议和复议案件若干问题的规定》(以下简称《执行异议和复议规定》)第 28 条规定的付款条件设定为案外人将"剩余价款按照人民法院的要求交付执行"。其获得对查封行为的对抗效力,并非原买卖合同的合法效力。在债权人同意的情况下,被执行人对查封财产进行处置可以产生法律效力。

二、抵押物抵押期间转让的法律效力

抵押是指抵押人和债权人以书面形式订立约定,不转移抵押财产的占有,将该财产作为债权的担保。当债务人不履行债务时,债权人有权依法以该财产折价或者以拍卖、变卖该财产的价款优先受偿。抵押作为债权担保方式之一,其目的仅是以抵押物的价值作为清偿债权的保证,非获得抵押物的所有权。因此,无论是《中华人民共和国物权法》(已废止,以下简称《物权法》)还是《民法典》均不允许抵押人和债权人约定债权人可以直接取得抵押物的所有权。除了受让人清偿债务使抵押权归于消灭。主债权消灭,作为附属的抵押权也就没有存在的基础和必要。也就是《物权法》第 191 条第 2 款"抵押期间,抵押人未经抵押权人同意,不得转让抵押财产,但受让人代为清偿债务消灭抵押权的除外"中规定的内容。为了支持和促进物的流通,《民法典》对这部分内容进行了调整，抵押物可以在不消灭抵押的情况下进行流转。《民法典》第406条规定："抵押期间，抵押人可以转让抵押财产。当事人另有约定的，按照其约定。抵押财产转让的，抵押权不受影响。抵押人转让抵押财产的，应当及时通知抵押权人。抵押权人能够证明抵押财产转让可能损害抵押权的，可以请求抵押人将转让所得的价款向抵押权人提前清偿债务或者提存。转让的价款超过债权数额的部分归抵押人所有，不足部分由债务人清偿。"从而实现抵押财产的保值增值，保证抵押权人利益最大化。抵押权人同意债务人出售抵押物，并非对抵押权的放弃，而是基于其对抵押物转让价款享有控制权和求偿权，以通过将其可支配权的客体从物转移到价金来保证抵押权的实现。抵押权人不能既对抵押物主张抵押权，又对抵押物流转后的价款主张求偿权，只能二者选其一，否则构成了双重抵押担保。

三、抵押权人的监管责任

权利和义务具有相对性，抵押权人在对流转价款享有求偿权的同时，也负有控制和及时收取流转价款的义务。在执行异议之诉中，有时案外人或者申请执行人本身均不存在过错行为，权益上的冲突仅是由于被执行人的行为导致。这时的裁判标准多数是对于执行标的物享有权利顺位进行比较，比如《执行异议和复议规定》第28条、第29条的规定。但在本案中，工行云南路支行同意出售抵押物后，对于抵押物已经转化为对流转价款的求偿权。因此二者不存在权利顺位上的比较。在案外人已经向监管账户汇入购房款时，工行云南路支行对于监管账户应负担监管责任。案外人已经履行了其负有的义务。最高人民法院民终1223号民事判决也是持这种观点。因此，因对监管账户监管不力导致无法收取价金属于抵押权人与抵押人，即工行云南路支行与鸿源先科公司之间的债权债务关系，案外人可以对抗人民法院对抵押物的执行。

佣金抵偿购房款不属于消费者生存权益保护要件

——汤某辉、李某诉安某堂执行异议之诉案

韦志勇*

【裁判要旨】

以汤某英销售创宇公司房屋所得的206000元佣金抵偿购房款的行为,属于结算佣金的一种商业方式,并不涉及消费者的生存权,与正常的消费者因生活消费而购买商品房的行为并不相同,若允许以该佣金作为购房款,通过购房形式使结算佣金的商业行为具有优先于其他债权效力,则与有关法条设置的目的不相符合。

【基本案情】

李某人与创宇公司于2012年7月25日签订《联建合同》,约定双方合作开发建设"上海花园"商住楼项目,工程竣工后创宇公司须把房产总建筑面积的67%抵偿给李某人,作为李某人工程款投入的费用,李某人对抵偿的房屋具有处理权,项目以创宇公司的名义开发,创宇公司须按李某人的委托要求,以开发商名义配合李某人办理产权和销售或转让及抵押相关手续。同年8月18日,李某人与创宇公司签订《补充协议》,约定工程竣工后创宇公司把"上海花园"商住楼中的2号楼和3号楼抵偿给李某人,作为李某人工程款投入的费用,地下室除公共部分外均按

* 韦志勇,广西壮族自治区高级人民法院民三庭副庭长,四级高级法官。

此比例划分支配使用。在北海市中级人民法院执行过程中,创宇公司出具《情况说明》确认上述协议载明的情况。

安某堂诉李某人、创宇公司民间借贷纠纷一案,北海市中级人民法院于2017年3月22日作出(2016)桂05民初40号民事判决:(1)李某人向安某堂归还借款2190万元及相应利息;(2)驳回安某堂对李某人的其他诉讼请求;(3)驳回安某堂对创宇公司的诉讼请求。安某堂对该判决不服,提出上诉。广西壮族自治区高级人民法院于2017年11月27日作出(2017)桂民终163号民事判决:(1)维持北海市中级人民法院(2016)桂05民初40号民事判决第二项、第三项;(2)变更北海市中级人民法院(2016)桂05民初40号民事判决第一项为:李某人在判决生效之日起10日内向安某堂归还借款本金17884509.58元及相应利息;(3)李某人在判决生效之日起10日内向安某堂归还借款本金1900000元及相应利息。

上述判决发生法律效力后,该院于2018年3月9日以(2018)桂05执80号执行案立案执行。执行过程中,该院于2018年4月15日作出(2018)桂05执80号执行裁定书,查封了李某人分配所得的坐落于北海市江苏路以南、上海路以西、登记在创宇公司名下的"上海花园"商住楼项目2号、3号楼部分房地产(包括2号、3号楼部分商品房和2号、3号楼一楼至二楼商铺以及地下室1001号至1098号停车位)。在上述案件执行过程中,创宇公司出具《情况说明》,对其与李某人合作建设的"上海花园"商住楼项目及房产分配、处置情况作出说明:"上海花园"商住楼项目总建筑面积的67%即三栋楼中的2、3号二栋楼归李某人,李某人已将其分得的房产全部销售完毕。本案中涉案房屋属于上述《联建合同》中约定抵偿给李某人的房产范围,亦在该院查封范围内。

2014年9月10日,汤某辉的姐姐汤某英分别向创宇公司转账支付"上海花园"3幢0702号房和0506号房的定金22000元和11000元(诉讼中创宇公司出具《证明》证明汤某英退了预定的0702号房后,将该房的定金转为0506号房的购房款)。2014年10月28日,汤某辉、李某与创宇公司签订《商品房买卖合同》,约定购买位于北海市江苏路以南、上海路以西的"上海花园"3幢0506号房屋,该房屋用途为住宅,建筑面积为62.74平方米,单价为4675元每平方米,总价款为293310元。次日,创宇公司向汤某辉、李某开具《销售不动产统一发票》,载明预收购房款88310元。2014年5月11日,创宇公司与北海圣辉房地产代理有限公司(以下简称圣辉公司)签订《上海花园商品房销售代理合同》,创宇公司委托圣辉公司销售其开发的房产。2016年10月28日,创宇公司、圣辉公司、汤某英及汤某辉、李某签订《销售佣金抵房款协议书》,协议书确认汤某英系圣辉公司的销售业务员，创宇公司欠圣辉公司销售上海花园的佣金 206000 元，圣辉公司欠汤某英佣金 206000 元，三方同意由创宇公司与汤某英直接结算该佣金，同时四方同意以创宇公司拖欠的 206000 元佣金冲抵汤某辉、李某购买“上海花园”3 幢 0506 号房屋尚欠的购房款 206000 元。同日，创宇公司向汤某辉、李某出具收到汤某辉、李某购买上海花园 3 幢 0506 号房款 206000 元的收据。2016 年 9 月 10 日，创宇公司将涉案房屋交付给汤某辉、李某装修入住至今。截至 2020 年 2 月 26 日，汤某辉、李某名下在北海市没有房屋登记信息。“上海花园”商住楼项目于 2013 年 9 月 30 日取得《北海商品房预售许可证》，该商住楼项目至今未办理综合竣工验收手续。

在上述案件执行过程中，创宇公司曾以该院查封其名下“上海花园”错误，且“上海花园”3 幢 0506 号房屋已出售给汤某辉、李某为由提出异议，该院裁定驳回其异议请求后，创宇公司向广西壮族自治区高级人民法院申请复议，后以买受人已提起执行异议为由申请撤回复议。汤某辉、李某以涉案房屋是其个人向创宇公司购买的合法房产，法院因李某人个人债务查封涉案房屋错误为由，提出执行异议。该院经审查后，认为汤某辉、李某提交的证据不足以证实其已向创宇公司付清全部房款，不符合《最高人民法院关于人民法院民事执行中查封、扣押、冻结财产的规定》第 17 条[1]“被执行人将其所有的需要办理过户登记的财产出卖给第三人，第三人已经支付部分或者全部价款并实际占有该财产，但尚未办理产权过户登记手续的，人民法院可以查封、扣押、冻结；第三人已经支付全部价款并实际占有，但未办理过户登记手续的，如果第三人对此没有过错，人民法院不得查封、扣押、冻结”的规定，其享有的权益不足以排除法院对涉案房屋的查封，遂作出（2020）桂 05 执异 41 号执行裁定书，驳回汤某辉、李某的异议的请求。汤某辉、李某对该裁定不服，提出本案执行异议诉讼。

【裁判结果】

一审北海市中级人民法院（2020）桂 05 民初 150 号民事判决：不得执行涉案房屋；驳回原告汤某辉、李某的其他诉讼请求。

二审广西壮族自治区高级人民法院（2020）桂民终 2015 号民事判决：撤销北海市中级人民法院（2020）桂 05 民初 150 号民事判决；驳回原审原告汤某辉、李某的诉讼请求。

---

[1] 2020 年修正后为第 15 条。

【裁判评析】

广西壮族自治区高级人民法院经审理认为,本案系案外人执行异议之诉,本案的争议焦点是:案外人汤某辉、李某对涉案房屋是否享有足以排除人民法院强制执行的民事权益。

《最高人民法院关于人民法院办理执行异议和复议案件若干问题的规定》(以下简称《执行异议复议规定》)第29条规定:"金钱债权执行中,买受人对登记在被执行的房地产开发企业名下的商品房提出异议,符合下列情形且其权利能够排除执行的,人民法院应予支持:(一)在人民法院查封之前已签订合法有效的书面买卖合同;(二)所购商品房系用于居住且买受人名下无其他用于居住的房屋;(三)已支付的价款超过合同约定总价款的百分之五十。"根据以上规定,只要消费者购房人对被执行的商品房符合上述法律规定的条件,法律就赋予其对该商品房的物权期待权以排除执行的效力。

根据本案查明的事实,创宇公司欠圣辉公司销售上海花园的佣金206000元,圣辉公司欠汤某英佣金206000元,创宇公司、圣辉公司、汤某英及汤某辉、李某签订的《销售佣金抵房款协议书》,四方同意以创宇公司拖欠的206000元佣金冲抵汤某辉、李某购买涉案房屋购房款206000元。该206000元佣金作为普通债权,并不具有优先于其他债权受偿的效力,若允许以该佣金作为购房款,通过购房形式使结算佣金的商业行为具有优先于其他债权效力,与《执行异议复议规定》第29条设置的目的不相符合。《执行异议复议规定》第29条是基于生存权至上的考虑而设置的特别规定,赋予消费者对买受房屋物权期待权以排除执行的效力,保护对象是已经实际支付了大部分购房款的消费者,而汤某辉、李某所支付的购房款仅有88310元,远未达到该条规定的"已支付的价款超过合同约定总价款的百分之五十"的条件,故汤某辉、李某对涉案房屋所享有民事权益,并不能排除人民法院的强制执行。至于涉案206000元佣金,《销售佣金抵房款协议书》各方当事人可协商解决,或者另案主张。综上所述,安某堂的上诉请求成立,予以支持。

【本案所涉及的法律要点】

一、执行异议之诉中房屋消费者物权期待权保护的法律依据

执行异议之诉案件是在执行过程中,案外人对执行标的主张实体权利,请求停止对执行标的强制执行而提起的民事诉讼。在执行异议之诉中,并不否认当事人所享

有的各项合法权益，只是对申请执行人的执行依据所确定的权利与案外人对执行标的所享有的民事权益进行比较，确认案外人对执行标的所享有的民事权益是否可以排除人民法院的强制执行。因此，执行异议之诉既要对执行标的是否具有某种实体权利作出审查判断，又应对该实体权利能否阻却执行进行审查判断，同时具有确认当事人之间就执行标的物的实体法律关系和停止执行的双重作用。

本案所涉及的房屋消费者物权期待权保护，也叫弱者保护，是指在执行过程中，基于对消费者生存权这一更高价值的维护，赋予消费者对买受房屋的物权期待权以排除强制执行的优先效力。司法实践中一般认为，一般债权，甚至具有优先效力的抵押权、建设工程价款优先权也不能对抗消费者物权期待权。《执行异议复议规定》第29条规定："金钱债权执行中，买受人对登记在被执行的房地产开发企业名下的商品房提出异议，符合下列情形且其权利能够排除执行的，人民法院应予支持：（一）在人民法院查封之前已签订合法有效的书面买卖合同；（二）所购商品房系用于居住且买受人名下无其他用于居住的房屋；（三）已支付的价款超过合同约定总价款的百分之五十。"该法律规定是基于生存权至上的考虑而设置的特别规定，其目的是保护消费者购房人的权利。根据上述规定，只要消费者购房人对被执行的商品房符合上述法律规定的条件，法律就赋予其对该商品房的物权期待权以排除执行的效力。

二、以普通债权抵偿购房款不适用房屋消费者物权期待权保护

根据本案查明的事实，创宇公司欠圣辉公司销售上海花园的佣金206000元，圣辉公司欠汤某英佣金206000元，创宇公司、圣辉公司、汤某英及汤某辉、李某签订的《销售佣金抵房款协议书》，四方同意以创宇公司拖欠的206000元佣金冲抵汤某辉、李某购买涉案房屋购房款206000元。

在普通的民商事案件中，遵循意思自治原则，只要合同当事人意思表示真实，内容没有违反法律法规的强制性规定，即为合法有效之合同。具体到本案，合同四方当事人同意以圣辉公司拖欠汤某英的206000元佣金冲抵汤某辉、李某购买涉案房屋购房款，该合同合法有效，对合同四方当事人均有约束力。但是，在执行程序中，该206000元佣金作为普通债权，并不具有优先于其他债权受偿的效力。《执行异议复议规定》第29条是基于生存权至上的考虑而设置的特别规定，赋予消费者对买受房屋物权期待权以排除执行的效力，保护对象是已经实际支付了大部分购房款的消费者。按照《消费者权益保护法》第2条的规定，消费者是为了生活消费而购买、使用商品或者接受服务的人，本案中，汤某辉、李某以汤某英销售创宇公司房屋所得的

206000 元佣金抵偿购房款的行为，属于结算佣金的一种商业方式，并不涉及消费者的生存权，与正常的消费者因生活消费而购买商品房的行为并不相同，若允许以该佣金作为购房款，通过购房形式使结算佣金的商业行为具有优先于其他债权效力，与《执行异议复议规定》第 29 条“生存权至上”设置目的不相符合。在人民法院查封前，汤某辉、李某所支付的购房款仅有 88310 元，远未达到该条规定的“已支付的价款超过合同约定总价款的百分之五十”的条件，故汤某辉、李某对涉案房屋所享有民事权益，并不能排除人民法院的强制执行，故二审判决驳回汤某辉、李某的诉讼请求于法有据。

三、在执行异议之诉中不能依据买卖合同裁判确认执行标的的权属

对于汤某辉、李某要求确认该商品房归其所有的主张，根据《中华人民共和国物权法》(已废止)第 9 条[1]“不动产物权的设立、变更、转让和消灭，经依法登记，发生效力；未经登记，不发生效力，但法律另有规定的除外”的规定，不动产物权的设立以登记为要件，汤某辉、李某虽与创宇公司签订了《商品房买卖合同》，但该合同只是物权变动的原因行为，不能直接发生物权变动的法律效果，不能据此确认涉案房屋归汤某辉、李某所有，故汤某辉、李某请求确认涉案商品房归其所有，亦没有法律依据。

至于涉案 206000 元佣金如何处理，《销售佣金抵房款协议书》各方当事人可通过友好协商解决，或者另案主张，并不属于执行异议之诉的审理范围。

---

〔1〕 现规定于《民法典》第 209 条。

迟延履行期间的加倍债务利息不属于抵押优先权的范围

——覃某英等执行分配方案异议之诉案

曾亦桦　茹　超*

【裁判要旨】

参与分配执行中，执行所得价款扣除执行费用，并清偿应当优先受偿的债权后，对于普通债权，原则上按照其占全部申请参与分配债权数额的比例受偿。迟延履行期间的加倍债务利息是法定的，其产生的基础是债务人不履行生效法律文书确定的金钱给付义务。作为法院主动实施的一种执行措施，具有惩戒和赔偿的性质，目的在于督促被执行人及时履行义务，而不是弥补优先受偿权人的损失。不属于抵押优先权的范围。

【基本案情】

法院经审理查明：潘某月、罗某于2014年8月至2015年6月先后三次共向黄某伟借款225万元，双方签有《借款合同》，为保证合同履行，潘某月将其所有的位于乐业县三乐社区353号一栋五层楼房（以下简称案涉房产）作为借款抵押担保，并于2014年8月25日办理房屋抵押登记，房屋他项权利人为黄某伟。借款到期后黄某伟多次追讨未果诉至法院，

* 曾亦桦，广西壮族自治区高级人民法院执裁庭四级高级法官；茹超，广西壮族自治区高级人民法院执裁庭三级法官助理。

百色市右江区人民法院在审理过程中，经主持调解，双方自愿达成如下协议：(1)确认被告潘某月、罗某尚欠原告黄某伟借款225万元及利息(利息计算从2015年2月16日起至还清之日止，按银行同期借款利率的4倍计付)；(2)被告潘某月、罗某于2015年4月20日前还清，如逾期，则由法院拍卖被告潘某月用于借款抵押的位于广西乐业县三乐社区353号房产；(3)案件受理费24800元，减半收取12400元，由被告潘某月、罗某负担。百色市右江区人民法院于2015年2月25日作出(2015)右民一初字第416号民事调解书送达各方当事人，该调解书已经发生法律效力。由于潘某月、罗某没有履行该调解书所确定的还款义务，百色市右江区人民法院根据黄某伟的申请于2015年4月22日依法立案执行。因该执行案未能在规定的期限内执结，黄某伟申请一审法院提级执行，一审法院依法定程序提级执行，并于2018年4月27日予以立案。

一审法院提级执行后拟拍卖案涉房产，采取定向询价方式确定参考价，向国家税务总局乐业县税务局出具询价函。国家税务总局乐业县税务局复函称“百色市乐业县三乐社区住宅基准价为：住宅基准价为4050元/m^2，土地基准价为2800元/m^2，百色市乐业县三乐社区存量房计税基准价为：商铺基准价为7920元/m^2”。经询价，案涉房产的参考价约为400万元。另外，潘某月、罗某自行委托评估公司对案涉房产进行评估，以2018年8月29日为评估基准日得出市场估价为836.85万元。一审法院综合几次评估价格及询价结果后，酌定案涉房产价值为500万元，按拍卖规定将案涉房产降30%，以350万元作为起拍价对案涉房产进行网络司法拍卖。潘某月、罗某认为案涉房产的估价过低，向一审法院提出异议。根据《最高人民法院关于人民法院网络司法拍卖若干问题的规定》第10条“起拍价不得低于评估价或者市价的百分之七十”和《最高人民法院关于人民法院确定财产处置参考价若干问题的规定》第24条第2款“当事人、利害关系人对议价或者定向询价提出异议的，人民法院不予受理”的规定，一审法院已将定向询价结果送达潘某月、罗某，并进行了充分释明，对潘某月、罗某就定向询价提出的异议，不予受理。

一审法院于2019年3月26日在淘宝网上以350万元作为起拍价第一次公告拍卖案涉房产，拍卖时间为2019年4月26日10:00至2019年4月27日10:00，因无人竞买流拍；依照法律规定，以350万元为基准价再降20%，即280万元作为起拍价在淘宝网上进行第二次公告拍卖，拍卖时间为2019年5月15日10:00至2019年5月16日10:00，因无人竞买再次流拍。2019年5月16日下午，黄某伟向一审法院递交以物抵债的书面申请。一审法院于2019年6月12日作出(2018)桂10执123号之一执行裁定，将潘某月、罗某设为抵押的房产以物抵债给黄某伟。之后覃某英、黄某虹、刘某偶、徐某华、邹某燕、黄某、邹某群、徐某霞、黄某蜻等九个债权人（债务人同为潘某月）于2019年7月10日向一审法院提出书面异议，认为黄某伟有抵押权的仅为100万元，处置案涉房产的其余份额应由其他债权人按债权比例进行分配。且一审法院只提级执行黄某伟一案，不一并处置其他案件，损害了其他当事人的权益。一审法院经审查后于2019年8月7日作出（2019）桂10执异1号执行裁定，认为处置案涉房产以物抵债给黄某伟，没有告知其他债权人，违反法定程序，裁定撤销一审法院（2018）桂10执123号之一执行裁定。一审法院应覃某英等九人及潘某月、罗某、黄某伟的要求，于2019年11月12日再以280万元为底价挂网拍卖，但无人应拍。2020年2月16日黄某伟再次向一审法院递交以物抵债的申请，一审法院经审判委员会讨论通过涉案分配方案，并送达各方当事人。覃某英等对该分配方案有异议，向一审法院提起诉讼。同时，一审法院没有查明黄某伟享有抵押优先权的借款数额及其利息。

【裁判结果】

一审百色市中级人民法院（2020）桂10民初85号民事判决判决：驳回覃某英、黄某虹、刘某偶、徐某华、邹某燕、邹某群、黄某、徐某霞、黄某蜻的诉讼请求。

二审广西壮族自治区高级人民法院（2021）桂民终50号民事判决判决：（1）撤销百色市中级人民法院（2020）桂10民初85号民事判决；（2）撤销百色市中级人民法院（2018）桂10执123号执行财产分配方案；（3）由百色市中级人民法院重新作出分配方案。

【裁判评析】

法院生效判决认为：本案中，潘某月、罗某与黄某伟在（2015）右民一初字第416号案件审理过程中，双方在法院主持下自愿达成如下协议：（1）确认被告潘某月、罗某尚欠原告黄某伟借款225万元及利息（利息计算从2015年2月16日起至还清之日止按银行同期借款利率的4倍计付）；（2）被告潘某月、罗某于2015年4月20日前还清，如逾期，则由法院拍卖被告潘某月用于借款抵押的位于广西乐业县三乐社区353号房产；（3）案件受理费24800元，减半收取12400元，由被告潘某月、罗某负担。百色市右江区人民法院据此作出（2015）右民一初字第416号民事调解书并送达各方当事人，该调解书已发生法律效力。根据上述调解书内容，其上并无明确的黄某伟享有抵押优先权的借款数额及其利息数额约定。

涉案分配方案认定潘某月、罗某和黄某伟之间的借款，其中的100万元设置有抵押权并在房管部门进行了抵押登记，该抵押合法有效。黄某伟以该100万元的正常利息为1543300元，逾期加罚利息是309750元，合计本息2853050元，高于案涉房产网拍两次降幅后的280万元流拍价格为由，提出以物抵债申请。一审法院采信黄某伟的主张，并基于黄某伟对前述借款本息享有抵押优先权，其他债权人对此次处置的房产仅为一般债权，从而作出涉案分配方案，将涉案房屋的土地及地上建筑作价280万元抵偿给黄某伟。本院认为，涉案分配方案缺乏人民法院认定黄某伟享有抵押优先权的利息数额的计算方法和依据，且根据《物权法》（已废止）[1]第173条规定："担保物权的担保范围包括主债权及其利息、违约金、损害赔偿金、保管担保财产和实现担保物权的费用。当事人另有约定的，按照约定。"而迟延履行期间的加倍债务利息是法定的，其产生的基础是债务人不履行生效法律文书确定的金钱给付义务。作为法院主动实施的一种执行措施，具有惩戒和赔偿的性质，目的在于督促被执行人及时履行义务，而不是弥补优先受偿权人的损失。涉案分配方案在黄某伟享有抵押优先权的利息数额问题上，认定事实不清。一审判决没有查明黄某伟享有抵押优先权的本金及其利息数额，亦属认定事实不清。覃某英等九人请求撤销涉案分配方案并由一审法院重新作出分配方案的请求成立，本院予以支持。

【本案所涉及的法律要点】

在执行异议之诉中，执行依据为申请执行人所提供的生效法律文书。因此，对债权性质及数额的确认应当以执行依据为准。但在实践中，由于申请执行人申请时间和诉求内容不同，法律文书确定的内容存在不确定性的情形。由此，在执行分配方案中导致债权人之间对财产分配情况有异议，从而引发执行分配方案异议之诉。人民法院在审理中要严格审核债权的性质及数额、计算方法等实体问题，合理保障各债权人及被执行人的合法权益。同理，对执行标的物的处置方式如以物抵债行为不能损害其他债权人及被执行人的合法权益及社会公共利益。依法保障执行当事人公开公平合理分配执行财产的权利。二审法院根据审理情况可选择由一审法院重新作出分配方案或者直接修改分配方案。

第一，依法确定执行分配方案异议之诉的审理范围。

---

[1] 《中华人民共和国物权法》已于2021年1月1日失效，现为《中华人民共和国民法典》第389条之规定内容。

1. 执行分配方案是指在多个债权人对同一被执行人申请执行或参与分配的案件中，人民法院将可供执行的财产在对享有优先权担保物权的债权人依照法律规定的顺序优先受偿后，按照各个案件债权额的比例进行分配而制作的法律文书，系执行法院为分配可供执行的财产而制作。执行分配方案异议之诉制度目的在于通过诉讼方式解决执行中的实体性权利争议，审理的核心为当事人在执行程序中相关债权的实体法问题，审理范围为执行分配方案在各债权之间实体法关系方面之判断的正确性，即方案中各债权的清偿顺位、数额等。债权人依据已经生效的人民法院进行实质审查而确认的债权、优先权的情况下，对债权真实性、数额的异议，应当通过案外人申请再审程序进行处理。这是《中华人民共和国民事诉讼法》第 232 条规定的内容。同时也符合我国两审终审制的审判制度。如果允许在分配方案异议之诉中对原生效裁判确认的内容进行审理，对司法判决的既判力及公信力都是一种损害。

2. 未经生效裁判确认的优先权争议，执行分配方案异议之诉可以一并审理。这是由于在执行程序中，无论是《最高人民法院关于适用〈中华人民共和国民事诉讼法〉的解释》第 508 条关于被执行人为公民或者其他组织的参与分配制度，还是第 514 条对企业法人作为被执行人的财产分配，均规定执行所得价款在扣除执行费用并清偿应当优先受偿的债权后，余下才由普通债权受偿。即对人民法院控制的财产享有担保物权或者法定优先权的债权人，即使其尚未取得生效执行依据，法律赋予其优先受偿的顺位保护。这是因为对于担保物权或者法定优先权而言，其权利在执行财产查封前已经登记产生公示公信效力或者已为法律所明确规定，优先债权人在执行程序已经开始后，尚来不及通过诉讼等途径获取执行依据，为保障其债权的优先受偿，需要通过此种特殊方式进行执行。因此，对优先债权的真实性、数额发生的争议，可以在执行分配方案异议之诉中一并审理，在程序上保障司法公平与司法效率的平衡。

本案中，执行依据即生效民事调解书中所确认的双方调解协议，其上并无明确的黄某伟享有抵押优先权的借款数额及其利息数额，即抵押房产依法应抵偿的优先债权数额尚未确定。执行机构对拍卖抵押房产所得价款进行分配时，需要对黄某伟享有的优先债权额作出审查确认。因其他债权人及债务人均不服执行部门作出的分配方案，分别提起执行分配方案异议之诉。本案即为其他债权人提起的异议诉讼，在各方当事人对黄某伟应享有的抵押优先权数额发生争议，而该争议又未经生效裁判确认的情况下，本案应当严格审核黄某伟享有的债权性质及数额、利息计算方法等实体问题，依法保障各债权人及被执行人的合法权益。

第二,依法确定优先权债权范围。

一审判决确定的黄某伟享有优先权范围违反法律规定。根据《物权法》(已废止)第173条规定:“担保物权的担保范围包括主债权及其利息、违约金、损害赔偿金、保管担保财产和实现担保物权的费用,当事人另有约定的,按照约定。”对抵押财产担保范围,原则上以当事人意思自治决定,即尊重当事人在担保合同中对抵押财产担保范围的约定。而迟延履行期间的加倍债务利息是法定义务,其产生的基础是债务人不履行生效法律文书确定的金钱给付义务时依法承担的惩罚性义务,其目的在于督促被执行人及时履行义务,而不是弥补优先受偿权人的损失。本案中,执行依据即生效民事调解书中所确认的双方调解协议,对225万元借款总额及利息计算方法是确定的,但其上并无明确的黄某伟享有抵押优先权的债权数额。即黄某伟在总债权中享有抵押担保的债权数额为多少,哪些仅为普通债权,依法只能在执行所得价款扣除执行费用并清偿应当优先受偿的债权后,与其他普通债权人对余额平等按债权比例受偿,这些事实均有待本案诉讼审理查明。并且,在潘某月、罗某和黄某伟之间产生借贷关系以及纠纷形成后达成的调解协议中,均未作有迟延履行支付加倍罚息的约定。而经查,黄某伟与潘某月、罗某之间的共计225万元借款中,潘某月以案涉房产对其中的100万元借款提供抵押担保并办理了抵押登记手续,在双方当事人对本案担保物权范围未作出特别约定的情况下,应当按照《民法典》的有关规定进行确定。一审法院将迟延履行加倍罚息计入执行分配方案,并对其赋予优先受偿的效力,不仅超出当事人的约定,同时亦违反《民法典》关于担保物权担保范围的规定。

第三,执行分配方案不得损害其他债权人的合法权益和社会公共利益。

执行工作是实现司法公正权威,维护法律尊严的最后一道关卡。执行案款分配作为执行程序的最后一步,面对的不仅是控制财产法院正在执行案件的债权人和被执行人,还必须考虑其他优先债权人以及申请参与财产分配的相关利害关系人的合法利益。执行分配方案应当具有合法性、确定性、可执行性。合法性是指人民法院在依法考量各债权的性质及其优先关系等实体问题的基础上,所作出的对各金钱债权的受偿顺位、数额的确认,必须符合法律规定,并符合执行财产处置的程序性规定。如果执行分配方案违反法律规定,或损害其他债权人的合法权益和社会公共利益的,应当予以撤销及责令重作。确定性是指执行分配方案必须对相关债权人的权利性质及分配数额作出确认,以保证在执行中顺利执行。执行分配方案由于是必须执行的工作方案,在财产权利的确定上必须有明确的权利性质和数额,期待权利和期待利益并不属于执行财产分配范围,这是执行分配方案异议之诉审判中需要特别注意的问题。只有这样,才能避免执行分配方案无法彻底执行的窘境。执行方案的可执行性主要是指在现有条件下人民法院不受妨碍地顺利执行。有的执行分配方案在制定中附加有关条件,如需要相关单位、行政机关协调配合的条件,甚至为分配方案参与人之外的案外人规定执行协助义务,在有关单位和案外人怠于履行义务时将导致执行分配方案执行的困难,使执行分配方案成为空中楼阁。本案执行分配方案的制定符合确定性和可执行性要求,且符合《最高人民法院关于人民法院民事执行中拍卖、变卖财产的规定》关于对第二次拍卖仍流拍的不动产或者其他财产权,人民法院可以该次拍卖所定的保留价将该财产交给申请执行人或者其他执行债权人抵债的程序规定。但是,因如前所述,一审法院在制订分配方案时把加倍惩罚利息的数额计入执行分配方案中,并赋予黄某伟享有优先受偿的效力,所确认的优先受偿范围超出当事人的协议约定,同时也超出了《物权法》(已废止)第 173 条关于担保物权的担保范围规定。其结果是导致在执行标的物的流拍价明显高于优先债权额的情况下,优先债权人通过执行分配方案获得了超出优先债权的其他财产利益,客观上损害了其他普通债权人参与分配的权益。基于该分配方案不仅违反法律规定,而且损害了其他债权人的合法权利,不具有正当性、公平性、合法性,故应当予以撤销。二审撤销该执行分配方案,是对其他债权人合法权益的尊重和保护,也是维护执行公正的需要。

第四,执行分配方案异议之诉的判项选择。

执行分配方案异议之诉的裁判方式,应当根据案件的需要作出,或撤销重作,或直接变更,不宜单一固定为某种方式。理由是:(1)执行分配方案异议之诉的最终目的是当事人无异议的情况下快速执行完毕。因此,异议是执行中无论如何都绕不开的障碍。无论是撤销重作还是直接变更都是为了消灭异议这个障碍,只是所使用的方法不同而已。审判权与执行权是两种不同的权力,并不存在完全意义上的上下级或者位阶关系。是否需要取决于能否满足执行完毕的目的。(2)审执分离改革的目标是用审判权监督执行权,这种监督实际上更是一种服务型的监督,与执行权的自我监督并不相同。撤销重作的用意在于指明分配方案中存在的违法问题,由执行权依法纠正,并根据实际情况调整实体权利分配方案及顺序、程序。而直接变更的用意在于在执行的基本情况无变化的情况下,依法纠正违法分配方案并给出最终的分配方案,执行权必须遵照执行。这与审执分离体制改革的目标并不违背。(3)执行是一个动态、可变的过程。在分配方案异议之诉审理的过程中,既有可能有新的债权人加入,也有可能债权人已经从别的途径得到清偿,债务人的财产也有可能贬值增值。而债权人本身亦没有向执行法院随时汇报自身债权清偿情况的义务,人民法院直接变更分配方案也可能与实际情况不符。在撤销重作的情况下,执行机构反复制作分配方案出现错误的情况基本不会发生。所以应当给予执行机构以充分的信任,以便公正合理完成案件执行。

当事人自愿达成的执行和解协议不具有强制执行效力

——北海市宝信行小额贷款股份有限公司执行申诉案

王晓丹　唐伟杰*

【裁判要旨】

在案件的执行过程中，当事人可以自愿协商达成和解协议，依法变更生效法律文书确定的权利义务主体、履行标的、期限、地点和方式等内容，但此协议属于当事人自愿履行的范畴，并不具有强制执行的效力。

【基本案情】

依据北海市海城区人民法院(2015)海民特字第13－23号共计11个民事裁定书，北海市宝信行小额贷款股份有限公司(以下简称宝信行公司)于2015年11月5日向海城区法院申请强制执行北海尚源居房地产开发有限公司(以下简称尚源居公司)实现担保物权纠纷11个案件，海城区法院依法立案执行。在案件执行过程中，根据双方当事人达成的执行和解协议，该院作出(2015)海执字第1320－1330号执行裁定书，裁定被执行人尚源居公司欠申请执行人宝信行公司借款2800万元及利息676.11万元，由被执行人尚源居公司用其公司名下坐落于北海市南珠大道以西、湖海路北的国有土地使用权以每亩140万元的价格，共计

---

* 王晓丹，广西壮族自治区高级人民法院审判管理办公室一级法官助理；唐伟杰，广西壮族自治区高级人民法院执行局综合处副处长、三级高级法官。

2276.4 万元抵偿给申请执行人宝信行公司，余下欠款本息由被执行人尚源居公司用其他财产另行清偿。2016 年 7 月，宝信行公司将该抵债土地办证至其名下，并取得了《国有土地使用权证》。

2018 年 11 月 13 日，海城区法院依职权启动审判监督程序，对(2015)海民特字第 13、14、15、25、26、27 号共 6 个案件立案再审，后作出民事裁定，撤销海城区法院(2015)海民特字第 13、14、15、25、26、27 号民事裁定。宝信行公司不服，向北海中院申请再审。北海中院于 2019 年 11 月 5 日作出(2019)桂 05 民再 34－39 号 6 个民事裁定，撤销海城区法院(2015)海民特字第 13、14、15、25、26、27 号民事裁定，并驳回宝信行公司请求拍卖、变卖尚源居公司名下的位于北海市南珠大道以西湖海路以北的国有土地使用权，拍卖、变卖所得价款优先清偿宝信行公司对尚源居公司的债权的申请。后海城区法院以(2015)海民特字第 13、14、15 号民事裁定是(2015)海执字第 1320－1330 号执行案的部分执行(债权)依据，部分执行(债权)依据的撤销导致宝信行公司与尚源居公司达成以物抵债的执行和解协议无效为由，作出(2018)桂 0502 执监 14 号之一执行裁定，撤销该院(2015)海执字第 1320－1330 号执行裁定。宝信行公司不服该执行裁定，向北海中院申诉，引发本案。

【裁判结果】

宝信行公司不服海城法院(2018)桂 0502 执监 14 号之一执行裁定，向北海中院申诉。

北海中院另查明，该院于 2018 年 12 月 28 日作出(2018)桂 05 破 13 号民事裁定，受理尚源居公司的破产申请。

北海中院于 2020 年 12 月 30 日作出(2020)桂 05 执监 5 号执行裁定，认为案涉以物抵债裁定系海城区法院根据宝信行公司与尚源居公司达成的执行和解协议作出。执行依据是双方当事人达成执行和解协议的权利基础。现部分执行依据被撤销，据此作出的以物抵债裁定当然予以撤销。海城区法院撤销上述以物抵债裁定并无不当。海城区法院据此依职权启动本案监督程序，审查及纠正执行过程中的措施和行为，程序符合法律规定。故裁定驳回宝信行公司的申诉请求。

宝信行公司不服该执行裁定及海城区法院(2018)桂 0502 执监 14 号之一执行裁定，向广西壮族自治区高级人民法院申诉，请求裁定撤销北海中院(2020)桂 05 执监 5 号执行裁定及海城区法院(2018)桂 0502 执监 14 号之一执行裁定，裁定维持海城区法院(2015)海执字第 1320－1330 号执行裁定。

自治区高级人民法院于 2021 年 11 月 5 日作出(2021)桂执监 121 号执行裁定,认为在案件的执行过程中,当事人可以自愿协商达成和解协议,依法变更生效法律文书确定的权利义务主体、履行标的、期限、地点和方式等内容。在本案执行过程中,申请执行人宝信行公司与被执行人尚源居公司达成以物抵债执行和解协议,该执行和解协议系当事人在案件的执行过程中对双方权利义务的重新约定,此协议属于当事人自愿履行的范畴,并不具有强制执行的效力。海城区法院根据当事人的执行和解协议作出(2015)海执字第 1320 – 1330 号以物抵债裁定,赋予上述以物抵债执行和解协议的强制执行力没有法律依据,也不利于尚源居公司的其他债权人寻求司法救济,侵害了其他债权人的合法权益。同时,海城区法院裁定将涉案土地用于抵偿原执行依据项下的债权,因部分执行依据被撤销,难以从该土地价值中分割出已被撤销的执行依据债权额所对应的部分,且从实现土地价值最大化、不改变土地规划管理现状的角度考虑,涉案土地宜整体处置。因此,海城区法院(2015)海执字第 1320 – 1330 号以物抵债裁定应予撤销。上述以物抵债裁定被撤销后,申请执行人宝信行公司仍可向被执行人尚源居公司主张权利,尚源居公司的其他债权人也可以依法行使司法救济权利,故裁定驳回申诉人宝信行公司的申诉请求。

【裁判评析】

本案的争议焦点主要是当事人的执行和解协议是否具有强制执行力。关于该问题学界尚未有定论,相关法律在 2018 年《最高人民法院关于执行和解若干问题的规定》出台前也未有明确规定,因此关于执行和解协议是否具有强制执行力也成为萦绕司法界的难题。2018 年 3 月 1 日《最高人民法院关于执行和解若干问题的规定》开始施行,其中第 6 条明确规定:“当事人达成以物抵债执行和解协议的,人民法院不得依据该协议作出以物抵债裁定。”第 9 条则规定:“被执行人一方不履行执行和解协议的,申请执行人可以申请恢复执行原生效法律文书,也可以就履行执行和解协议向执行法院提起诉讼。”到 2020 年,最高人民法院对该规定进行修正,依然保留了上述规定,至此,关于执行和解的司法效力问题在法律法规方面终于不再是空白。然而围绕执行和解的性质及效力理论界仍然存在不少争议,主要有以下四种观点:第一种观点认为,执行和解具有强制执行力。这一观点的基础系将执行和解定性为“诉讼契约”和“诉讼和解”,认为执行和解协议是发生在执行阶段的诉讼和解协议,诉讼和解协议具有执行力,那么执行和解协议当然也具有执行力。第二种观点认为,执行和解不具有法律拘束力。一方面,和解协议内容对当事人无任何法律拘束力,任何当事人都可以反悔；另一方面，执行和解协议没有独立地位，只是附属于生效法律文书，在法律已经对当事人争议的内容作出确认之后，当事人只能遵照执行，不能加以变更，当事人达成的和解协议没有强制执行的效力，一旦一方当事人翻悔，和解协议即失效。第三种观点认为，执行和解是附条件的民事契约。持这一观点的学者将执行和解定位为实现法律文书确定的内容的私力救济方法，是公力救济的一种补充，其效力既不能高于公力救济，也不能取代生效法律文书所确定的权利义务。当满足执行和解协议得到完全履行这一条件时，执行和解协议才能生效、并产生对双方当事人的拘束力；若执行和解协议未能得到履行或者部分履行，则执行和解不产生效力。第四种观点认为，执行和解是实践性民事契约。持这一观点的学者将执行和解定位为诉讼外和解，执行和解协议是当事人之间的民事合同，由此形成一种新的法律关系，如果当事人不按执行和解协议履行的，另一方可以此为依据、通过起诉要求对方当事人依照履行协议内容履行；因此和解协议对双方当事人具有约束力。但和解协议必须得到切实履行后方能生效，即所谓实践性民事契约。

《最高人民法院关于执行和解若干问题的规定》可以说是吸纳了第三、四种观点的精粹，笔者较为认同。理由如下：

首先，从形式上看，执行和解是执行当事人在执行程序中，在自愿平等协商的基础上，就生效裁判确定的权利处分达成一致的意思表示，以期通过当事人的履行而非国家公权力的强制，实现协议的内容，“执行和解就其性质而言，应属民事处分行为”，〔1〕是一种私法上的法律行为，并不能产生强制执行的效力。因此，人民法院也就不得依据当事人协商达成的执行和解协议作出以物抵债裁定。

其次，从目的上看，当事人付诸法院执行是为了定分止争，人民法院进行执行程序所依据的保障是生效裁判文书，所维护的是法院裁判的权威，而执行和解既然属于私法行为的和解契约，其效力并未经过国家公权力认定，如果赋予其强制执行力则相当于运用公权力来确定私法行为所设定的权利义务分配结果，“这与当事人之间所签订的普通债权文书不具有直接交由法院执行机构强制执行的道理一样”。〔2〕

最后，从结果上看，执行和解协议签订后，可能产生多种结果，被执行人一方已履行执行和解协议的，执行即可终结，被执行人一方不履行执行和解协议的，意味着执行和解失败，原生效法律文书恢复执行，因此执行和解协议生效的前提是得到切实履

〔1〕 童兆洪：《民事强制执行新论》，人民法院出版社2001年版。

〔2〕 《日本民事诉讼法典》，曹云吉译，厦门大学出版社2017年版。

行。倘若执行和解协议未得到切实履行,又被赋予强制执行力,则会与原生效裁判文书产生冲突。执行和解协议通常是当事人为达成结果而互相退让的结果,"往往是对原法院裁判的否定"[1],如双方退让的结果反而辩称剥夺自己权利的凭证,其结果是不符合当事人的本来目的的,也不符合公平原则。因此执行和解不应当具有与原生效法律文书相同的强制执行力。

然而,虽然执行和解协议不应具有强制执行力,但并不表示否定执行和解协议对当事人的约束力。该约束力不来源于法律的强制性规定,也并非仅仅依靠双方当事人的诚实信用,而是执行和解一旦未得到履行,债权人仍可重新启动强制执行程序,而强制执行程序的重新启动对债务人来说势必是更为苛刻的义务,对债权人来说也会导致债权实现时间的滞后,甚至债权实现的失败。因此执行和解协议的约束力是以恢复强制执行的国家强制力作为后盾,这是双方当事人在选择恣意不履行执行和解协议时不得不考虑的内容。

---

〔1〕 鄢焱:《再论执行和解——以执行和解协议的性质论争为中心展开》,载《河北法学》2016年第4期。

财产保全裁定提起执行异议之诉的受理条件认定

——陈某某与聂某波、陈某、孙某文申请执行人执行异议之诉再审案

李　延*

【裁判要旨】

程序公正是司法公正的基本要求，也是实体公正的基础。执行异议请求必须是具体明确地针对法院的某一执行行为或对特定执行标的执行要求变更或撤销，申请执行人对诉讼财产保全裁定提出的异议不应当作为执行异议之诉受理。人民法院对当事人提出对保全裁定的异议或是对保全实施行为的异议应严格区分，行使必要的释明权，指导当事人选择正确的救济途径。

【基本案情】

聂某波作为债权人，起诉要求陈某、孙某文共同向其偿还借款300万元及利息，同时要求陈某和孙某文之子陈某某以其所有的房产、银行存款承担上述还款责任。该民间借贷纠纷案件审理过程中，聂某波申请诉讼保全，法院裁定查封了陈某某名下的房产一套，冻结了陈某某银行存款600万元。该案经法院判决仅由陈某、孙某文共同向聂某波承担还款责任，驳回了聂某波的其他诉讼请求。因此，法院裁定解除对陈某某

* 李延，广西壮族自治区高级人民法院审判监督第一庭四级高级法官。

名下房产的查封和银行存款的解冻。聂某波对该解封裁定不服并申请复议，八步区人民法院作出裁定驳回了聂某波的异议申请。聂某波仍不服，继而提起本案诉讼，请求：(1)确认南宁市青秀区英华路 68 号半岛半山 B6 楼 1 单元 1102 号房为陈某、孙某文夫妻共同财产；(2)准许执行南宁市青秀区英华路 68 号半岛半山 B6 楼 1 单元 1102 号房及陈某某存款 95.5 万元。

【裁判结果】

贺州市八步区人民法院于 2016 年 12 月 8 日作出(2016)桂 1102 民初 100 号民事判决：(1)确认位于南宁市青秀区英华路 68 号半岛半山 B6 楼 1 单元 1102 号房属陈某、孙某文、陈某某共同所有；准许执行陈某、孙某文占有的南宁市青秀区英华路 68 号半岛半山 B6 楼 1 单元 1102 号房的份额。(2)驳回聂某波的其他诉讼请求。

贺州市中级人民法院于 2017 年 5 月 21 日作出(2017)桂 11 民终 111 号民事判决：(1)维持贺州市八步区人民法院(2016)桂 1102 民初 100 号民事判决第一项；(2)准予执行陈某某名下账户人民币 20 万元；(3)驳回聂某波的其他诉讼请求。

广西壮族自治区高级人民法院于 2019 年 6 月 26 日作出(2019)桂民再 18 号民事裁定：(1)撤销贺州市中级人民法院(2017)桂 11 民终 111 号民事判决以及贺州市八步区人民法院(2016)桂 1102 民初 100 号民事判决；(2)驳回聂某波的起诉。

【裁判评析】

本案例涉及当事人对法院作出的诉讼财产保全裁定不服，是否属于执行异议之诉案件受理范围的问题。2015 年《最高人民法院关于适用〈中华人民共和国民事诉讼法〉的解释》(以下简称《民事诉讼法司法解释》)起草过程中，有观点提出应对诉讼财产保全、诉前财产保全和先予执行措施是否能够提起执行异议之诉的问题作出明确规定，该解释第 171 条是关于对保全措施裁定不服予以救济的规定，该条沿用了 1992 年《最高人民法院关于适用〈中华人民共和国民事诉讼法〉若干问题的意见》第 110 条规定的相关内容，并根据 2012 年《中华人民共和国民事诉讼法》(以下简称《民事诉讼法》)第 108 条的规定进行了修改，精神要义仍与《最高人民法院关于人民法院办理财产保全案件若干问题的规定》(以下简称《财产保全规定》)第 25 条规定、《最高人民法院关于人民法院办理执行异议和复议案件若干问题的规定》(以下简称《执行异议复议规定》)第 7 条第 1 款规定、《民事诉讼法》第 232 条规定保持一致。执行异议之诉作为我国民事诉讼领域较新的法律制度，司法实践中因认定事实不一致、程序混乱、理解法律规定存在差异等问题，导致裁判标准、结果不一。从本案例也可以看出，虽法律对此有明确规定，但司法实务上对于执行复议及执行异议之诉的选择仍存在诸多问题和争议。因此，有必要通过本案例对此类问题展开说明和研究，以此判断当事人诉请的实质，指导当事人选择正确的救济途径，避免诉累。

一、申请执行人对诉讼财产保全裁定有异议，能否作为执行异议之诉处理

执行异议制度自 2008 年 4 月 1 日起施行的民事诉讼法创设而来，历经了几次发展。该制度包含了执行异议、执行复议、执行异议之诉三个程序。其中，根据提起执行异议的事由不同，执行异议可以分为执行行为的异议和执行标的的异议，申请执行人对保全查封裁定的异议属于执行行为异议，其救济途径是执行复议。执行行为作为一种外在表现，确实存在影响各方实体权利的可能，虽常与执行标的相关联，但执行异议的事由、内容、性质等将影响执行异议程序的最终走向。

民事诉讼法及其司法解释分别对财产保全裁定的异议和申请执行人异议之诉进行了规制，二者存在以下不同：(1)提出主体不同。前者主体可以是申请执行人、被执行人以及可能受到执行行为影响的利害关系人；后者主体只能是申请执行人。(2)法律适用不同。前者适用《民事诉讼法》第 232 条、《执行异议复议规定》第 7 条、《财产保全规定》第 25 条的规定；后者适用《民事诉讼法》第 234 条、《民事诉讼法司法解释》第 304 条的规定。(3)异议对象不同。前者对象仅为保全裁定本身，且发生在诉讼前或者诉讼过程中；后者异议对象为执行标的，仅发生在执行过程中。(4)价值取向不同。前者通过保全的方式维持财产的现状，为将来生效判决的结果得以实现提供有效保障，本质是解决执行行为违法问题，通过纠正法院错误的执行行为，使执行行为合法，但该财产最终是否能够被执行，仍要取决于判决的最终结果。因此，该裁定属于或然状态。从申请执行人的角度，其是要继续执行标的，而后者赋予申请执行人诉权，通过诉讼的方式将执行标的的实际归属予以明确，解决的是存在于标的物上的实体权利，并为此后的执行行为提供依据。(5)审理方式不同。前者属程序审查，法律只赋予了异议人申请复议的权利，且复议期间不停止裁定的执行。且根据兼顾效率原则，一般以书面审查为原则，听证审理为例外。后者属实体审查，意在通过审理程序对执行标的权利归属作出判断。相较前者程序相对严格，一般适用普通程序实体审理。但审判实践中，很多法官出于谨慎，执行异议案件也都开庭审理。

通过以上两种制度的区分，理顺二者在诉讼进程中应前后顺接，当前者被驳回后，申请执行人在执行阶段再行提起执行异议之诉，对其利益的保护和救济方为周

延。本案中,聂某波作为申请执行人,在一审时提出的诉讼请求是要求确认陈某某名下的房产为债务人陈某、孙某文的夫妻共同财产,并准许执行该房产及陈某某名下的存款。聂某波起诉本案意图很明确,即要求法院对案涉房产及存款的权利归属作出判断,但其所诉的对象为法院在其与陈某、孙某文民间借贷纠纷中作出的解封裁定,因该民间借贷纠纷作出判决已明确陈某某不承担责任,聂某波不服该裁定,依法可申请复议,在复议决定作出之后仍不服的,其应对执行依据通过审判监督程序予以重新判定。保全查封裁定虽然涉及当事人的权利义务,但不是对民事主体权利义务关系作出的最后结论或终局性裁定,其主要功能仍然在于解决诉讼程序上发生的事项。因此,保全查封裁定属于中间性、临时性、程序性裁定。虽然财产保全裁定与民事诉讼法中规定的不予受理、管辖权异议、驳回起诉三类裁定的性质有所区别,但仍可作对比与借鉴。对于当事人不服法院作出的这三类裁定,《民事诉讼法》中规定了不同的救济途径,如可以上诉。其他裁定一经作出,立即生效。同理,财产保全裁定也属于一经作出就立即发生法律效力的裁定,参照《民事诉讼法》第 111 条的规定,当事人对保全裁定不服的,可以申请复议,并应以复议一次为限。由于保全、解封裁定都是在紧急情况下采取的临时性救济措施,复议属于事中救济,复议过程不能阻却生效裁定的执行,亦不能多次复议。对于因保全、查封错误造成案外人损害的,理应给予救济,但根据诉讼程序的设计,当事人可以对保全裁定提出复议申请,此后并未规定有其他的救济途径。进入何种异议程序也将决定各个利害关系人的权利是否得到保障,如果应当进入执行复议的案件进入了执行异议之诉程序,必然导致审理时间冗长,严重损害申请执行人的利益,如果给予当事人过多的救济环节,亦不符合程序兼顾效率的要求。因此,执行异议程序的选择和对象的确定是极为重要的一个环节,人民法院应当根据当事人诉请的实质,指导其选择正确的救济途径。申请执行人对保全查封裁定的异议属于执行行为异议,不应作为执行异议之诉受理。

二、申请执行人执行异议之诉的审查应注意的程序问题

1. 执行异议之诉与审判监督程序的关系与衔接。执行异议之诉与再审程序都是一种权利救济途径,都有利于保障当事人的合法权利,体现裁判的正确性、合法性、权威性。对两种制度设置的不同之处进行把握,有利于对二者程序衔接加以明确,提高司法效率。一是价值目标不同。执行异议之诉解决的是实体权利争议,而再审程序的立法目的在于纠正已经生效裁判的错误,其救济对象是已经生效的判决和裁定。二是审理程序不同。执行异议之诉作为新的诉,该程序的启动按一审程序审理,再审

程序适用审判监督程序相关法律法规，并根据已生效的判决或裁定的审级情况，决定是按一审程序或是二审程序审理。三是产生时间不同。执行异议之诉只能发生在执行阶段，再审程序按照现行法律规定是在裁判生效后或当事人知道或应当知道符合法定可申请再审的情形之日起6个月内提出，两者时间可能存在重叠和交叉。四是适用条件不同。再审程序一般在其他程序不能实现救济的情况下才使用，提起的条件有严格的规定。通过执行异议之诉能够对权利主体进行救济的，应优先适用执行程序，不能用审判程序审理执行裁定。

2. 不应当作为执行异议案件受理的情形。(1)非利害关系人提起的执行异议。虽然《执行异议复议规定》第5条与第7条在内容上存在交叉，但该两条规定通过详细列举的方式将各类可能违法的执行行为一一罗列出来，在审查利害关系人主体资格的问题上，应当对照该两条规定进行把关，考量异议人与执行行为之间是否具有利害关系，执行行为是否对异议人的利益产生影响，如不具主体资格的，不得提出执行异议。(2)对执行依据的异议。异议人提出的事由如果是与原裁判有关，也就是说执行标的与执行依据处理的标的同一或者存在关联，属于对执行依据的异议。[1] 该情况就应考虑到前述提到的执行异议之诉与再审程序的衔接问题，应当按照驳回当事人的异议申请处理，或者可以根据执行依据的不同情况，向当事人释明救济途径，如通过审判监督程序对执行依据进行审查。

本案例为再审案件，不仅着重对原审程序的审查，也注意对实体问题的分析。原审法院认定聂某波请求准予对陈某某名下的房产、现金进行执行，是为了恢复对异议标的执行许可，以此将本案的法律性质确定为申请人执行异议之诉。但究其实质并未符合法律规定的起诉条件，即使认定聂某波具有申请执行人身份，根据《民事诉讼法》第234条的规定及释义，执行异议之诉可分为案外人执行异议之诉和申请执行人执行异议之诉，二者最重要的区别之一即案外人在提起执行异议之诉时，可一并对执行标的提起确权之诉，而申请执行人虽可以被执行人对执行标的享有权利为由请求继续执行，但不能代被执行人之位提出对执行标的进行确权的诉讼请求。那么，申请执行人异议之诉相较于案外人执行异议之诉，因申请执行人对执行标的不享有排他性权利，无权在提起对执行标的继续执行的诉讼请求的同时，提起对执行标的确权诉讼，人民法院不能在申请执行人执行异议之诉中对执行标的的权属作出判决。本案例中，聂某波要求确认案涉房产为陈某、孙某文的夫妻共同财产并准予执行该房产和

[1] 王静：《执行异议案件程序问题分析》，载《人民法院报》2019年6月27日，第7版。

陈某某名下存款的诉讼请求，实为对案涉房产要求确权和对存款所有权的明确，本案原审法院判决确认案涉房产为陈某、孙某文、陈某某共同所有，并准许执行陈某、孙某文的份额及陈某某部分银行存款，突破前述法律规定的程序要求，也与另案民间借贷纠纷的处理结果发生冲突，即再次对执行标的作出不同归属的结论。根据再审法院查明的事实，贺州市中级人民法院已依据检察机关的抗诉，对聂某波与陈某、孙某文、陈某某民间借贷纠纷案件进行再审，并将该案发回贺州市八步区人民法院重审，至此，聂某波与陈某、孙某文之间的债权债务关系仍处于尚未有定论的阶段，执行异议之诉所涉标的已不存在，该判决不能作为执行依据，执行异议成为无源之水。因此，无论聂某波在主体上是否符合起诉条件，还是申请内容是否符合审理范围，本案例所涉问题均不能通过申请人执行异议之诉予以解决。如果在执行异议之诉案件审理中发现执行依据或者据以执行的生效法律文书确有错误，或是确实存在侵犯案外人的合法权益的情况，法院应当厘清当事人是对保全裁定的提出异议，还是对执行行为提出异议，是否具有诉的利益，正确把握执行异议之诉与再审程序的衔接关系，依法行使释明权，引导当事人通过审判监督程序对执行依据或者原生效判决进行审查予以解决。否则，不仅浪费司法资源，亦达不到诉讼程序对权利救济的充分性和诉讼的效率性兼顾的要求。

三、参照适用本案例时还需注意的问题

1. 当事人所诉内容是否为执行实施行为，是否处于执行阶段。申请执行人提出执行异议之诉的前置程序是申请执行人与被执行人在执行程序中，对被执行人的财产采取强制措施，用涉案财产来实现申请人执行人的利益。本案例中，陈某某虽为陈某、孙某文的儿子，但其购买案涉房产时已经成年，且有稳定工作和固定收入来源，更有生效判决确认其对聂某波与陈某、孙某文的借款不承担偿还责任，其并非法律规定的“被执行人”身份。虽陈某某作为民间借贷纠纷的当事人之一，其财产在各方权利义务未予明确的情况下，经聂某波申请对陈某某名下的房产及银行存款进行保全和查封，法院依法作出了相应的查封和冻结的裁定，但此后，经法院依法审理聂某波与陈某某父母二人民间借贷纠纷确定陈某某无须担责后，法院再次依法作出解封裁定符合法律规定，且至此，案件还未进入执行阶段。根据《民事诉讼法》第232条的规定，当事人提起执行异议复议的对象是人民法院的执行行为，只有进入执行程序后，才可能存在法院的执行行为，裁定驳回对案涉财产继续保全和解封的申请意味着执行程序尚未启动，因此，驳回执行申请本身系作出裁定的法院对当事人申请执行异议

之诉是否符合法定条件的判断，回归本案，所诉行为未发生在执行程序中，也不是执行实施行为。聂某波不能对解封裁定提出执行异议之诉，其亦非法律规定的"申请执行人"。

2. 严格审查证据，避免执行异议中的虚假诉讼。执行程序是防范虚假诉讼的一个重要关口，严格事实审查，甄别证据真伪，实现审判在程序上和实体上的公正，无疑是对当事人权益最有力的保障。执行程序中的虚假诉讼案件类型主要集中在房屋买卖纠纷、民间借贷纠纷、离婚纠纷及相关执行案件。如被执行人名下有可供执行的价值较大的房屋，被执行人为了规避执行常常会利用提供虚假合同、捏造事实、提前转移财产等手段来对抗执行，人民法院对此要通过查封、评估、拍卖来实现申请执行人的利益，审判实践中发现，确实有部分被执行人与案外人互相串通，制作权利外观制造案外人为房屋实际所有人的假象，但法院在民事案件审理中只能遵守民事证据规则据以判断证据的真实合法性，从而对案外人的主张支持的可能性更大。为保护当事人利益，应当严格审查证据材料，对疑点进行彻底的调查。本案例中，陈某某于2010年11月27日与开发商就案涉房屋签订《商品房买卖合同》，该房产于2012年7月16日取得不动产产权证书，该证书上记载房屋所有权人仅为陈某某一人，为其单独所有。而聂某波与陈某、孙某文债务形成时间在2014年5月，虽孙某文于2010年11月至12月分三次共转款96万元给陈某某购买房屋，但该96万元的转款时间、案涉房屋的取得及办证时间均发生在聂某波与陈某、孙某文之间的债务形成的时间之前。根据孙某文抗辩认为其向陈某某的前述转款行为属于赠与，因赠与属于实践性合同，涉案房屋亦早已登记在陈某某个人名下，其购房时已成年，并有稳定工作及收入来源。因此，陈某、孙某文为了逃避债务与陈某某存在串通转移房产的可能性不大。

涉关联企业虚假诉讼认定

——某贸易公司诉某建设集团案外人执行异议之诉案

李文练[*]

【裁判要旨】

案外人执行异议之诉的立法本意是阻却强制执行、保障案外人的合法权益，但该制度也容易被当事人利用，成为其恶意拖延甚至阻止强制执行的手段。为避免被执行人与案外人相勾结，利用合法手段阻止强制执行，人民法院在审理案外人执行异议之诉时，应当注意防范虚假诉讼，审慎甄别、积极取证，对被执行人与案外人的法律关系、案外人对执行标的享有权利的形式要件与实质要件、被执行人对执行标的是否享有相应权利等问题进行全面分析。若案件涉嫌虚假诉讼罪，则应裁定驳回起诉，将有关线索移送公安机关。

【基本案情】

经审理查明：2012 年 7 月，桂林某置业有限公司（以下简称某置业公司）作为发包人、广西某建设集团有限公司（以下简称某建设集团）作为承包人承建的"桂林市创业孵化中心（智创天地）A 座办公楼"（以下简称 A 座办公楼）已完成大部分工程并停工。经某置业公司与政府协商，政府收回了该宗土地，将该宗土地的土地性质由工业用地变为商业用地，并于 2013 年 12 月 31 日挂牌出让。桂林市某贸易有限责任公司（以下简称某贸易公司）、某置业公司与案外人祝某、何某四方联合参与

---

* 李文练，桂林市中级人民法院民一庭一级法官。

竞拍,以 3650 万元的价格竞拍到该宗土地。联合竞拍协议载明四方的占比分别是某贸易公司 73%、某置业公司 25%、祝某 1%、何某 1%。

由于某置业公司无法足额支付工程款,某建设集团诉某置业公司建设工程施工合同纠纷一案[案号:一审(2016)桂 03 民初 53 号、二审(2019)桂民终 150 号]生效后,某建设集团申请执行某置业公司过程中,某贸易公司认为其对执行标的 A 座办公楼的土地及地上在建工程均享有 73% 的所有权,提出执行异议,要求排除对地上在建工程的执行。

执行法院驳回其执行异议后,某贸易公司遂于 2021 年 1 月 12 日提起本案执行异议之诉,某置业公司列为本案第三人,但某置业公司拒不到庭。某建设集团辩称,某贸易公司并没有真实参与联合竞买,也没有按竞买协议内容支付对价,对涉案土地并无物权,并申请某贸易公司提交参与竞拍土地的实际出资凭证。一审法院通知某贸易公司提交,但某贸易公司迟迟不予提交,一审法院遂于 2021 年 3 月 22 日作出责令某贸易公司提交证据的民事裁定书。后某贸易公司提交了竞拍土地款的付款凭证,均是由祝某个人账户分多次转至七星区土地储备交易中心。某贸易公司法人述称祝某共计支付的 3650 万元购地款中,有 3650 万元×73% =2664.5 万元是代替某贸易公司支付;有 3650 万元×25% =912.5 万元是代替某置业公司支付。祝某并非某贸易公司股东或员工,某贸易公司与祝某对该笔代垫款至今未结算,且对款项来源无法进行合理说明,也无法提供款项来源的证据。参与联合竞拍的四方即某贸易公司、某置业公司、祝某和何某之间没有内部合作协议,对某置业公司、何某与祝某如何结算也说不清楚。

开庭前,一审法院前往国土局调取涉案土地登记信息,档案显示涉案土地系某贸易公司、某置业公司、祝某与何某四方联合竞拍取得,但该土地仅登记在某贸易公司与某置业公司名下,没有登记祝某和何某。某贸易公司对此解释为土地证写不下太多名字。

一审庭审中,某建设集团申请江某(原某置业公司法定代表人、股东)、江苏某发展有限公司副总裁葛某(原某置业公司股东)两名证人出庭作证。拟证明祝某和某贸易公司与原某置业公司之间是民间借贷关系,由某置业公司向祝某和某贸易公司借款 4462.5 万元去竞拍涉案土地,祝某和某贸易公司为了使债权得到保障,便以联合竞拍的名义参与土地竞拍并登记为土地使用权人,即名为土地联合竞拍,实为借款担保。某置业公司原股权比例为:苏州某发展有限公司持股 51%、桂林某投资发展有限公司持股 29%,江某持股 20%。2014 年 10 月,祝某以 20 元的对价购买了江苏某发展有限公司和桂林某投资发展有限公司合计 80% 的股权，并将其登记到祝某控股的桂林市某投资有限公司名下，同时把法定代表人江某变更为余某，后又强行抢夺了某置业公司的所有财务资料。某置业公司目前的股权情况为：桂林市某投资有限公司持股 80%，江某持股 20%。

一审开庭后，一审法院调取祝某诉某置业公司、江某民间借贷纠纷案[（2015）星民初字第 1510 号、（2015）星民初字第 1511 号]的档案，该二案的卷宗材料可以显示祝某起诉的两笔借款（975 万元和 750 万元）的出借时间与涉案土地竞拍时间基本吻合。975 万元借款的组成：375 万元转入七星区土地储备交易中心（转款附言是某置业公司竞拍保证金），365 万元转入七星区财政局（转款附言是某置业公司建设保证金），235 万元转入某置业公司。750 万元借款的组成：537.5 万元转入七星区土地储备交易中心（转款附言是某置业公司购地款），212.5 万元转入某置业公司账户。祝某代某置业公司转入七星区土地储备交易中心的两笔款项 912.5 万元（375 万元 + 537.5 万元）与祝某代某贸易公司转入七星区土地储备交易中心的款项 2737.5 万元，两者相加刚好是竞拍涉案土地的总价款 3650 万元，且转款时间一致，保证金的转款时间均是 2013 年 12 月 27 日，竞拍成功后的购地款转款时间均是 2014 年 1 月 15 日。且民间借贷案件材料中还反映出存在祝某将借款转给某置业公司后，某置业公司又很快将款项以取现的方式还给祝某的可能性，且存在高额手续费、砍头息等典型的高利贷甚至套路贷特征。

另查明，某贸易公司法定代表人周某与祝某、何某关系密切，但在案件审理过程中却一直以没有联系方式为由拒绝提供祝某与何某的联系方式。某贸易公司共两个股东，一个是法人周某，另一个股东是祝某母亲。

原告某贸易公司提出诉讼请求：（1）请求确认某贸易公司对 A 座办公楼享有 73% 的所有权，停止对该财产的执行；（2）请求对涉案土地及地上建筑物进行物权整体析产，析产后执行第三人某置业公司 25% 的份额。

【裁判结果】

一审桂林市中级人民法院于 2021 年 6 月 20 日作出（2021）桂 03 民初 10 号之一民事裁定：驳回某贸易公司的起诉。某贸易公司不服一审裁定，上诉至广西壮族自治区高级人民法院。

二审广西壮族自治区高级人民法院于 2021 年 9 月 22 日作出（2021）桂民终 1158 号民事裁定：驳回上诉，维持原裁定。

【裁判评析】

一、执行异议之诉中应注重对虚假诉讼的甄别

当前,民事商事审判领域存在的虚假诉讼现象,不仅严重侵害案外人合法权益,破坏社会诚信,也扰乱了正常的诉讼秩序。尤其是在法院对不动产执行标的进行处置过程中,部分被执行人与案外人串通,以提起执行异议之诉的方式来拖延和阻碍法院对不动产的司法拍卖,这是典型的虚假诉讼。这种行为严重妨碍了法院的执行工作,造成司法资源的极大浪费,也严重损害了申请执行人的合法权益,损害了司法公信力。对此,应重点关注、严格审查,注意甄别和防范。

(一)虚假诉讼的特征

虚假诉讼并不是一个法律上的专门术语,只是近几年来理论和实践对类似现象的一个概括称呼,因此,“虚假诉讼”这一概念的内涵和外延并不准确和清晰。《最高人民法院关于防范和制裁虚假诉讼的指导意见》第 1 条指出:“虚假诉讼一般包含以下要素:(1)以规避法律、法规或国家政策谋取非法利益为目的;(2)双方当事人存在恶意串通;(3)虚构事实;(4)借用合法的民事程序;(5)侵害国家利益、社会公共利益或者案外人的合法权益。”实践中,需要特别注意以下情形:(1)当事人为夫妻、朋友等亲近关系或者关联企业等共同利益关系;(2)原告诉请司法保护的标的额与其自身经济状况严重不符;(3)原告起诉所依据的事实和理由明显不符合常理;(4)当事人双方无实质性民事权益争议;(5)案件证据不足,但双方仍然主动迅速达成调解协议,并请求人民法院出具调解书。

(二)虚假诉讼的分类

从具体目的来看,虚假诉讼行为可以分为两类:一类是骗财类虚假诉讼,企图通过诉讼侵占他人财产或者逃避合法债务。另一类是出于谋财以外的其他目的的虚假诉讼。从当事人之间的关系来看,也可以分为两类:一类是一方当事人提起虚假诉讼,企图侵犯另一方当事人合法权益的案件,双方当事人之间存在实质的利益对抗关系。另一类是双方当事人恶意串通进行虚假诉讼,企图侵犯案外第三人合法权益,损害国家、公共利益,或者企图逃避履行法定义务,规避相关管理规定等,双方当事人之间不存在实质对抗关系,而是互相串通共同捏造事实、伪造证据,骗取人民法院的裁判。

(三)虚假诉讼的惩治和预防

针对虚假诉讼行为的整治,最高人民法院从 2013 年起先后出台了六部司法解

释。《最高人民法院关于防范和制裁虚假诉讼的指导意见》第12条规定:“对虚假诉讼参与人,要适度加大罚款、拘留等妨碍民事诉讼强制措施的法律适用力度;虚假诉讼侵害他人民事权益的,虚假诉讼参与人应当承担赔偿责任;虚假诉讼违法行为涉嫌虚假诉讼罪、诈骗罪、合同诈骗罪等刑事犯罪的,民事审判部门应当依法将相关线索和有关案件材料移送侦查机关。”《最高人民法院关于深入开展虚假诉讼整治工作的意见》第16条规定:“坚持查假纠错,依法救济受害人的权利。对涉嫌虚假诉讼的案件,可以通知与案件裁判结果可能存在利害关系的人作为第三人参加诉讼。对查处的虚假诉讼案件,应当依法对虚假诉讼案件生效裁判进行纠错。对造成他人损失的虚假诉讼案件,受害人请求虚假诉讼行为人承担赔偿责任的,应予支持。虚假诉讼行为人赔偿责任大小可以根据其过错大小、情节轻重、受害人损失大小等因素作出认定。”第17条规定:“依法认定犯罪,从严追究虚假诉讼刑事责任。”第22条规定:“探索信用惩戒,助力诚信建设。各级人民法院要积极探索建立虚假诉讼‘黑名单’制度。”最高人民法院印发的《关于在民事诉讼中防范与惩治虚假诉讼工作指引(一)》的通知中提出了8条防范虚假诉讼的措施,包括法律宣传、签署保证书、责令提交证据、通知证人出庭、依职权追加第三人、依职权调查取证、合理分配举证责任、严格审查调解协议效力等,对发现和防范虚假诉讼,提出了较为有针对性的具体操作办法。该指引第17条至第37条列举了针对不同类型、不同阶段、不同性质的虚假诉讼行为的具体惩治措施。处罚对象包括诉讼当事人、证人、诉讼代理人、鉴定机构、公证机构、公职人员;处罚措施包括训诫、罚款、拘留、对于有犯罪嫌疑的移送有管辖权机关处理等。对案件的处理方式包括驳回原告的诉请、对涉嫌虚假诉讼案件依职权启动再审、对受害人因虚假诉讼造成的损失予以赔偿(包括物质损失和精神损失)等。

(四)虚假诉讼罪

首先,虚假诉讼罪的主观方面是故意犯罪,行为人具有提起虚假的民事诉讼,欺骗国家司法机关,通过获得司法机关的裁判文书实现其非法目的的主观故意。《刑法修正案(九)》草案一审稿在本条中曾规定了“为谋取不正当利益”的主观条件。在草案审议和征求意见过程中,人大常委会组成人员和有关方面提出,增加规定虚假诉讼犯罪的目的是维护司法秩序,无论行为人的具体动机与目的如何,以捏造的事实提起虚假的民事诉讼的行为,就是严重妨害司法秩序的行为。如果再增加规定“为谋取不正当利益”的主观条件,不利于追诉和惩治虚假诉讼犯罪。根据上述意见,草案二审稿删除了“为谋取不正当利益”的规定。因此,虚假诉讼罪的主观方面为故意且不限于谋取不正当利益的目的。

其次,根据《中华人民共和国刑法》第307条之一第1款"以捏造的事实提起民事诉讼,妨害司法秩序或者严重侵害他人合法权益的,处三年以下有期徒刑、拘役或者管制,并处或者单处罚金;情节严重的,处三年以上七年以下有期徒刑,并处罚金"的规定,构成虚假诉讼犯罪在客观方面必须具备以下条件:一是以捏造的事实提起民事诉讼。"提起民事诉讼"是指依照民事诉讼法的规定向法院提起诉讼。在刑事自诉、行政诉讼等领域以捏造的事实向法院提起虚假诉讼的情况,不适用本条规定。"以捏造的事实提起民事诉讼"是指通过伪造书证、物证、恶意串通、指使证人作假证言等手段,以凭空捏造的根本不存在的事实为基础,向法院提出诉讼请求,要求法院作出裁判。二是妨害司法秩序或者严重侵害他人合法权益。这是构成虚假诉讼罪的结果条件。"妨害司法秩序"是指对国家司法机关进行审判活动、履行法定职责的正常秩序造成妨害,包括导致司法机关作出错误判决造成司法权威和司法公信力的损害,也包括提起虚假诉讼占用了司法资源,影响了司法机关的正常司法活动等。"严重侵害他人合法权益"是指虚假诉讼活动给被害人的财产权等合法权益造成严重损害。如司法机关执行错误判决或者因行为人提起诉讼采取保全措施造成被害人财产的严重损失,被害人一定数额的合法债权得不到及时清偿等。从这一规定来看,只要虚假诉讼行为妨害司法秩序或者严重侵害他人合法权益,就可以构成本条规定的犯罪,并不一定要求诉讼程序已经完结,司法机关已经实际完成了裁判文书制作、送达,裁判文书完全符合行为人的意愿等。

二、某贸易公司对被执行财产是否享有真实所有权

一审法院认为,综合全案事实与证据,某贸易公司主张对争议标的享有所有权存在诸多疑点。第一,某贸易公司法定代表人周某与祝某关系密切,但法院要求某贸易公司提交祝某、何某联系方式时,某贸易公司却以没有联系方式为由拒绝。法院通过多方打听到祝某电话后,要求祝某到法院接受询问,祝某第一次表示愿意到法院,但再次致电祝某时其就不再接听或者直接挂断。

第二,某贸易公司与祝某、何某、某置业公司曾共同参与竞拍,但某贸易公司未能提交任何直接出资参与联合竞拍的证据。某贸易公司以与祝某关系好,所以祝某为其代垫2737.5万元参与联合竞拍,但却一直未就该笔钱进行过结算,该解释与常理不符。应认定某贸易公司并未实际出资参与联合竞拍。

第三,由于涉案土地是四方联合竞拍,但土地权属登记却只有某置业公司和某贸易公司两方,在要求某贸易公司解释原因时,其解释为名字太多写不下,该解释明显

与常理不符。

经查，在祝某诉某置业公司民间借贷案中，祝某借给某置业公司的两笔款项（975万元、750万元）有912.5万元系直接转入七星区土地储备交易中心，该款项与前述付款凭证中祝某支付的2737.5万元相加，正好是涉案土地的总价3650万元（912.5万元+2737.5万元=3650万元）。此外，祝某对某置业公司的借款时间与联合竞拍时间基本一致。在某置业公司取得借款后，某置业公司又将款项以取现方式归还祝某。根据以上事实，可以确定某置业公司与祝某的两笔借款和联合竞拍中祝某代某置业公司支付的款项是重合的，即有可能就是同一笔款项。最后，祝某曾于2014年10月以极不合理的对价20元购买了某置业公司80%的股权，登记在其控股的恒康公司名下，也即2014年10月以后的某置业公司实际已被祝某控制，某置业公司与某贸易公司属于存在共同利益的关联企业。以上事实与证人证言的陈述可以相互印证。

基于上述事实，一审法院对“四方联合竞拍”的真实性产生高度怀疑，本案中原某置业公司与祝某、某贸易公司之间更像民间借贷甚至套路贷关系，而所谓的“四方联合竞拍”应是为民间贷款提供的担保，故某贸易公司称其出资竞拍土地并享有73%的份额显然与事实不符，某贸易公司故意捏造事实提起本案诉讼。

三、某贸易公司是否构成虚假诉讼

《最高人民法院、最高人民检察院、公安部、司法部关于进一步加强虚假诉讼犯罪惩治工作的意见》第6条规定：“民事诉讼当事人有下列情形之一的，人民法院、人民检察院在履行职责过程中应当依法严格审查，及时甄别和发现虚假诉讼犯罪：……（三）在可能影响案外人利益的案件中，当事人之间存在近亲属关系或者关联企业等共同利益关系的。”最高人民法院印发的《关于在民事诉讼中防范与惩治虚假诉讼工作指引（一）》的通知第51条规定：“执行异议和复议案件存在下列情形之一的，人民法院应当重点甄别可能存在虚假诉讼：（1）案外人、利害关系人、执行案件当事人之间存在夫妻、亲属、朋友等亲近关系或者关联企业、合伙人、长期经济往来等特殊关系；（2）申请人主张执行异议的事实和理由明显不符合常理；（3）提交的证据存在伪造、变造嫌疑；（4）当事人陈述前后矛盾；（5）一方当事人承认于己不利的事实明显不符合常理；（6）当事人本人应当出庭却无正当理由拒不到庭；（7）其他可能存在虚假诉讼的情形。”

本案中，某贸易公司与祝某以及与被祝某控制的某置业公司之间存在朋友、关联企业关系。某置业公司作为第三人本应配合法院查明案件事实，但经一审法院传票传唤却无正当理由拒不到庭。某贸易公司法人周某与联合竞拍人祝某、何某是朋友关系，却向一审法院谎称没有祝某和何某的联系方式，并在法院通知祝某到庭第二次接受询问时，告知祝某不要前往，祝某在之后故意拒接法院电话。且周某对于与祝某的关系问题前后陈述明显矛盾，一开始说联系不上，之后又说关系很好，很多合作项目都还没有结算，还把合伙的所有资金都交由祝某个人账户管理。一审法院在办理案件过程中，鉴于原告某贸易公司对诸多关键问题不符合生活常理的解释，依职权积极主动调查取证，不断证实了某贸易公司并未实际出资竞拍土地、所谓的联合竞拍实际是民间借贷担保的事实真相。

《最高人民法院、最高人民检察院关于办理虚假诉讼刑事案件适用法律若干问题的解释》第1条第3款规定："向人民法院申请执行基于捏造的事实作出的仲裁裁决、公证债权文书，或者在民事执行过程中以捏造的事实对执行标的提出异议、申请参与执行财产分配的，属于刑法第三百零七条之一第一款规定的'以捏造的事实提起民事诉讼'。"虚假诉讼罪中的"捏造事实"，包括捏造民事法律关系、虚构民事纠纷两个方面。捏造民事法律关系，是指行为人与他人之间根本不存在特定的民事法律关系，但是，行为人通过伪造证据、虚假陈述等手段无中生有、凭空伪造双方存在民事法律关系的假象；虚构民事纠纷，是指双方本来不存在民事纠纷，故意虚构因为捏造出来的民事法律关系产生民事纠纷的事实。同时满足上述两个条件的，应认定为"捏造事实"。同时，该解释第2条第1款第2项规定："以捏造的事实提起民事诉讼，有下列情形之一的，应当认定为刑法第三百零七条之一第一款规定的'妨害司法秩序或者严重侵害他人合法权益'：(二)致使人民法院开庭审理，干扰正常司法活动的。""妨害司法秩序"和"严重侵害他人合法权益"均属于虚假诉讼罪的成立条件，满足其一即可构成本罪。实践中，虚假诉讼行为一旦获得立案、进入审判程序，自然会产生妨害司法秩序的危害后果。本案中，某贸易公司在某建设集团申请执行属于某置业公司所有的涉案标的时，捏造对涉案标的享有所有权的事实，虚构民事法律纠纷，在执行异议被驳回后，继续提起执行异议之诉，意图拖延执行，并想通过诉讼手段将不属于自己的土地和地上建筑物由法院确认为某贸易公司所有。某贸易公司提起的执行异议之诉获得立案，致使人民法院开庭审理，并导致申请执行人某建设集团卷入不必要的诉讼，使执行法院对涉案标的的执行被迫停止。某贸易公司的行为不仅妨害司法秩序，且严重侵害某建设集团的合法权益。因此，本案不属于人民法院受理民事诉讼的范围，应当裁定驳回某贸易公司的起诉，并将有关材料移送公安机关。

涉按揭商品房转让异议之诉案件效力认定

——张某伟诉吕某辉、吕某启案外人执行异议之诉案

陈劲松*

【裁判要旨】

一般情况下,开发商交付商品房后,不一定能及时办理产权登记证书,在没有取得产权登记证书之前,购房者能否将商品房转让?《中华人民共和国城市房地产管理法》第38条规定:"下列房地产,不得转让:(六)未依法登记领取权属证书的。"但该条款不属于《中华人民共和国民法典》第143条第3项规定的效力性禁止条款,仅属于管理性条款,房地产管理部门可以依照该条款的规定,不给予办理产权过户手续,而不能因此认定转让合同无效。因此,案外人能否排除强制执行,应根据《最高人民法院关于人民法院办理执行异议和复议案件若干问题的规定》第28条的规定进行审查。

【基本案情】

一、当事人

上诉人(原审原告、申请执行人):张某伟。
被上诉人(原审被告、案外人):吕某辉。
被上诉人(原审被告、被执行人):吕某启。

---

* 陈劲松,玉林市中级人民法院执行裁判庭副庭长,一级法官。

二、查明事实

1. 2017年1月19日，广西陆川县碧桂房地产开发有限公司与吕某启签订了一份《商品房买卖合同（预售）》，约定吕某启购买广西陆川县碧桂房地产开发有限公司的陆川县碧桂城3幢3单元1401号房屋，面积123.52平方米，每平方米3767.99元，总价格为465422元。吕某启支付了首付款93422元，向中国建设银行陆川支行按揭贷款372000元，于2017年1月19日在陆川县房产地管理所登记备案，于2017年3月13日缴纳契税6648.88元，于2017年3月27日在陆川县不动产登记中心办理了不动产预告登记，登记号为桂（2017）陆川县不动产证明第0001309号。

2. 2019年6月29日，吕某辉在陆川县万众房地产经纪有限公司的介绍下与吕某启签订了第一份《房地产买卖合同》，吕某辉在当天交定金30000元给吕某启。2019年7月2日，吕某辉（甲方）与吕某启（乙方）签订了第二份《房屋买卖合同》，约定甲方将其陆川县碧桂城3号楼3幢3单元1401号房屋转让给乙方，面积123.52平方米，每平方米4600元，总价格为568192元。还约定：甲方名下的《不动产权证书》由甲方负责办理，费用由甲方负责。乙方名下的《不动产证书》由乙方负责办理，甲方提供相关材料予以协助，所有费用全部由乙方负责支付。甲方办到自己名下的《不动产权证书》后，即书面通知乙方提前还贷，乙方在接到通知之日起必须3个月内提前还贷，双方办理房屋所有权转移登记到乙方名下的所有手续。

3. 吕某辉于签订第二份合同当天通过银行转账187221.21元给吕某启。吕某辉共支付217221.21元给吕某启，从2019年7月起，吕某启尚欠银行的贷款350970.79元由吕某辉偿还抵消剩余的房屋买卖价款。2019年7月8日，上述《房屋买卖合同》经陆川县公证处（2019）陆桂证字第693号公证书公证。随后，吕某启将房屋、商品房买卖合同（预售）、契税发票、房屋锁匙等一并交付给了吕某辉。2020年6月吕某辉开始对该房屋进行装修，并于2021年1月1日搬入居住至今。

4. 2020年7月8日，陆川县人民法院受理原告张某伟诉被告吕某启民间借贷纠纷一案，2020年8月6日该院依据申请人张某伟的保全申请，查封了案涉房屋，查封期限至2023年8月5日。该院于2020年12月29日作出（2020）桂0922民初2303号民事判决，判决：(1)吕某启返还借款本金人民币247829.83元给张某伟；(2)吕某启应支付利息给张某伟，利息计算方法：以247829.83元为基数，从2020年7月8日起按一年期贷款市场报价利率支付利息计算至被告履行义务完毕之日止。吕某启不服该判决，向玉林市中级人民法院提起上诉，玉林市中级人民法院于2021年4月26

日作出(2021)桂09民终692号民事判决,驳回上诉,维持原判。

在执行阶段吕某辉于2021年3月29日向该院提出书面异议,该院受理后于2021年4月12日作出(2021)桂0922执异3号事裁定书,认为吕某辉与吕某启买卖坐落在陆川县碧桂城3号楼3幢3单元1401号房屋,有汇款记录、装修材料单据、房屋买卖合同、公证书等证据证实,双方买卖行为没有违反法律规定,合法有效,吕某辉提出的异议理由成立。裁定如下:中止对被申请人吕某启名下坐落在陆川县东环路198号碧桂城3号楼3幢3单元1401号房屋执行[不动产权证号:桂(2017)陆川县不动产证明第0001309号]。张某伟不服,于2021年4月20日向该院提起诉讼。

5.广西陆川县碧桂房地产开发有限公司于2021年5月为碧桂城小区3幢全体客房办理房屋不动产权证,在证件办理期间,3幢3单元1401号房客户吕某启因与张某伟民间借贷纠纷一案被法院于2020年8月6日查封,故未能办理不动产权证到吕某启名下。

6.一审法院审理认为,根据《最高人民法院关于适用〈中华人民共和国民事诉讼法〉的解释》第311条关于"对申请执行人提起的执行异议之诉,人民法院经审理,按照下列情形分别处理:(一)案外人就执行标的不享有足以排除强制执行的民事权益的,判决准许执行该执行标的;(二)案外人就执行标的享有足以排除强制执行的民事权益的,判决驳回诉讼请求"的规定,对申请执行人提起的执行异议之诉的审理,就是判断案外人就执行标的是否享有足以排除强制执行的民事权益。根据本案查明的事实,2019年7月2日,吕某辉与吕某启签订一份《房屋买卖合同》,吕某启将涉案房屋转让给吕某辉,该合同是双方的真实意思表示,合法有效,上述《房屋买卖合同》经陆川县公证处(2019)陆桂证字第693号公证书公证。随后,吕某启将房屋、商品房买卖合同(预售)、契税发票、房屋锁匙等一并交付给了吕某辉,吕某辉从2019年7月起就已对该房屋占有使用至今,因此,吕某辉已取得了该房屋的相应权利。吕某辉与吕某启买卖涉案房屋的行为发生在法院查封之前,房屋虽未办理过户登记手续,但只是因该房屋在银行贷款时办理了抵押才导致无法办理过户登记手续,因此,吕某辉没有过错。根据《最高人民法院关于人民法院民事执行中查封、扣押、冻结财产的规定》第15条的规定,吕某辉对涉案房屋享有足以排除强制执行的民事权益。因此,原告的诉请不符合法律规定,依法不能成立,对原告的诉讼请求,该院予以驳回。综上所述,判决:驳回原告张某伟的诉讼请求。

宣判后,张某伟不服一审判决,向玉林市中级人民法院上诉,请求撤销一审判决,支持其一审诉讼请求。

【裁判结果】

玉林市中级人民法院审理认为，吕某启（被执行人）与广西陆川县碧桂房地产开发有限公司签订《商品房买卖合同（预售）》，购买陆川县碧桂城3幢3单元1401号房屋。吕某启支付了首付款93422元，向中国建设银行陆川支行按揭贷款372000元，双方的购房合同已经进行备案登记和不动产预告登记，但至今该房屋未登记在吕某启名下。因此，吕某启尚未取得上述房屋的所有权，其取得的仅是上述房屋的物权期待权。在一审法院查封前，被执行人吕某启与案外人吕某辉签订房屋买卖合同，实际上是将其物权期待权转让给案外人吕某辉。因此，本案的争议焦点为，案外人吕某辉是否享有足以排除人民法院强制执行的合法权益。买受人与被执行人签订买卖合同，在已经履行合同部分义务的情况下，虽然尚未取得合同标的物的所有权，其物权期待权具有排除一般金钱债务执行的效力，但必须符合一定的条件。《最高人民法院关于人民法院民事执行中查封、扣押、冻结财产的规定》第15条规定：被执行人将其所有的需要办理过户登记的财产出卖给第三人，第三人已经支付部分或者全部价款并实际占有该财产，但尚未办理产权登记手续的，人民法院可以查封、扣押、冻结；第三人已经支付全部价款并实际占有，但未办理过户登记手续的，如果第三人对此没有过错，人民法院不得查封、扣押、冻结。《最高人民法院关于人民法院办理执行异议和复议案件若干问题的规定》第28条规定："金钱债权执行中，买受人对登记在被执行人名下的不动产提出异议，符合下列情形且其权利能够排除执行的，人民法院应予支持：（一）在人民法院查封之前已签订合法有效的书面买卖合同；（二）在人民法院查封之前已合法占有该不动产；（三）已支付全部价款，或者已按照合同约定支付部分价款且将剩余价款按照人民法院的要求交付执行；（四）非因买受人自身原因未办理过户登记。"对照上述司法解释的规定，逐一分析：（1）案外人吕某辉与被执行人吕某启签订的买卖合同是否有效的问题。上诉人张某伟主张该买卖合同未经抵押权人同意，损害了抵押权人的利益，应认定合同无效。首先，必须明确被执行人吕某启未取得抵押物的物权，抵押权人中国建设银行陆川支行享有的亦仅为预抵押登记的权利。《物权法》（已废止）第191条第2款规定："抵押期间，抵押人未经抵押权人同意，不得转让抵押财产，但受让人代为清偿债务消灭抵押权的除外。"抵押人未经抵押权人同意转让抵押物仅是对物权的转移产生限制，而不能对引起物权变动的合同效力产生影响，即引起物权发生变动的买卖合同不会因未经抵押权人同意而无效，该条款不属于《合同法》（已失效）第52条规定的效力性禁止条款。因此，即便中国建设银行陆川支行享有抵押权,上述买卖合同仍然为有效。(2)在人民法院查封前,已实际占有该不动产。占有不动产的形式应以能够管控不动产为标准,如接管了房屋钥匙、向物业进行登记等达到物权公示效果的行为均应视为占有不动产的行为。本案中,案外人吕某辉是在进行买卖合同公证后,便接管了房屋钥匙、购房合同、发票等权利证明,之后又装修入住,应认定其在查封前已实际占有了案涉房屋。(3)是否全部支付价款。双方买卖合同约定的合同价款为 568192 元,吕某辉共支付 217221.21 元给吕某启,吕某启尚欠银行的贷款 350970.79 元由吕某辉偿还抵消剩余的房屋买卖价款,应认定吕某辉已经支付了全部价款。(4)非因买受人自身原因未办理过户手续。能够归责于买受人的原因,可以分为三个层面:一是对他人权利障碍忽略。例如,不动产之上设定有其他人的抵押权登记,而买受人没有履行合理的注意义务,导致登记时由于存在他人抵押权而无法登记。二是对法律、政策限制的忽略。例如,明知某地限制购房,在不符合条件的情况下仍然购房导致无法办理过户手续。三是消极不行使登记权利。例如,为了逃税而故意不办理登记。本案中,买受人吕某辉在签订购房合同时,知悉吕某启尚欠银行贷款,出卖的房屋已经办理了预抵押登记,双方约定在吕某启办得其名下房产证后通知吕某辉,吕某辉必须在三个月内提前还清银行贷款,并将房产过户登记到吕某辉名下。从上述约定的内容来看,吕某辉对抵押权人的权利已经履行了合理的注意义务,并约定了解决方案。案涉房屋要过户到吕某辉名下,前提条件是案涉房屋要先登记在吕某启名下,因广西陆川县碧桂房地产开发有限公司是在法院查封后才为吕某启申请办理案涉房屋的房产证,所以在法院查封前,吕某辉并不具备办理案涉房屋过户手续的前提条件。因此,不能办理案涉房屋的过户手续,不能归责于买受人吕某辉。综上,案外人吕某辉购买被执行人吕某启的案涉房屋,符合排除强制执行的四个条件,其享有排除强制执行的合法权益,其请求排除强制执行,本院予以支持。上诉人张某伟请求确认上述买卖合同无效和准许强制执行案涉房屋,没有事实与法律依据,不予支持。判决:驳回上诉,维持原判。

【裁判评析】

一、未取得产权证书的房屋能否买卖的问题

购房者向房开公司购买商品房,虽然只交付了首付款,其余房款是向银行按揭贷款,但实际上是由银行贷款给购房者支付给了房开公司,购房者已完成了支付房款的义务,购房者只是欠银行的贷款。当商品房已经达到了交付条件,只是未办理产权登记,购房者领取了房屋,便占有了房屋,享有了物权的部分权能。购房者虽然对房屋

不享有法律意义上的物权，但其在《房屋买卖合同》中约定过户手续在其取得产权证书后再予以办理，受让人在知晓该风险的情况下，愿意签订买卖合同，显然做好了承担相应风险的准备，故该行为并没有损害公共利益，也不违反公序良俗，法律无须予以禁止。《中华人民共和国城市房地产管理法》第 38 条规定："下列房地产，不得转让：未依法登记领取权属证书的。"该条款属于管理性条款，房地产管理部门可以依照该条款的规定，不给予办理产权过户手续，而不能据此认定转让合同无效。

二、被执行人已将房屋抵押给银行，是否影响其转让的效力问题

在《民法典》颁布前，抵押人能否将抵押物转让，有两种观点。第一种观点：根据《物权法》（已废止）第 191 条第 2 款规定："抵押期间，抵押人未经抵押权人同意，不得转让抵押财产，但受让人代为清偿债务消灭抵押权的除外。"第二种观点：抵押人未经抵押权人同意转让抵押物仅是对物权的转移产生限制，而不能对引起物权变动的合同效力产生影响，即引起物权发生变动的买卖合同不会因未经抵押权人同意而无效。业界大多数人同意第二种观点。《民法典》第 406 条规定：抵押期间，抵押人可以转让抵押财产。当事人另有约定的，按照其约定。抵押财产转让的，抵押权不受影响。因此，在《民法典》施行后，上述问题已经有明确的法律规定。

三、未办理过户手续的归责

关于未办理过户手续的归责问题，理解不一。笔者认为应从三个层面来判断：一是对他人权利障碍忽略。例如，不动产之上设定有其他人的抵押权登记，而买受人没有履行合理的注意义务，导致登记时由于存在他人抵押权而无法登记。二是对法律、政策限制的忽略。例如，明知某地限制购房，在不符合条件的情况下仍然购房导致无法办理过户手续。三是消极不行使登记权利。例如，为了逃税而故意不办理登记。另外，《全国法院民商事审判工作会议纪要》第 127 条观点：一般而言，买受人只要有向房屋登记机构递交过户登记材料，或向出卖人提出了办理过户登记的请求等积极行为的，可以认定买受人无过错。买受人无上述积极行为，其未办理过户登记有合理的客观理由的，亦可认定买受人无过错。

四、本案裁判尺度的启示

根据《民法典》第 209 条规定：不动产物权的设立、变更、转让和消灭，经依法登记，发生效力；未经登记，不发生效力，但法律另有规定的除外。基于我国目前房地产

开发及登记制度的不完善，不动产买卖合同签订后，往往不能即时进行登记，买受人取得法律意义上的物权会滞后于债权合意很长一段时间。在这段间隙中，买卖的不动产在法律上仍属于出卖人所有，如果仅仅将买受人当做普通债权人，其于债权的相对性，对房屋的登记或者交付并不具有排除出卖人的其他债权人就不动产提出的受偿要求，将面临其他金钱债权人请求就买卖不动产另行变价的风险。假若出卖的不动产被变价受偿了出卖人的其他金钱债权人，而出卖人却无力返还买受人已支付的购房款，实则是清偿了一个金钱债权，又产生了一个新的金钱债权。尤其是对于已装修入住的买受人，其将面临房、钱两空的局面。不动产处于普罗大众的基本生活资料地位，虽然，买受人尚未取得法律意义上的所有权，但其已占有不动产，并且支付了对价，其享有的物权期待权应高于普通金钱债权，对不动产买受人的物权期待权应予以优先保护，这样更加有利于增强人民群众对法律公平的信心。

申请执行人执行异议之诉的裁判理念

——某银行诉蒙某桥申请执行人执行异议之诉案

邓　静*

近年来,随着法治社会的建设及普法活动的深入贯彻,人民群众的法律意识逐步增强,对侵权行为寻求法律救济的意识也越来越强。审判实践中,有部分案件的财产保全等强制执行措施涉及案外人合法权益,案外人由于权益受侵犯,遂提出执行异议之诉,因此引发一系列相关问题。在案件转入执行程序后案外人提出执行异议,法院裁定中止执行,申请执行人对中止执行存在异议并起诉至法院的情形下,申请执行人的诉求是否应得到支持,案外人的利益应否得到保护,法院应适用何种裁判理念。本文以审判实务案例为切入点,结合审判实务和理论,分析上述问题。

【裁判要旨】

正确认定相关当事人对于涉案房屋的权利性质,采用"物权说"观点,依据物权优先于债权规则,并且遵循优先保护包含居住利益的权利的规则,重视对生存权的保护;结合具体案情,综合考量各种因素,判断案外人是否享有能够排除执行的权利;结合案件具体情况,选择适用相对应的法条进行裁判。

【基本案情】

2017 年 7 月 11 日,原告某银行向法院提出诉讼请求,请求判令甘某

* 邓静,梧州市中级人民法院民二庭法官助理。

归还贷款本金 30 万元并支付利息、罚息、违约金，判令秦某、蒙某华、黄某对甘某的还款义务承担连带清偿责任。随后某银行向法院提出财产保全申请，请求对涉案 1403 房价值 9 万元部分采取财产保全措施，法院于 2017 年 9 月 18 日裁定查封涉案 1403 房价值 9 万元部分，查封期限为 3 年。2017 年 12 月 15 日，法院判决甘某应向某银行归还贷款本金 30 万元并支付利息、罚息、违约金，判令秦某、蒙某华、黄某对甘某的债务承担连带清偿责任。2018 年 11 月 12 日，原告某银行提出执行申请，法院经审查后依法转入执行程序，案外人蒙某桥提出执行异议，认为涉案 1403 房仅为登记在蒙某华名下，而其才是涉案房屋的实际权利人，享有排除执行的实体权利。法院经审查后于 2019 年 4 月 3 日裁定中止对涉案 1403 房的执行，原告某银行不服该裁定，起诉至一审法院，请求对涉案 1403 房继续采取强制执行措施。一审法院于 2019 年 6 月 3 日立案受理并将案由定为案外人执行异议之诉，于 2019 年 11 月 25 日判决驳回原告某银行的诉讼请求，其不服一审判决，提起上诉。

【裁判结果】

法院经审理查明，2012 年年初，蒙某华根据有关政策取得了购买涉案 1403 房的资格，由于其有其他住处，便与蒙某桥协商，因政策因素暂以蒙某华名义办理购房手续，并以蒙某华名义申请住房贷款，与房屋有关的一切权利义务全部由蒙某桥享受和承担，双方于 2012 年 6 月 16 日签订了《房屋转让协议书》，此后与购房相关的首付款、税费、按揭款等由蒙某桥划转给蒙某华代缴，此后蒙某桥以蒙某华名义缴纳了涉案 1403 房的首付款及每月的房贷，2014 年 2 月 10 日，蒙某华将涉案 1403 房交付蒙某桥占有、使用。2018 年 1 月 16 日，红岭 1 号小区物业服务中心出具了 3 份收款收据，上述 3 份收款均载明交款人处为“蒙某华(蒙某桥)”。2018 年 2 月 26 日，蒙某桥作为用气人与作为供气人的梧州深燃天然气有限公司签订了一份《委托银行代收费合同书》，该合同书载明用气地址为涉案 1403 房。

二审法院认为，该案是申请执行人某银行对一审法院中止执行裁定不服而提起的诉讼，案由应定为申请执行人执行异议之诉；该案的争议焦点为是否应恢复对涉案 1403 房的强制执行措施。根据《最高人民法院关于人民法院办理执行异议和复议案件若干问题的规定》第 28 条“金钱债权执行中，买受人对登记在被执行人名下的不动产提出异议，符合下列情形之一且其权利能够排除执行的，人民法院应予支持：(一)在人民法院查封之前已签订合法有效的书面买卖合同；(二)在人民法院查封之前已合法占有该不动产；(三)已支付全部价款，或者已按照合同约定支付部分价款且将剩余价款按照人民法院的要求交付执行;(四)非因买受人自身原因未办理过户登记”的规定,蒙某桥与蒙某华于2012年6月16日签订了《房屋转让协议书》,而查封涉案1403房价值9万元部分的裁定是法院于2017年9月18日作出的,蒙某桥与蒙某华签订涉案1403房的《房屋转让协议书》时间在法院查封涉案1403房之前,且蒙某桥于查封前已合法占有、使用涉案1403房,故蒙某桥对涉案1403房享有能够排除执行的实体权利,二审法院于2020年5月21日判决驳回上诉,维持原判。

【裁判评析】

一、关于案由如何准确区分的问题

案外人执行异议之诉,是指案外人对执行标的存在异议,认为执行行为将损害其合法权益,因而通过诉讼寻求法律救济的制度,有明确的排除对执行标的执行的诉讼请求,且主体为案外人、利害关系人;申请执行人执行异议之诉,是指案外人对执行标的主张实体权利,向执行法院提出异议,执行法院裁定中止执行,申请执行人不服,在法定期限内提起民事诉讼的制度,有明确的对执行标的继续执行的诉讼请求,且主体为申请执行人。一审法院忽略了该案是案外人提出异议并得到支持(中止对涉案标的的执行),原告(申请执行人)某银行基于法院中止执行的裁定,不服该中止执行裁定请求继续执行强制措施而提起的民事诉讼,且未充分考虑原告某银行同时为申请执行人的地位,将案由定为案外人执行异议之诉。而实际上,案由定为申请执行人执行异议之诉更契合案情,故二审法院将案由更正为申请执行人执行异议之诉。

二、案外人权利性质如何定性及如何处理问题

借名买房类执行异议案件中,案外人提起执行异议之诉时,对于其享有的权利是何种性质,理论上存在不同的观点,主要包括“物权说”与“债权说”两种。“物权说”主张借名人享有物权,因此享有能够排除执行的权利;“债权说”主张借名人仅具有债权,不能排除执行。本案的案外人蒙某桥属于借名买房,房屋仅登记在蒙某华名下,蒙某桥为实际权利人及实际使用人,故蒙某桥对涉案1403房享有的权利是物权;原告某银行对房屋的执行权利是由生效裁判文书确定的债权衍生的,是为了实现债权而产生的,在本质上仍属于债权。首先,强制执行中执行的是被执行人的财产,在房屋所有权的权利外观与实际权属不一致时,被执行人虽为房屋的登记权利人,但实际权利人为案外人,由于强制执行的执行标的以被执行人拥有的责任财产为限,因此该房屋并不在被执行人的责任财产范围之内,执行机关不能强制执行案外人的财产。

其次，若对涉案房屋进行强制执行，执行行为会侵害案外人的物权，不利于维护社会安定秩序。最后，蒙某桥购买并居住在涉案1403房，其对涉案房屋享有居住权，该权利属于生存权利，应得到优先保护。因此案外人作为房屋实际权利人，享有能够排除执行的权利。

《民法典》物权编第208条规定："不动产物权的设立、变更、转让和消灭，应当依照法律规定登记。"第209条第1款规定："不动产物权的设立、变更、转让和消灭，经依法登记，发生效力；未经登记，不发生效力，但是法律另有规定的除外。"是物权公示公信原则的体现。物权公示公信原则是为了保护相对人的信赖利益，当物权表现形式与真实物权不一致时，给予信赖该物权表现形式并进行交易的当事人一定程度上的保护。由于国家政策等原因，导致现实生活中存在部分不动产未办理登记即移转他人占有、使用，他人为实际物权人的情形。在执行异议之诉中，申请执行人并未与被执行人进行交易，即不存在需要保护的合理的信赖利益，此时若严格恪守物权公示公信原则将导致脱离实际。

本案的审理法院对案外人的权利持"物权说"观点，在认定案外人权利属于物权的基础上，适用物权与债权的效力位阶，即物权具有优先效力，同时结合案情实际，综合考量借名买房的缘由、事实发生的时间以及是否损害社会公共利益等各种因素，为了起到稳定社会秩序，彰显实质正义的作用，从而得出案外人享有能够排除强制执行权利的结论。

三、法条竞合应如何适用问题

本案的执行标的为不动产，可以适用《最高人民法院关于人民法院办理执行异议和复议案件若干问题的规定》第28条"金钱债权执行中，买受人对登记在被执行人名下的不动产提出异议，符合下列情形且其权利能够排除执行的，人民法院应予支持：（一）在人民法院查封之前已签订合法有效的书面买卖合同；（二）在人民法院查封之前已合法占有该不动产；（三）已支付全部价款，或者已按照合同约定支付部分价款且将剩余价款按照人民法院的要求交付执行；（四）非因买受人自身原因未办理过户登记。"及第29条"金钱债权执行中，买受人对登记在被执行的房地产开发企业名下的商品房提出异议，符合下列情形且其权利能够排除执行的，人民法院应予支持：（一）在人民法院查封之前已签订合法有效的书面买卖合同；（二）所购商品房系用于居住且买受人名下无其他用于居住的房屋；（三）已支付的价款超过合同约定总价款的百分之五十。"的规定，但是具体适用前者还是后者，需要审理法院进行一定的酌量。对于两个法律规定如何适用问题，首先，可以被执行人的身份进行区分，前者的主要对象为一般被执行人，后者的主要对象为被执行人房地产开发企业。其次，适用两个法律条文时可以使用扩大解释或缩小解释，如对于前者第二项，合法占有中的占有如何界定问题。当法律适用上出现法条竞合时，两者并不是非此即彼的关系，两者为普通条款与特别条款的关系，既可以适用特别条款也可以适用普通条款，可选择适用。

本案中，蒙某桥已经在查封前与蒙某华签订合法有效的房屋买卖协议书，支付了涉案房屋的首付款、房贷及其他相关费用，并且蒙某华已于 2014 年 2 月 10 日将涉案 1403 房交付蒙某桥占有、使用；2018 年 1 月 16 日，红岭 1 号小区物业服务中心出具了三份收款收据，上述三份收款均载明交款人处为“蒙某华（蒙某桥）”；2018 年 2 月 26 日，蒙某桥作为用气人与作为供气人的梧州深燃天然气有限公司签订了一份《委托银行代收费合同书》，该合同书载明用气地址为涉案 1403 房。以上事实足以认定蒙某桥为涉案 1403 号房屋的实际权利人及实际使用人，其已合法占有、使用该涉案房屋，且蒙某桥对于涉案房屋未能办理产权登记过户不存在过错，符合《最高人民法院关于人民法院办理执行异议和复议案件若干问题的规定》第 28 条的规定，故适用该规定进行裁判。

四、裁判思路的构建问题

执行异议之诉需要综合考虑多种因素构建一个系统的裁判思路，以兼顾各方利益及社会公共利益，本案为申请执行人执行异议之诉，涉及借名买房问题，主要解决的是借名买房人与申请执行人两者之间的利益矛盾，并决定强制措施是否应继续执行。

1. 判断借名人与申请执行人对涉案房屋享有何种类型及何种性质的权利，何者的权利具有优先性的问题，此时涉及两个实体法问题：第一，房屋买卖转让协议是否有效；第二，房屋买卖转让协议有效时，借名人对涉案房屋享有何种权利。关于房屋买卖转让协议是否有效问题，依据《民法典》合同编的相关规则进行判断即可；关于房屋买卖转让协议有效时，借名人对涉案房屋享有何种权利问题，主要有两种观点，即物权说和债权说。“物权说”主张借名人享有物权，因此享有能够排除执行的权利；“债权说”主张借名人仅具有债权，不能排除执行。同时，包含居住利益的权利具有优先保护的必要性。

2. 对于案外人排除强制执行的主张能否成立问题，在依据法律、司法解释对于民事权益的规定认定相关当事人对执行标的的民事权益的实体法性质及效力的基础上，通过对相关法律规范背后蕴含的价值以及立法目的的探寻与分析，并结合案件具体情况，即相关当事人对于执行标的权利瑕疵状态的过错大小，与执行标的交易相关的权力行使状况、交易履行情况，进一步探寻执行标的对于相关当事人基本生活保障与秩序追求的影响等具体情况，进行综合判断。

3. 结合具体案情，充分考虑相关因素，正确适用法条进行裁判。

执行程序中追加“一人公司”股东为被执行人的条件

——贵阳佳园房地产开发有限公司、刘某祥案外人执行异议之诉案

蒋祖运*

【裁判要旨】

一人有限责任公司的股东不能证明公司财产独立于股东财产的，应当对公司债务承担连带责任。一人有限责任公司的股东在公司财产不足以清偿全部债务时，是否可以追加股东作为被执行人，是存在前提条件的，即股东需举证证明公司财产跟自己财产不存在混同，实行举证责任倒置。股东如举证证明公司财产独立于自己的财产，则不需要对公司债务承担连带清偿责任；股东如不能举证证明公司财产独立于自己财产的，则需要对公司债务承担连带清偿责任，申请人可向法院申请追加股东作为被执行人，法院可直接执行股东名下财产。

【基本案情】

2014年1月21日，第三人广西新佳园投资有限公司与被告刘某祥签订《商铺使用权转让合同》，将位于南宁市人民东路地下人防工程（一期）C区2－1号商铺使用权转让给被告刘某祥。2015年1月3日，被告刘某祥向南宁市仲裁委员会申请解除《商铺使用权转让合同》，并要求

* 蒋祖运，江南区人民法院四级法官。

第三人广西新佳园投资有限公司返还被告刘某祥商铺转让金 1068922 元及其利息损失。2017 年 5 月 28 日，南宁市仲裁委员会作出南仲裁字（2016）第 589 号裁决书，裁决第三人广西新佳园投资有限公司与被告刘某祥签订的《商铺使用权转让合同》无效，并裁决被告刘某祥返还商铺，第三人广西新佳园投资有限公司返还被告刘某祥购铺款 1068922 元。第三人广西新佳园投资有限公司不服仲裁裁决，向南宁市中级人民法院申请撤销南仲裁字（2016）第 589 号裁决书，南宁市中级人民法院经审查后作出（2017）桂 01 民特 139 号民事裁定，裁定驳回第三人广西新佳园投资有限公司的申请。仲裁裁决生效后，被告刘某祥向南宁市中级人民法院申请强制执行，市中院作出（2018）桂 01 执协 4 号协调决定书，决定将该案指定南宁市江南区法院执行，执行案号为（2018）桂 0105 执 2218 号。在执行过程中，被告刘某祥申请追加原告贵阳佳园房地产开发有限公司为被执行人，南宁市江南区法院受理追加申请并作出（2019）0105 执异 17 号执行裁定书，裁定追加原告贵阳佳园房地产开发有限公司为被执行人，对第三人广西新佳园投资有限公司不能清偿的债务承担连带责任。原告贵阳佳园房地产开发有限公司不服上述裁定，于 2019 年 4 月 26 日向南宁市江南区法院提起执行异议之诉（本案之诉），请求撤销（2019）桂 0105 执异 17 号执行裁定书，判决不得追加原告贵阳佳园房地产开发有限公司为（2018）桂 0105 执 2218 号案件的被执行人，诉讼费由被告承担。

原告贵阳佳园房地产开发有限公司由李某、黄某发起设立，1998 年 5 月 8 日经贵阳市云岩区市场监督管理局核准成立，注册资金 800 万元，李某持有 60% 股份，黄某持有 40% 股份。第三人广西新佳园投资有限公司由原告贵阳佳园房地产开发有限公司发起设立，2010 年 2 月 4 日经南宁市市场监督管理局核准成立，注册资金 3000 万元，原告贵阳佳园房地产开发有限公司持有第三人广西新佳园投资有限公司 100% 股份。南宁市人民东路地下人防工程（一期）由南宁市人民防空办公室（以下简称市人防办）和第三人向南宁市城乡建设委员会报建，该委编号 4601012 × × × × × × × × × × ×《建筑工程施工许可证》载明市人防办和第三人贵阳佳园房地产开发有限公司是上述工程的建设单位。2015 年 1 月 5 日市人防办给市中院的《广西新佳园公司在南宁市人防办的财产情况（回执）》（南防办函〔2018〕1 号）函确认，南宁市人民东路地下人防工程（一期）经南宁市人民政府同意，由原告贵阳佳园房地产开发有限公司投资建设，原告贵阳佳园房地产开发有限公司于 2010 年 2 月在南宁成立“广西新佳园投资有限公司”，负责上述工程建设，市人防办是该项目的建设业主，项目产权归国家所有，上述项目有 375 间商铺，根据该项目合作开发合同的约定，市人防办留下一定比例的商铺外，其余由投资方经营管理40年，作为投资利益回报。本案庭审中被告刘某祥确认C区2-1号商铺现由其出租并收取租金。

【裁判结果】

一审法院经审理后认为：第三人广西新佳园投资有限公司是原告贵阳佳园房地产开发有限公司独资设立的一人有限责任公司，具有独立法人资格，根据《最高人民法院关于民事执行中变更、追加当事人若干问题的规定》第20条"作为被执行人的一人有限责任公司，财产不足以清偿生效法律文书确定的债务，股东不能证明公司财产独立于自己的财产，申请执行人申请变更、追加该股东为被执行人，对公司债务承担连带责任的，人民法院应予支持"的规定，第三人广西新佳园投资有限公司作为本院（2018）桂0105执2218号执行案件的被执行人，其财产不足以清偿南仲裁字（2016）第589号生效裁决书确定的债务，原告贵阳佳园房地产开发有限公司不能证明第三人广西新佳园投资有限公司财产独立于自己的财产，被告刘某祥申请追加原告贵阳佳园房地产开发有限公司为被执行人，本院应当支持。本案（2018）桂0105执2218号执行案的执行依据是南仲裁字（2016）第589号裁决书，该仲裁裁决被告刘某祥返还第三人广西新佳园投资有限公司C区2-1号商铺，第三人广西新佳园投资有限公司返还被告刘某祥购商铺款1068922元，裁决书足以证明该商铺使用权归第三人广西新佳园投资有限公司所有，该商铺使用权亦为第三人广西新佳园投资有限公司的财产权，属于第三人广西新佳园投资有限公司可供执行的财产，现仍由被告刘某祥占有、使用、收益，尚未返还第三人广西新佳园投资有限公司，该商铺的使用权是否足以清偿裁决书确定的第三人广西新佳园投资有限公司所欠被告刘某祥债务尚不明确，在未依法处置之前，追加原告贵阳佳园房地产开发有限公司为本院（2018）桂0105执2218号执行案件的被执行人，条件尚未成就。原告贵阳佳园房地产开发有限公司提出的诉讼请求，于法有据，应当支持。

一审判决：南宁市江南区人民法院于2019年10月25日作出（2019）桂0105民初2991号民事判决书，判决不得追加原告贵阳佳园房地产开发有限公司为（2018）桂0105执2218号执行案件的被执行人。

二审法院经审理后认为：《中华人民共和国公司法》第63条规定："一人有限责任公司的股东不能证明公司财产独立于股东自己的财产的，应当对公司债务承担连带责任。"《最高人民法院关于民事执行中变更、追加当事人若干问题的规定》第20条规定："作为被执行人的一人有限责任公司，财产不足以清偿生效法律文书确定的债务，股东不能证明公司财产独立于自己的财产，申请执行人申请变更、追加该股东为被执行人，对公司债务承担连带责任的，人民法院应予支持。”根据上述规定，一人有限责任公司的股东不能证明公司财产独立于股东自己的财产的，应当对公司债务承担连带责任。故一人有限责任公司中，股东对其个人财产与公司财产之间不存在混同承担举证责任。本案中，广西新佳园投资有限公司由贵阳佳园房地产开发有限公司发起设立，贵阳佳园房地产开发有限公司持有广西新佳园投资有限公司 100% 股份，广西新佳园投资有限公司属于一人有限责任公司。南宁市仲裁委员会作出南仲裁字(2016)第 589 号裁决书并进入执行后，广西新佳园投资有限公司无财产可供执行，其财产不足以清偿生效法律文书确定的债务。贵阳佳园房地产开发有限公司作为广西新佳园投资有限公司的唯一股东，未提供相关证据证明广西新佳园投资有限公司的财产独立于自己的财产，故应承担举证不能的法律责任。因此，申请执行人刘某祥申请追加贵阳佳园房地产开发有限公司为被执行人，对广西新佳园投资有限公司的债务承担连带责任于法有据，本院予以支持。一审判决认为追加贵阳佳园房地产开发有限公司为被执行人的条件尚未成就欠妥，本院予以纠正。

二审判决：南宁市中级人民法院于 2021 年 1 月 21 日作出(2020)桂 01 民终 5561 号民事判决书，判决撤销南宁市江南区人民法院(2019)桂 0105 民初 2991 号民事判决，并追加原告贵阳佳园房地产开发有限公司为南宁市江南区人民法院(2018)桂 0105 执 2218 号执行案件的被执行人。

【裁判评析】

该案例涉及一人有限责任公司的股东在公司财产不足以清偿全部债务时，是否可以追加股东作为被执行人。根据《最高人民法院关于民事执行中变更、追加当事人若干问题的规定》第 20 条的规定，“作为被执行人的一人有限责任公司，财产不足以清偿生效法律文书确定的债务，股东不能证明公司财产独立于自己的财产，申请执行人申请变更、追加该股东为被执行人，对公司债务承担连带责任的，人民法院应予支持”。该条对一人有限责任公司股东对公司债务承担责任作了规定，股东如举证证明公司财产独立于股东自己的财产，则不需要对公司债务承担连带清偿责任；股东如不能举证证明公司财产独立于股东自己的财产，则需要对公司债务承担连带清偿责任，申请人可向法院申请追加股东作为被执行人，法院可直接执行股东名下财产。本案中，贵阳佳园房地产开发有限公司作为广西新佳园投资有限公司的唯一股东，未提供证据证明广西新佳园投资有限公司的财产独立于自己的财产，应承担举证不能的法律责任，应当对广西新佳园投资有限公司债务承担连带责任。因此，申请执行人刘某祥申请追加贵阳佳园房地产开发有限公司为被执行人，对广西新佳园投资有限公司的债务承担连带责任于法有据。

一、一人有限责任公司的人格否认概念及法理

（一）一人有限责任公司的人格否认概念

一人有限责任公司，是指公司股东仅为一人（自然人或法人），并由该股东持有公司全部出资的有限责任公司。一人有限责任公司人格是指公司作为民事主体，独立于其股东，可以独自起诉、应诉，并独立承担民事责任的一种资格。公司具有独立人格、公司财产与股东财产相分离及股东承担有限责任是公司人格制度的三大支柱。当公司财产不足清偿其债务时，法律不能透过公司这层"面纱"要求股东承担责任，这是公司勃兴的重要原因。

（二）一人有限责任公司的人格否认法理依据

2006年之前，在我国公司法律规定中，仅允许设立国有独资和外商独资的一人有限责任公司，而禁止一个自然人设立一人公司。后来，一人有限责任公司的形式得到法律认可，其股东承担有限责任，单一投资者可避免一次经营失败导致的危及股东在公司之外财产的风险，认可一人有限责任公司也是鼓励投资创业的重要措施，但同时也带来了一系列弊端。有限责任是一柄双刃之剑，既然公司的股东可以享受有限责任的保护，经营者为了实现自身经济效益最大化，有可能最大限度地恶意滥用公司有限责任，来逃避债务，成为巧诈舞弊者的护身符。

二、一人有限责任公司人格否认举证责任的分配

举证责任是指当案件裁判要件事实真伪不明时，当事人由于不能举证或所举证据不能证明其主张所承担的败诉风险。我国民事诉讼普遍遵循的原则是"谁主张，谁举证"，但针对一人有限责任公司的公司人格否认之诉，是否适用"谁主张，谁举证"的原则？是否由原告来举证证明自己的主张？如由原告证明被告符合公司人格否认的要件，对于原告来说是一个难题。因为涉及公司及其股东行为的各种账册、凭证、记录、文件资料等证据材料几乎完全掌握在被告手中，原告和被告的举证能力极不对称等，如果仍然坚持由原告负举证责任，几乎相当于直接剥夺了原告的胜诉权，公司人格否认制度将不能发挥其应有的制度功能。因此，应当根据公平原则，实行举证责任倒置，由被告承担举证责任。《公司法》第63条规定："一人有限责任公司的股东不

能证明公司财产独立于股东自己的财产的,应当对公司债务承担连带责任。"法院在执行实践中,被执行人往往利用法人人格独立的特点,通过关联交易、抽逃资金、虚构债务等手段逃避法院执行,作为被执行人的一人有限责任公司如果逃避法院的执行,法院可以在执行中引入公司人格否认制度,具体情形主要有:一是在对关联法人的执行中引入公司人格否认制度;二是在对空壳化公司的执行中引入公司人格否认制度;三是在对"挂靠关系"公司的执行中引入公司人格否认制度;四是在对改制企业的执行中引入公司人格否认制度。

三、一人有限责任公司法人人格否认制度的适用要件

《公司法》第63条是关于一人有限责任公司法人人格否认制度的特别规定,而且规定的是在股东财产与公司财产混同时的举证责任问题,就其具体适用要件而言,笔者认为,应该遵照《公司法》第20条第3款的规定。《公司法》第20条第3款规定:"公司股东滥用公司法人独立地位和股东有限责任,逃避债务,严重损害公司债权人利益的,应当对公司债务承担连带责任。"因此,当《公司法》第63条无法涵盖一人有限责任公司法人人格否认制度适用的全部情形时,应按照第20条第3款的规定进行处理。

(一)主体要件

1. 公司已经取得法人资格。这是一人有限责任公司法人人格否认制度适用的前提条件,因为在公司不具备法人资格的情况下,公司的股东对公司债务就要承担连带责任,不存在法人人格否认制度的必要。

2. 请求权人是公司债权人。公司法规定公司法人人格否认制度是为了保护债权人的利益,因此,否定公司法人人格和让股东承担公司债务连带责任的请求只能由公司债权人主张。

3. 责任主体是公司股东。在公司股东违背分离义原则,实施滥用公司法人人格和股东有限责任的行为时,股东才对公司债务承担无限责任。

(二)行为要件

公司法人人格否认制度适用的行为要件是公司股东违背分离原则,实施了滥用公司法人独立地位的行为。但是如何断定公司股东的行为构成了对公司法人独立地位的滥用,又是司法实践中的一个难题。笔者认为,应该包括以下几种行为:(1)注册资本不实与资本显著不足;(2)公司人格混同和过度控制,人格混同主要表现为财产混同、人事混同、业务混同等,过度控制是指公司完全由股东控制支配,将自己的意思

强加给公司,仅把公司视为实现自己目标的工具;(3)公司股东其他违背分离原则、破坏公司法人独立地位的行为。

(三)主观要件

在大陆法系国家,一直存在主观滥用说和客观滥用说的争论。考虑到我国公司法人格否定制度在司法实践中应该慎重运用,笔者认为应该考察公司股东的主观意图。鉴于让原告来证明公司股东有滥用公司法人独立地位和股东有限责任、逃避债务的主观意图,对原告来说十分困难,因此可以采取过错推定的方法,只要公司股东有滥用公司法人独立地位的行为存在,就可以推定其有滥用公司法人独立地位和股东有限责任、逃避债务的主观意图,而由公司股东来证明其没有上述主观意图。

(四)结果要件

《公司法》第20条第3款规定了该款适用的结果要件为公司股东的行为严重损害了公司债权人的利益。(1)公司债权人受损害,且损害是严重的;(2)公司债权人所受的损害与公司股东行为之间存在因果关系。债权人受到严重损害主要是指公司债权人对公司的债权因公司资力不足不能得到清偿或有不能得到清偿之虞。但如何判断债权人受到的损害是严重的,公司法并没有提供一个可以参考的标准。笔者认为,严重的损害是指公司已经无力清偿公司债权人的债务,公司债权人的债权因为公司股东的行为得不到实现。有观点认为,只有破产和执行程序中才能确认公司是否有清偿能力,但笔者认为在审理过程中可以通过案件的事实断定公司资力的不足。

四、一人有限责任公司人格否认情况下的诉讼责任的承担

对一人公司人格的否认就视同于否认公司人格的独立性,其结果是债权人不仅可以追究当事公司的责任,并且能够对其公司的股东追究无限连带责任。否认公司的独立人格,其公司连同其背后的股东人格视为同一主体,一人有限公司的股东将承担起公司的债权关系,在特定的法律关系中公司与股东作为共同的诉讼主体,承担连带的诉讼责任。同时,公司的独立人格在法律上被否认后,其需要承担的债务责任也被股东吸收,并且其股东的责任也是无限的,这也是对公司业务交易的重要安全保障,防止公司人格的滥用。实际上,滥用公司人格和一人有限责任公司的股东承担有限责任的情况可能有两种:其一是股东利用脱壳公司来逃避责任换取自身利益;其二是股东通过转移自身的资产和利润给其名下的一人有限责任公司,从而逃避法律责任。因此,单纯针对一人有限责任公司的股东追究,尚不足以完全矫正公司股东和债权人之间的利益纠纷。这就需要将公司及其唯一股东的人格视为一体,公司的责任

主体就变成了公司及其背后的股东，在公司人格被否认后，债权人仍可以追究股东的责任来维护债券人的合法权益。同样，在一人有限责任公司人格被否认之后，诉讼的主体也将变的与此前不同，主要存在以下几种情况：

（一）一人公司设立时的注册资金未到位

一人有限责任公司在初期成立时如果没有能够满足规定的最低注册资本，应当予以否认其公司人格，并将公司股东作为诉讼主体。而由于股东注册资本未达到标准要求导致一人有限责任公司的人格不能正常行使的，股东应当承担公司的无限连带责任；股东的资产与一人有限责任公司的业务与资产混同的情况下，公司的人格就已经被公司的股东所吸收，并将连带负责公司的业务亏欠和其他债务。公司设立后，其注册资金必须达到规定的最低标准并且完全到位的当天起，其一人有限责任公司的人格开始被认定，并且可以将公司作为诉讼的主体；而公司的注册资本没有完全到位之前，其一切公司行为，股东都将承担无限连带责任，并作为诉讼的主体存在。

（二）一人公司成立后的行为

对于一些公司成立后的脱壳经营情况，应当将责任各方列为共同被告形成诉讼主体。公司脱壳经营后，原公司的名称仍在使用，也应当被列为诉讼主体之一，公司及脱壳经营的责任人共同承担连带责任。若一人有限责任公司是为其他公司的子公司，而母公司对于子公司没有有效地管控，令子公司独立法人人格丧失的情形，母公司同样要被列为诉讼主体，承担相应的连带责任。

五、一人有限责任公司法人人格否认制度其他适用要件举证责任的分配

1. 公司债权人请求股东对公司债务承担连带责任时，债权人须举证证明：其是公司的债权人、被告是公司的股东、其受到严重的损害、其损害与股东行为存在直接的因果关系。

2. 除《公司法》第 63 条规定之外的其他违反分离原则行为的举证问题。由于公司股东对公司实施的控制行为，外人很难取证，如果完全由原告来证明股东存在滥用公司法人人格独立地位的行为，原告将负担很重的举证责任。笔者认为，可以由原告承担初步的举证责任，即提交的证据能够证明股东对公司实施了控制，则由被告去证明这种控制不是过度的、不构成对公司法人独立地位的滥用。

六、一人有限责任公司适用法人人格否认制度的程序问题

1. 适用公司法人人格否认制度只能在审判阶段，而不能在执行或破产阶段。在

实践中法院可能会碰到这样的情况，债权人在执行阶段向法院请求适用法人人格否认制度，此时法院不应当受理这样的申请。股东是否应对公司债务承担连带责任，关系到股东的实体权益，只有经过审判程序才能进行判断，并加以处置。因此，当被执行人的股东为逃避债务实施了转移被执行人公司财产的行为，致使被执行人的债权人的生效裁判文书得不到执行，公司的债权人也不能直接要求执行被执行人股东的财产，债权人应当另行诉讼请求公司股东承担连带责任。

2. 法院不应当依职权追加股东参加诉讼。我国《民事诉讼法》第135条规定："必须共同进行诉讼的当事人没有参加诉讼的，人民法院应当通知其参加诉讼。"由于我国对必要共同诉讼并没有进一步地划分，在法院依职权追加当事人的问题上存在一些混乱之处。笔者认为，只有在固有必要共同诉讼时，法院才能依职权强制追加当事人参加诉讼。公司股东对公司债务承担连带责任并不是固有的必要共同诉讼，因此，法院不能依职权追加股东为共同被告参加诉讼。

一人有限责任公司的出现对于经济发展有着重要价值，在未来的经济发展中也必将占据一定的地位。在一人公司成长的过程中，除了必要的理论基础支撑，更需要完善的法律措施来有效维护公司债权人的利益，规避不良现象的出现。当前，明确一人有限责任公司的法人人格否认制度的适用原则和程序，并采取单独立法和修改公司法等法律相结合的方式，对一人公司进行规制是十分必要的。

案外人执行异议中借名买房问题的裁判思路

杨赵禹*

【裁判要旨】

通过总结本案的争议焦点与法律规范适用，本案的裁判要旨可以归纳为：借名人与出名人就涉案房屋签订的《借名买房协议》，依据《中华人民共和国民法典》第143条、第153条的判断，只要不违反法律、行政法规的效力性强制性规定，出名人与借名人签订的关于房屋所有权约定是有效的；借名人与出名人关于借名买房的事实是真实存在，需要综合考虑多种因素，借名人需要证明涉案房屋的款项（首付款及按揭贷款）由其实际支付，并且实际占有使用（实际缴纳的物业费、水电费等）涉案房屋，以此佐证借名买房的法律关系存在；依据《最高人民法院关于适用〈中华人民共和国民法典〉物权编的解释（一）》第2条规定，不动产登记簿上登记的信息仅具有推定的效力，在与真实权利状态不符的状况下，当事人可以举证推翻，法院在审理案外人提出的执行异议诉求中，要查明涉案房屋的真实权属状况。

【基本案情】

案外人熊某、欧某为夫妻关系，2016年3月16日，熊某与女儿作为买受人与柳州市荣和投资有限公司签订《商品房买卖合同》，购买本案涉案房屋。因在办理房屋按揭贷款过程中，熊某与欧某无法通过银行办理按揭贷款，熊某、欧某与被执行人黄某协商一致，借黄某的名义购买涉

---

* 杨赵禹，城中区人民法院执行局法官助理。

案房屋，由黄某作为借款人，熊某与黄某作为共同借款人向银行申请按揭贷款。2016年10月17日，熊某、黄某作为买受人与柳州市荣和投资有限公司就涉案房屋签订《商品房买卖合同》及《商品房买卖合同补充协议》。2016年11月12日，熊某、欧某与黄某就涉案房与广西北部湾银行股份有限公司柳州分行签订《个人房屋借款/担保合同》。2016年11月21日，熊某、欧某与黄某签订《协议书》，内容为：熊某、欧某因无法向银行办理按揭贷款，故借用黄某名义购买涉案房屋，房屋首付款及按揭均由熊某、欧某支付，房屋产权为熊某、欧某，黄某不享有房屋产权。熊某于2016年3月12日、3月16日分别支付20000元及53017元购房款，并于2016年10月10日支付剩余首付款75162元，同时一直向银行偿还570000按揭贷款至今。

涉案房屋一直由案外人熊某、欧某居住，涉案房屋的按揭贷款一直由熊某通过黄某的银行账号偿还。因黄某在他案中未履行生效法律文书确定的义务，法院依法查封黄某与案外人熊某名下房屋。案外人熊某、欧某得知房屋被查封后，以其为涉案房屋实际所有权人为由，请求法院解除对涉案房屋的查封。

【裁判结果】

通过审查案外人熊某提供的《商品房买卖合同》、《商品房买卖合同补充协议》、《个人房屋借款/担保合同》、《协议书》、银行流水证明、房屋维修基金支付凭证、物业费缴纳凭证等证据材料，可以查明，本案房屋登记在案外人熊某与被执行人黄某名下，这是由于涉案房屋需要案外人熊某通过黄某办理银行按揭贷款，因此，熊某与黄某共同的登记为房屋所有权人，而银行按揭款项实际上一直由案外人熊某支付，案外人享有排除对涉案房屋强制执行的权利。裁定支持熊某、欧某的异议请求，解除对涉案房屋的查封。

【裁判评析】

通过从借名买房行为的典型个案为着眼点，以点带面，剖析借名买房行为中涉及的法律关系，有利于法院在审理案外人因借名买房事由提出的执行异议涉及的借名人与出名人约定协议的性质、效力，进而判定借名人是否可以主张其为真实权利人从而排除法院强制执行行为。在本案中，熊某、欧某因无法办理按揭贷款，需要通过黄某办理贷款，涉案房屋登记在熊某与黄某名下，熊某提供的证据可以证明熊某实际占有并使用涉案房屋，熊某支付涉案房屋首付款并且一直通过黄某的银行卡按期支付按揭贷款，从熊某提供的《协议书》、《商品房买卖合同补充协议》、银行按揭流水证明、物业水电费缴纳证明等综合认定,房屋实际权利人为熊某。

依据《最高人民法院关于人民法院办理执行异议和复议案件若干问题的规定》第24条规定,对案外人提出的排除执行异议主要从三个方面进行审查:案外人是否系权利人、该权利的合法性与真实性、该权利能否排除执行。通过归纳审理该件涉及案外人借名买房的典型案件,试图梳理案外人在执行异议中请求排除执行异议的步骤:首先,界定出名人与借名人签订的借名买房合同的性质,借名买房事实的成立;其次,涉案房屋的权属状况;再次,借名买房行为的效力认定;最后,借名人能否就涉案房屋排除法院的强制执行。下文经由以上列举的四个步骤展开:

一、出名人与借名人签订的借名买房合同的性质

在借名买房行为中,涉及的法律关系主体:借名人、出名人以及相对人(交易方)。以相对人在房屋买卖交易过程中是否知道或者应当知道借名人的存在作为划分依据,如果相对人知道或者应当知道出名人是以借名人的行为从事活动,那么相对人与出名人的之间的法律行为可以约束借名人,此时可以推定适用隐名代理的法律效果;如果相对人不知道出名人是以借名人的意图从事法律行为,此时构成间接代理,出名人与借名人之间的法律效果按照间接代理的法律效果处理。

在界定借名买房合同性质的基础上,如何认定借名买房事实的成立是判断借名买房行为效力的前提与基础。借名买房行为中涉及借名人与出名人订立的"协议书",基于借名买房存在的风险性与特殊性,借名买房行为多数发生在特定的主体之间,这些特定的主体往往具有一定的身份关系,出名人与借名人通常以订立的"协议书"界定双方的权利义务,借名买房行为中订立的"协议书"在民法典合同编中并没有规定,属于无名合同,可以参照或者类推适用相似合同的法律后果。从上述分析可以进一步归纳,借名买房事实成立至少需要具备三个要素:首先,借名买房从内部观察要具有合理性;其次,借名人与出名人形成借名买房的合意;最后,有相应的事实佐证借名买房行为的成立。

(一)借名买房的合理性

借名人往往基于一定的利益考量,通过借用他人的名义购买房屋,如规避限购政策,获取银行更多或更长期限的按揭贷款等。借名人在实施该种行为的时候会预知到该种行为具有相应的风险,虽然通过借名买房的行为可以获得相应利益,但仍然存在相应的风险,如出名人擅自将房屋出售给他人,在条件成就时,出名人不按照协议的约定配合办理过户等。因此,借名买房行为往往常见于熟人之间,如夫妻、父母、子

女、兄弟姐妹等之间，基于血缘关系的维系，借名人与出名人的订立的协议才可能得到更长久的维系。如果借名买房发生在相对陌生主体之间，出名人和借名人不能证明双方借名买房的合理性，法院通常认定此种借名买房行为为虚伪的法律行为，其法律效果按照虚伪行为的法律效果予以处理。

（二）借名人与出名人达成借名买房的合意

借名人与出名人的合意行为可以通过双方订立的协议判断，如果借名人与出名人订立了书面协议，可以根据协议的内容来判断双方是否达成合意，该判定标准可以按照合同成立的构成要素进行检视。如果借名人与出名人通过口头约定或者其他方式约定借名买房行为，此时，需要其他相关材料佐证，否则无法认定双方达成借名买房的合意，由当事人承担举证不能的后果。

（三）佐证借名买房的诸多要素

借名人与出名人就房屋所有权形成相应合意，借名人或通过出名人支付相应款项，或通过出名人办理按揭贷款，或通过出名人登记在不动产登记簿上等，实际上出名人仅作为名义上的房屋权利人或者名义上的所贷资金的使用人，借名人要主张其为涉案房屋真实权利人，应当提供诸多相应的证明材料，包括首付款收据或者发票、按揭款支付明细、房屋维修基金凭证、物业水电等费用缴纳情况证明以及契税缴纳的发票或收据等。法院综合判断借名人提供的材料，判定借名人是否为涉案房屋真实权利人。

二、涉案房屋的权属状况

依据《最高人民法院关于适用〈中华人民共和国民法典〉物权编的解释（一）》第2条的规定，不动产登记簿上记载具有推定效力，如果有其他证据证明不动产登记簿的登记有误，利害关系人可以请求确认享有物权。由于房屋登记在出名人名下，出名人因涉案导致房屋被法院依法采取查封等强制性措施，借名人即案外人可以向查封法院提起执行异议或者执行异议之诉。不动产登记簿上记载的事项具有推定效力，推定不动产登记簿上的权利人为房屋所有权人。在借名买房行为中，通常是出名人或者出名人与借名人共同登记在不动产登记簿上。因此，涉案房屋的权属查证，还可以通过审查不动产登记簿由谁持有，涉案房屋实际出资人，涉案房屋由谁实际占有、适用，涉案房屋是否存在房屋权属变更的可能性（由原先登记在出名人名下变更到借名人名下）等因素。

涉案房屋权属可以归纳为物权说（权利归属于借名人）与债权说（权利归属于出

名人)。物权说认为房屋权属是根据不动产登记簿上所登记权利人推定的,如果出名人与借名人就借名买房约定一致,由借名人提供资金,借名人实际使用房屋,即房屋的实际权利人为借名人,房屋登记在借名人名下并非双方的真实意思表示,借名人可以依据《最高人民法院关于适用〈中华人民共和国民法典〉物权编的解释(一)》第2条的规定,请求变更其为涉案房屋权利人。债权说认为,登记在出名人名下的房产未经变更之前,仍然属于出名人的财产,借名人与出名人达成的借名买房的协议属于债的合意,借名人对于涉案房屋不享有物权请求权,借名人仅对出名人享有债权请求权,借名人可以向出名人请求交付涉案房屋。[1]

三、借名买房行为的效力认定

借名买房行为中涉及两个基础法律关系:其一,借名人与出名人因签订借名买房协议从而产生的法律关系;其二,出名人从房地产开发商处购买房屋从而产生的法律关系。如何判断借名买房行为效力,需要综合适用《中华人民共和国民法典》第7条、第143条、第153条、第154条、第157条进行判定。借名买房表现为借名人以出名人的名义购买房屋,出名人仅为房屋名义上的所有权人,实质上借名人与出名人已经约定借名人为房屋实际所有权人,借名人借名买房有如下考量因素:借名人为了规避商品房的限购政策,借名人为了规避商品房的税收政策,借名人为了规避信贷管理规定,借名人通过借名买房行为逃避债务或者隐匿财产。

(一)借名人借名买房规避商品房限购政策

因国家以及地方政府宏观调控政策的需要,为了遏制部分城市房价的过快上涨,在"房住不炒"的背景之下,各地纷纷出台了限购政策,包括通过户籍限制、贷款利率限制、购买房屋数量限制等措施。如果借名人为了规避限购政策,与出名人协商合意,借名人借用出名人的资格购买商品房,此种情形,虽然借名人与出名人订立的协议违反限购政策,但是限购政策并不属于法律或者行政法规,借名人与出名人订立的协议是有效的,法院在认定借名买房行为效力时应当持审慎的态度,法院应当依据合同效力的判断规则,不应随意否定借名买房合同的效力。全国各地法院对于借名买房合同效力没有统一的判定标准,有些地区法院肯定借名买房行为的效力,有些地区法院以借名买房行为损害到公序良俗而否定借名买房行为的效力。因此,对于在借

[1] (2020)桂民终1350号,(2020)京民终349号等裁判文书认为:借名人享有的是债权请求权,借名人有权向出名人主张变更房屋主体登记。

名买房行为中规避了限购政策的效力不应一概地以“有效”或者“无效”而论，应当考量具体的案件情况。

(二)借名人规避商品房交易过程中的税收规定

现行的法律规定，购买首套房与购买二套房的税率不一致，存在此种情形，借名人名下已经有登记的房产，如果借名人想购入第二套或者第三套房产，借名人需要缴纳更多的契税。基于规避契税的考量，借名人与出名人约定，由出名人购买房屋，实际出资人为借名人，房屋真实权利人为借名人，出名人仅为名义上的所有权人。此种情形与第一种情形的判断标准类似，如果规避税收政策违反法律或者行为法规，那么借名买房行为将遭受到否定性评价；反之，借名买房行为是有效的。

(三)借名人规避信贷管理规定

借名人可能会基于征信或者贷款利率等因素，在商品房购买过程中，约定出名人办理按揭贷款等手续，但实际资金使用人(还款人)为借名人。借名人规避信贷管理可以粗略划分为规避因征信原因无法办理按揭贷款以及规避因贷款利率过高造成购房成本过高。借名人基于商业贷款利率、公积金贷款利率、首套房贷款利率、二套房贷款利率等考量，由出名人向银行办理按揭贷款，从而使在商品房购买过程中成本最低。从法律规范角度评价借名人的行为，无论是借名人与出名人签订的购房协议，抑或出名人向银行办理的按揭贷款，均是当事人之间的合意，法律不予干预，法律更不会对此种行为进行否定性的评价。从整体评价借名买房行为中的法律关系，借名人与出名人的行为也没有破坏商业银行的秩序，因此，从该角度观察，借名人的借名买房行为是有效的。

(四)借名人通过借名行为规避债务或者隐匿资产

借名人为了逃避债务或者隐匿财产等因素的考量，通过借用他人名义，将名下财产转移，此种行为从法院执行角度观察，属于逃避或者抗拒执行行为，当事人可以提起撤销之诉，法院可以依据执行有关规定，对借名人的借名行为予以否定性的评价。在民事行为中，债务人通过转移财产的方式逃避债务履行，借名买房的成为逃避债务的一种方式，通常，债务人(借名人)与第三人(出名人)约定以出名人名义购买商品房，此种方式既逃避了债务又可以使资金产生相应的收益。此种情形下，借名人与出名人签订的借名买房合同依据《中华人民共和国民法典》第 154 条的规定，恶意串通的民事法律行为的效力是无效的。但是依据合同相对性原则，出名人与房地产开发商之间签订的房屋买卖合同是有效的，案外人可以通过撤销之诉，撤销出名人与房地产开发商之间缔结的契约。

四、涉案房屋能否排除法院的强制执行

案外人请求法院排除涉案房屋强制执行,法院依据案外人提供的证明材料综合考量。依据《最高人民法院关于人民法院办理执行异议和复议案件若干问题的规定》第28条、第29条的规定,符合条件就能够排除强制执行。

在对借名买房事实的认定、借名买房中涉案房屋的权属认定、借名买房中效力的认定的基础上,依据《最高人民法院关于人民法院办理执行异议和复议案件若干问题的规定》第24条的裁判思路,综合考虑案件情况,认定案件事实的基础上,往往涉及不同主体之间的利益冲突,可能存在申请执行人与借名人物权的冲突,申请执行人与借名人债权的冲突。其中,申请执行人享有的债权与借名人享有的债权,两者发生冲突的情形,应当作何保护,成为司法实践中较为常见的问题。我国不动产采用登记生效主义,借名买房所指的客体(对象)为不动产,借名人与出名人关于不动产权属的约定仅约束合同双方当事人,不具有像不动产登记簿上的对世效力,因此,借名人对于涉案房屋享有的是债权,该债权不具有对抗第三人的效力。换言之,当申请执行人申请强制执行时,借名人不能排除法院的强制执行。有原则即有例外情形,当涉及借名人的生存权的时候,才能创设例外规则。如果涉案房屋为借名人唯一住房的时候,从优先保障生存权出发,此时,借名人能够排除法院的强制执行。

首先,在案外人因借名买房问题提出执行异议中,法院在界定出名人与借名人签订的借名买房合同的性质基础上,判断借名买房的事实是否成立;其次,运用证据规则判断涉案房屋的权属状况;再次,如果借名买房行为不具有无效的情形,则应肯定借名买房是有效的;最后,综合考量案件情况,判断借名人能否就涉案房屋排除法院的强制执行。

有效"借名买房协议"排除强制执行的效力

——董某樵、屈某莲诉广西保捷信用担保有限责任公司、第三人董某崇、韦某桂案外人执行异议之诉案

汝　磊*

【裁判要旨】

在借名买房协议并不违反公序良俗原则、法律、行政法规的强制性规定,不存在无效事由的情况下,借名人可以依据实质上的代持关系要求出名人将房屋过户至其名下,但此项权利系基于合同关系所产生的债权请求权,在经法定变更登记程序完成物权公示之前,借名人尚不能依据借名买房的合同关系未经公示程序即直接被确认为房屋的物权人,其所享有的债权请求权也不具有对世效力、排他效力和绝对效力。

【基本案情】

原告董某樵、屈某莲诉称:2005 年 1 月 18 日,原告与董某崇、韦某桂签订了借名买房协议,约定以董某崇、韦某桂名义向银行贷款购买柳州市吉祥苑小区的房屋,购房贷款由原告按月还清。房屋交付后,原告装修并一直居住至今,且每月房贷均是原告转入董某崇的银行贷款代扣账户缴纳。原告系该房屋实际权利人,房屋虽登记在董某崇名下,但其仅系名义房主。原告对于该案涉房屋享有物权期待权,原告的物权可以对抗被告对董某崇、韦某桂的金钱债权。原告在发现法院对上述登记在董

---

* 汝磊,柳南区人民法院执行局局长,一级法官。

某崇名下的房屋进行拍卖后,向法院提出执行异议,执行异议申请被驳回后诉至法院,请求:停止对涉案房屋的执行并确认房屋归原告所有。

被告广西保捷信用担保有限责任公司辩称,原告证据不足,其诉请应予以驳回。

法院经审理查明:原告董某樵、屈某莲为董某崇的父母。董某崇与韦某桂为夫妻关系,董平为其女儿。董某崇后因病死亡。

2005年1月18日,原告董某樵、屈某莲与董某崇、韦某桂立下字据约定:由董某崇、韦某桂帮原告到建行贷款购买位于吉祥苑小区房屋一套,住房贷款由父母承担按月还清。同日,董某崇与银行、房开公司签订了《个人住房借款合同》。董某崇取得了房屋的产权证书。而原告屈某莲每月向董某崇名下账号存入1300元等金额不等的款项,从2006年开始居住在该房屋内。董某崇则于2014年9月23日偿还了上述全部银行按揭贷款。

一审法院在审理(2009)南民初(二)字第79号即广西保捷信用担保有限责任公司与韦某桂、董某崇担保追偿权纠纷案件过程中,依法查封了董某崇名下本案涉案房屋。法院在执行一审法院(2009)南民初(二)字第79号案件生效裁判过程中于2018年8月14日作出执行裁定:拍卖被执行人董某崇名下的上述本案涉案房屋。原告对此执行措施向一审法院提出书面异议。一审法院于2018年12月7日作出(2018)桂0204执异39号执行裁定书,裁定:驳回异议人董某樵、屈某莲的执行异议申请,并于2018年12月7日向董某樵、屈某莲送达了上述执行裁定书。原告董某樵、屈某莲对该裁定不服,遂向法院提起案外人执行异议之诉。

【裁判结果】

广西柳州市柳南区人民法院于2020年7月10日作出(2019)桂0204民初82号民事判决:驳回原告董某樵、屈某莲的全部诉讼请求。原告董某樵、屈某莲(在案件审理过程中先后死亡,法院依法准许董某辉、董某杰替代参加诉讼)提起上诉。广西柳州市中级人民法院于2020年12月31日作出(2020)桂02民终4112号民事判决:驳回上诉,维持原判。

【裁判评析】

法院生效裁判认为:依照法律规定,人民法院只能执行被执行人的责任财产,如果被执行财产不属于被执行人,或者案外人在被执行人的财产之上拥有足以排除执行的实体权利,则人民法院应当停止对该财产的执行。本案中,根据查明的事实,原告董某樵、屈某莲为规避银行信贷政策而与董某崇、韦某桂签订的借名买房协议并未损害社会公众利益，不违反法律、行政法规的强制性规定，应认定为有效协议。董某樵、屈某莲与董某崇、韦某桂双方并未就涉案房产签订房屋买卖合同，双方所签字据也不具有买卖合同的性质，故其对案涉房屋不享有物权期待权，仅享有债权请求权。基于该协议，董、屈二人在履行完全的价款支付义务的前提下，才享有要求董某崇协助将案涉房屋办理权属登记的债权请求权。现原告所提交证据不足以证明购房首付款、贷款提前清偿部分均由其支付，即不足以证实其享有完全的债权请求权。同时，董某樵、屈某莲对已经符合房屋权属变更登记却长期未进行变更登记提供合理解释，应视为其二人对此存在过错，故参照《最高人民法院关于人民法院办理执行异议和复议案件若干问题的规定》第 25 条第 1 款的规定，原告依据有效的借名买房协议并不能排除强制执行。由于该“借名买房协议”无法直接产生物权变更的法律效力，原告也无法直接诉请就房屋的权属进行确认。

【案例注解】

案外人执行异议之诉以排除对特定标的物的执行为目的，从程序上而言，案外人依据《民事诉讼法》第 234 条提出执行异议被驳回的，即可向执行人民法院提起执行异议之诉。人民法院对执行异议之诉的审理，一般应当就案外人对执行标的物是否享有权利、享有什么样的权利、权利是否足以排除强制执行进行判断。本案案由为案外人执行异议之诉，涉及的主要法律问题是有效的“借名买房协议”是否具有排除强制执行的效力。

一、案外人执行异议中借名买房问题的救济途径

《民事诉讼法》第 234 条规定：执行过程中，案外人对执行标的提出书面异议的，人民法院应当自收到书面异议之日起 15 日内审查，理由成立的，裁定中止对该标的的执行；理由不成立的，裁定驳回。案外人、当事人对裁定不服，认为原判决、裁定错误的，依照审判监督程序办理；与原判决、裁定无关的，可以自裁定送达之日起 15 日内向人民法院提起诉讼。从该条的规定来看，借名买房人在对裁定驳回书面异议时，也应通过执行异议之诉进行权利救济。因为借名买房涉执行案件，符合执行异议之诉“一个权利排除另一个权利”的本质属性；执行异议之诉中，法院会对案件进行实质审理，当事人可进行充分攻击防御。具体而言，法官将会对是否存在借名买房法律关系进行严格实质审查，如内部的借名买房协议是否存在及效力、对涉案房产从选房、

议价、合同签订、办理按揭贷款、付款供楼、收楼等阶段进行综合判断，从严处理。如此可保障当事人充分行使诉讼权利，也有利于法院对权利之间的冲突作出正确判断。

二、各地法院针对有效的借名买房协议能否排除强制执行观点不统一

在有效的借名买房协议中，借名人基于其是房屋的实际出资人、实际所有权人为由，请求法院排除对登记在出名人名下涉案房屋的强制执行。对此，目前各地法院存在支持和反对的两种观点：

第一，持支持观点的高院认为在不损害国家利益、社会公共利益的情形下，应根据实际情况判断，保护实际产权人的合法权益，实现案外人执行异议之诉的保护目的。例如，广东省高级人民法院《关于审查处理执行裁决类纠纷案件若干重点问题的解答》第 11 条规定：案外人异议之诉中，案外人以借名买房为由，请求确认涉案房屋权属并排除执行，如何处理？意见：金钱债权执行中，人民法院针对登记在被执行人名下的房屋实施强制执行，案外人主张其与被执行人存在借名买房关系，且能够提供证据证明被执行人只是名义产权人、案外人才是实际产权人的，如无损害国家利益、社会公共利益的情形，可以排除执行。

第二，持不支持观点的高院则认为不能排除强制执行。如《北京市高级人民法院关于审理执行异议之诉案件适用法律若干问题的指导意见（试行）》第 19 条规定：法院在执行生效法律文书确定的金钱债权过程中，对登记在被执行人名下的特定房屋实施强制执行，案外人以其与被执行人之间存在借名买房关系，其是房屋实际所有权人为由，要求对该房屋停止执行的，一般不予支持；申请执行人要求对该房屋许可执行的，一般应予支持。

《黑龙江省高级人民法院关于审理执行异议之诉案件若干问题的解答》（2019 年修订）第 30 条规定：基于借名人与出借人之间的借名予以产权登记的协议，只在其内部产生债权债务关系，而不发生物权变动的效果，不能据此认定借名人为不动产物权的所有权人。并且，基于物权公示原则，设立或转让物权，必须采用法律规定的公示方式，才能取得对抗第三人的效果。借名登记合同是借名人与出借人之间的合意，借名人对房屋登记在他人名下本身具有过错，且借名协议通常是为了规避国家法律与政策，对由此产生的风险理应自行承担。因此，在借名买房的情况下，借名人与出借人之间的借名登记约定不能对抗申请执行人。

各地法院针对相同问题持不同观点，势必给当事人以及法官在处理此类案件时

带来困惑及不便,也不利于落实全面推进"类案和新类型案件强制检索"制度的要求,无法统一法律适用和裁判尺度,树立与维护人民法院裁判的公信力。

三、有效的借名买房协议在案外人执行异议之诉中的裁判思路

(一)借名人的权利性质

借名人基于有效的"借名买房协议"会形成何种权利,是审理该类案件首要解决的问题。对此,首先应区分债权请求权和物权期待权。而对于债权请求权,则无须赘言。对于物权期待权,是指对于签订买卖合同的买受人,在已经履行合同部分义务的情况下,虽然尚未取得合同标的物的所有权,但赋予其类似所有权人的地位,其物权的期待权具有排除执行的效力。借名人在有效的借名买房协议中能否享有物权期待权?

无论双方是基于何种目的签订的借名买房协议,在该协议确认为有效的情况下,应从双方订立协议目的进行分析。若双方在协议中约定有相互购买、出售房屋的合意,则该"借名买房协议"的性质则变成为房屋买卖合同,此时则属于另一种法律关系,并不是本文探索的方向。而从有效的借名买房协议最终目的来分析,借名人借用名义购房人的名义系为了规避相关政策而签订的协议,名义购房人仅仅利用自己的购房资格来"替代"借用人购买房屋,借用人基于协议的约定在合同约定条件成就的情况下,要求名义购房人将房屋过户至借用人名下,因此双方仅能基于合同形成债权关系,无法形成物权或者物权期待权。如本案中,原告与董某崇、韦某桂签订的是"借名买房协议",而并非房屋买卖合同,原告并非本案房屋购买时的合同相对人,因为商品房出卖方无须向原告履行任何合同义务,故原告基于"借名买房协议"的约定无法对本案房屋享有物权期待权。同时根据物权法定原则,原告也无法基于合同直接进行房屋确权,原告仅能依据"借名买房协议"的约定享有债权请求权,该债权请求权的内容应为请求被借名人董某崇将本案房屋的权属转移登记在借名人即原告名下。

(二)"借名买房协议"所形成的债权请求权与执行案件中金钱债权的权益对抗

借名人对房屋不直接享有物权,而是享有债权。《最高人民法院关于适用〈中华人民共和国民事诉讼法〉执行程序若干问题的解释》第14条规定,案外人对执行标的主张所有权或者有其他足以阻止执行标的转让、交付的实体权利的,可以依照《民事诉讼法》第234条的规定,向执行法院提出异议。借名人虽不享有物权,但其所享有的实体权益是否属于上述法律中所规定的"足以阻止执行标的转让、交付的实体权

利”为执行异议之诉中实质审查的难点。

笔者认为,有效的“借名买房协议”仅产生债法上的效力,借名人享有对案涉房屋的登记请求权和物的交付请求权,该种情形并不属于上述法律规定可以发生物权变动的法定事由。换言之,由于房屋登记在名义人名下,借名人基于“借名买房协议”仅仅为普通的债权人,基于债权的相对性,其对房屋的登记或者交付请求权并不具有排除出卖人的其他债权人就该房屋提出的受偿请求。在该种债权不具有优先性的情况下,因而借名人享有的该种债权并不能优先于申请执行人所享有的金钱债权。

(三)亲属之间借名买房的应严格审查

出资人是购房人的子女,情况具有一定的特殊性。一方面,基于身份关系,子女的出资存在帮助、赠与、出借等多种可能性,无论在析产、确权或离婚等其他案由的纠纷中,子女仅凭实际出资并不能导致对登记在父母名下的房屋享有所有权。另一方面,由于特殊身份关系的存在,案外人与被执行人恶意串通规避执行、侵害其他债权人利益的风险需要格外防范。因此,在执行异议之诉中,亲属之间的借名买房需要进行更为严格的事实审查,使司法发挥鼓励诚实信用、公平正义的价值指引功能。

总之,执行异议之诉需要从实质的审查标准出发,进行实质法律关系的审查,以确定优先性问题;而对于亲属之间基于借名买房提起执行异议之诉,则应当采用更严格的审查标准。无论法律技术如何选择,最终应妥善权衡两种权利保护的强度,从而确定何种权利优先。

四、借名人在有效的借名买房协议中并不享有排他权,不得排除强制执行

借名买房人依据借名买房协议取得的是债权请求权,基于公示公信效力和权利外观主义,不能排除法院的强制执行,因为:

第一,基于物权公示原则,设立或者转让物权,必须采用法律规定的登记的公示方式进行公示。如在本案中,案涉房屋登记在被借名人董某崇名下,原告签订的《借名买房协议》仅约定款项出资问题,该约定并不能产生物权变动的效力。即该《借名买房协议》仅产生债法上的效力,该种情形并不属于上述法律规定可以发生物权变动的法定事由。

第二,借名人借名买房过程中存在可责难性。为方便贷款而借用他人名义购房时,放任并故意让房屋登记在他人名下,借名人对案涉房屋未登记在自身名下明显存在过错,应当对该风险有所预见并予以承担。具体在本案中,原告与董某崇、韦某桂虽形成的是借名买房的合同关系,原告在2005年也入住本案房屋,并承担相应的银

行按揭的还款,但原告无法证明房屋首付款由借名人实际支付,也无法就原告对已经符合房屋权属变更登记却长期未进行变更登记提供合理解释,应视为原告对此存在过错,故参照《最高人民法院关于人民法院办理执行异议和复议案件若干问题的规定》第 25 条第 1 款的规定,原告不能排除强制执行。

债权人请求股东未届期限的认缴出资加速到期的例外规则

——柳州市群星人力资源有限责任公司与程某等追加被执行人异议之诉纠纷案

邓承峰*

【裁判要旨】

根据《全国法院民商事审判工作会议纪要》第 6 条的规定，债权人基于生效法律文书申请对作为债务人的公司进行强制执行，经人民法院强制执行后，公司仍无法清偿债务的情况下，虽股东出资未届出资期限，依法享有期限利益，但债权人仍享有请求股东提前履行出资义务以偿债的权利。上述情形是公司作为被执行人的案件，人民法院穷尽执行措施无财产可供执行，已具备破产原因，但不申请破产时，债权人请求股东未届期限的认缴出资加速到期的例外规则。该规定实质是比照《企业破产法》第 35 条的规定而确立的，故在适用该规定时，应当严格审查作为被执行人的公司，其财产不足以清偿生效法律文书确定的债务时是否具备破产原因。

【基本案情】

柳州市风雨楼餐饮管理有限公司为自然人投资或控股的有限责任公司，于 2018 年 8 月 24 日成立，住所地为柳州市飞鹅二路 1 号谷埠街

---

* 邓承峰，柳南区人民法院执行局法官助理。

国际商城A区一层191号,注册资本111万元人民币。公司的股东为程某、曾某、朱某、詹某光、吴某珍、董某灿、邵某达,公司股东均为认缴出资,认缴出资的日期为2048年12月31日,各股东的认缴出资额分别为:程某33.3万元人民币、曾某22.2万元人民币、朱某13.875万元人民币、詹某光13.875万元人民币、吴某珍11.1万元人民币、董某灿11.1万元人民币、邵某达5.55万元人民币。

柳州市柳南区人民法院于2020年7月2日受理柳州市群星人力资源有限责任公司诉柳州市风雨楼餐饮管理有限公司劳务派遣合同纠纷一案,并于2020年12月23日作出(2020)桂0204民初4402号民事判决,该判决生效后,群星公司向法院申请强制执行,执行案号为(2021)桂0204执482号。2021年4月7日,执行法院作出(2021)桂0204执482号执行裁定书,认为该案在执行程序中依法穷尽了财产调查措施,已查明被执行人暂无可供执行的财产,遂裁定终结本次执行程序。2021年4月13日,柳州市风雨楼餐饮管理有限公司被列为失信被执行人,执行法院为广西柳州市柳南区人民法院,执行依据文号为:(2020)桂0204民初4611号、(2020)桂0204民初4402号、(2020)桂0204民初4610号;履行情况为:全部未履行。

柳州市风雨楼餐饮管理有限公司位于柳州市飞鹅二路1号谷埠街国际商城A区一层191号的经营住所地,为广西正和商业管理有限公司管理的物业。2020年4月25日,广西正和商业管理有限公司向戴某东、邵某达、詹某光、曾某发出解除合同通知书,对于戴某东、邵某达、詹某光、曾某于2018年签订的谷埠街国际商城A区一、二层、负一层租赁合同予以解除。目前柳州市风雨楼餐饮管理有限公司已不在该地经营,但工商登记的经营住所地未变更。

【裁判结果】

柳州市柳南区人民法院于2021年12月24日作出(2021)桂0204民初3544号民事判决书,判决:追加被告程某、曾某、朱某、詹某光、吴某珍、董某灿作为广西柳州市柳南区人民法院(2021)桂0204执482号执行案件的被执行人。被告程某应在33.3万元人民币范围内、被告曾某应在22.2万元人民币范围内、被告朱某应在13.875万元人民币范围内、被告詹某光应在13.875万元人民币范围内、被告吴某珍应在11.1万元人民币范围内、被告董某灿应在11.1万元人民币范围内,对(2020)桂0204民初4402号民事判决书确定的柳州市风雨楼餐饮管理有限公司的债务承担补充赔偿责任。

【裁判评析】

《企业破产法》第35条规定的“破产加速”的法理基础在于公司破产后将终止存在,此时不可能再根据原定期限请求股东履行出资义务,因此,如果公司不能要求股东提前缴付出资,则股东将逃避履行对公司的出资义务,进而损害公司债权人和其他股东的正当利益。对于公司股东而言,虽然公司章程规定了明确的出资期限,但是由于出资义务的对象是公司,因此,公司章程规定的出资期限不能超过公司本身的存续期限,所以,一旦公司破产,则视为公司章程规定的出资期限届满,即加速到期。而对于公司作为被执行人的案件来说,在有生效判决,经公司债权人申请执行的情况下,如果穷尽执行措施仍无财产可供执行,公司已具备破产原因,但不申请破产的,此种情形与《企业破产法》第2条规定的公司资产不足以清偿全部债务或者明显缺乏清偿能力的情形相同,可视为一种公司达到破产界限的准破产情形。故这种情形下比照《企业破产法》第35条的规定,将股东未届期限的认缴出资加速到期。非破产情形下将股东未届期限的认缴出资加速到期,是公司法关于出资期限的制度设计不影响公司的正常清偿债务行为的应有之义,当公司存在财产不足以清偿债务,已具备破产原因,但不申请破产的情形,应当允许债权人主张加速股东出资义务的履行。鉴于《全国法院民商事审判工作会议纪要》不是司法解释,不能作为裁判依据直接在裁判文书中进行援引,故在法律适用方面,可以考虑适用《最高人民法院关于民事执行中变更、追加当事人若干问题的规定》第17条规定。如前所述,本案情形是债权人请求股东未届期限的认缴出资加速到期的例外规则,故其适用范围应当严格限定在已具备破产原因的作为被执行人的公司之内。具体裁判尺度可以以《最高人民法院关于适用〈中华人民共和国企业破产法〉若干问题的规定(一)》第1条的规定为标准。即只需要满足公司不能清偿到期债务,并且资产不足以清偿全部债务;或者公司不能清偿到期债务,并且公司明显缺乏清偿能力两种情形之一便可。具体到本案中,柳州市风雨楼餐饮管理有限公司与柳州市群星人力资源有限责任公司的债权债务关系依法成立,其债务履行期限也已经届满,且未完全清偿该笔债务,据此应当认定柳州市风雨楼餐饮管理有限公司不能清偿到期债务;另外,柳州市风雨楼餐饮管理有限公司法定代表人下落不明,公司住所地并未实际营业,且无其他人员负责管理财产,无法清偿债务,据此应当认定柳州市风雨楼餐饮管理有限公司明显缺乏清偿能力。基于以上两点可以认定柳州市风雨楼餐饮管理有限公司已具备破产原因,故本案追加其股东为被执行人的判决符合《全国法院民商事审判工作会议纪要》第6条规定的精神。

涉商品房预售监管账户的强制执行

——广西广安置业有限公司申请执行异议案

宁丽萍*

【裁判要旨】

商品房预售监管资金专款专用的性质与购房人具有强制执行力的返还购房款请求权客观上存在一定冲突，但购房人的购房款有一定生存利益属性，符合优先受偿性质，可从商品房预售资金监管账户中执行。但人民法院在对开发商的监管账户采取冻结等执行行为时应当综合考虑监管项目的建设情况、开发商的偿债能力等因素，需要准确判断购房人申请强制执行的债权性质等。而对于购房人申请执行的利息，本质上是债权法上损害赔偿金的判断范畴，是法定孳息损失的填补，应当由开发商赔付。如从开发商的监管资金中支付，无异于以其他购房人支付的购房款代开发商清偿损害赔偿金，会损害其他购房人利益，与立法初衷不符，故不应以监管账户的资金支付。

【基本案情】

异议人（被执行人）：广西广安置业有限公司（以下简称广安公司）。

申请执行人：刘某莉。

2018 年 5 月 7 日，刘某莉与广安公司商定，由刘某莉出资购买广安公司文昌国际商城 7 栋 2 单元 1302 房，签订购房承诺书后刘某莉支付 10000 元定金，并于 2018 年 5 月 7 日、6 月 7 日、6 月 24 日共向广安公司

* 宁丽萍，防城区人民法院综合审判庭法官助理。

转了23000元预付款。2019年12月左右,广安公司通知刘某莉签订合同,但要求刘某莉增加购房款,刘某莉未同意,双方未能签订合同。因广安公司未履行签订合同的义务,刘某莉起诉要求广安公司双倍返回定金并退还购房预付款。经一审法院主持调解,双方当事人自愿达成如下协议:(1)广安公司同意返还刘某莉购房款23万元及定金1万元,该款定于2020年10月31日前一次性付清,由广安公司支付至刘某莉中国银行账户;(2)如广安公司未按本协议第一条履行支付义务,刘某莉可向人民法院申请强制执行并要求广安公司支付利息,利息以23万元为基数,按全国银行间同业拆借中心公布的贷款市场报价利率计算,从2018年6月24日计算至还清之日止;(3)本案诉讼费2735元,刘某莉、广安公司各负担1367.5元。该调解生效后,因广安公司未履行上述义务,刘某莉向一审法院申请强制执行,法院依法立案执行,案号为(2020)桂0603执1265号。在执行过程中,一审法院依法裁定查询、冻结、扣划被执行人广安公司的银行存款和网络资金共280083.65元,并成功冻结了广安公司在中国工商银行股份有限公司防城港分行开立的《佳润·文昌国际商城》7号楼商品房预售资金监管账户的存款280083.65元。被执行人广安公司对法院的执行行为提出了执行异议,以被法院冻结的账户是其开发的文昌国际商城建设专款账户为由,请求解除对广西广安置业有限公司资金280083.65元的冻结和扣划。

【裁判结果】

一审法院认为,《中华人民共和国城市房地产管理法》第45条第3款关于"商品房预售所得款项,必须用于有关的工程建设"的规定,是指购房人所交的商品房预售款必须用于预售商品房的工程建设,不能挪作他用,目的是保护购房人的合法权益,维护社会稳定。本案一审法院冻结的银行账户虽然是异议人广安公司设立的商品房预售监管账户,但本案的申请执行人刘某莉本身是购房人,其将商品房预付款240000元交给开发商后,因未能与开发商签订购房合同,从监管账户中退还其所交的购房预付款,而不是从监管账户中执行其他购房人的购房款,该行为不会损害到其他购房人的合法权益,因为该款本来就是刘某莉本人所交的款项。因此,一审法院从广安公司的监管账户中冻结、扣划存款240000元,不会损害其他购房合法权益,异议人关于执行该款项会侵害其他购房人利益、影响到工程建设的异议意见不成立,应予以驳回。另外,一审法院执行裁定冻结、扣划的其余的40083.65元系案件受理费、执行费、利息等费用,该款项已超出刘某莉所交的购房预付款,属于其他购房人交的购房预付款,因异议人被监管账户所涉工程项目未取得中华人民共和国不动产权证,监管期限未到期,故该账户资金应优先用于工程建设,以保障购房人的权益,不得用于支付异议人广安公司的其他债务。本案如果冻结、扣划并非刘某莉交购房款的40083.65元,势必侵害到其他购房人的权益,为了保护购房人的合法权益,维护社会稳定,不能用广安公司商品房预售监管账户支付该40083.65元,因此,对异议人广安公司商品房预售监管账户冻结的40083.65元不当,应予解除。综上所述,异议人广安公司要求解除对该公司《佳润·文昌国际商城》7号楼商品房预售资金监管账户存款280083.65元的冻结、扣划的理由部分成立,应予部分支持。根据《中华人民共和国民事诉讼法》第232条、《最高人民法院关于人民法院办理执行异议和复议案件若干问题的规定》第17条第1、2项的规定,裁定解除对账户名为广西广安置业有限公司《佳润·文昌国际商城》7号楼以及存款共40083.65元的冻结、扣划;驳回异议人广西广安置业有限公司的其他异议请求。裁判作出后,双方当事人均予以认可,未向上一级法院申请复议。

【裁判评析】

在商品房预售合同法律关系中,基于货币“占有即所有的”的性质,购房人将购房款存入开发商的监管账户后,该购房款即属于开发商所有。而预售商品房尚处于在建阶段,未经竣工验收交付,所有权仍属于开发商所有,对购房人而言,其享有的仅是对预售房屋的期待权。故而在商品房预售合同的买卖关系中,对于购房人而言,具有“钱房两空”风险,购房人与开发商之间的权利义务是不对等状态。为维护购房人的合法利益,《中华人民共和国城市房地产管理法》第45条第3款规定,“商品房预售所得款项,必须用于有关的工程建设”,该条款原则性地规定了监管账户中预售资金具有专款专用性质,应专门用于相关工程项目建设。2013年3月26日,国务院发布《国务院办公厅关于继续做好房地产市场调控工作的通知》要求各地制定本地区商品房预售资金的监管办法,以防范预售商品房违约交付风险,确保商品房预售资金能够用于工程施工建设。防城港市也印发了《防城港市商品房预售资金监管办法》,对当地的商品房预售资金进行监管,保障监管资金专项用于工程项目建设。但商品房预售资金监管账户专款专用的性质与购房人具有强制执行力的债权请求权客观上存在一定冲突,并且,商品房预售资金监管账户涉及的利益主体多,处理不当,有可能会导致各方利益失衡,引发社会矛盾的风险。因此,本案购房人的购房款及利息能否从开发商的商品房预售资金监管账户中强制执行是本案审查的重难点,法院需要秉持审慎态度,统筹考虑,进行利益权衡。

购房人基于商品房买卖合同而享有的返还购房款的债权请求权具有优先性质。购房人作为申请执行人请求返还其已支付到监管账户的购房款,表面上貌似违背了监管账户用于工程施工建设的专项用途,但综观房地产管理法及当地出台的预售资金监管办法,其根本目的是保护购房人的合法权益,购房人的购房款具有优先受偿性符合立法本意。《最高人民法院关于建设工程价款优先受偿权问题的批复》(现已失效)第2条"消费者交付购买商品房的全部或者大部分款项后,承包人就该商品房享有的工程价款优先受偿权不得对抗买受人"的规定,也为此提供了理论基础。承包人的工程价款当然为监管账户支付的范畴,承包人工程价款的优先受偿权不得对抗购房人。由此,具有消费者身份的房屋购房人的权利优先于工程建设款、材料款、设备款等工程价款的优先受偿权。另外,在法理上,购房人的利益更倾向于生存利益,而工程项目的开发商或分包人的利益为经营利益。两相比较,购房人的生存利益应当优先。假使购房人的利益不享有优先性,因开发商的监管账户资金来源为购房人的购房款,监管资金优先支付工程款后购房人的购房款却无法返还,也即将开发商自己的债务转嫁给广大购房人。2022年1月11日,最高人民法院、住房和城乡建设部及中国人民银行联合印发的《关于规范人民法院保全执行措施 确保商品房预售资金用于项目建设的通知》第2条也明确,购房人因购房合同解除申请退还购房款也可在预售资金账户中支付,这项规定也给法院今后的审判提供了更明确、清晰的指引。

对监管账户资金采取的冻结、扣划的措施可能会直接造成工程进度款无法到账、施工难以推进、工人工资被拖欠、工程烂尾等不利影响。在司法实务中,甚至有的监管账户对应的是安置房、廉租房等保障性住房项目,关乎国计民生,法院对监管账户采取执行措施时更要保障工程施工正常进行,维护购房人权益。此处的购房人不仅包括因解除购房合同而享有返还购房款请求权的购房人,也包括其他众多对预售商品房享有预期物权请求权的购房人。因此,虽然购房款可在监管账户中支付,但法院应当多维度统筹考虑,寻求利益最佳平衡点、实现各方利益最大化,维护公平正义。

一是要了解监管账户所涉及的项目建设情况、监管协议的具体约定内容。如监管工程是否竣工、项目是否取得不动产权证,项目是否达到解除监管的条件,被法院冻结的资金是否在监管协议约定的资金监管比例范围等。二是要全面审查开发商的偿债能力、资金情况。查实其资金是否充足,开发商的监管账户被冻结、扣划后是否仍有能力支付工程款,扣划监管资金后是否影响工程款的支付、工程建设。三是要看执行财产的选择是否科学合理。在不影响执行效率、效果的前提下,如开发商有多项财产可供执行,法院应尽量避免执行开发商的监管账户,而优先选择对项目建设影响较小且方便执行的财产执行。四是要准确判断购房人申请执行的债权性质。在商品房预售合同中，双方可能会约定购买房屋的定金、预付款、保证金、房价款等款项，前述款项无疑属购房款，但双方在合同中约定的违约金、律师费、起诉费、执行费等费用则不属于购房款之列，不应从监管账户中支付。本案中，购房人的购房款利息请求权虽和购房款是基于同一法律事实和法律关系而享有，但它本质上是债权法上损害赔偿金的判断范畴，是法定孳息损失的填补，应当由开发商赔付。如从开发商的监管资金中支付，无异于以其他购房人支付的购房款代开发商清偿损害赔偿金，这违规扩大了监管资金的支付范围，损害了其他众多购房人的合法利益，违背了立法初衷。

民事担保与执行担保并存情况下瑕疵执行担保的处理

——聂某清诉张某云等人执行分配方案异议之诉案

欧阳家福*

【裁判要旨】

在执行分配方案异议之诉中,担保人既有为他人的借款、买卖等民事活动提供担保的行为,又有提供执行担保的行为的情况下,出现民事担保与执行担保并存的情形,会涉及分配顺位(受偿顺位)的问题。在这种情形下,执行担保一般不具有优先受偿权。但是对于民事担保是否具有优先权应视情况而论。在执行分配方案异议之诉中,应严格区分设立有优先受偿权的担保和无优先受偿权的担保。有多个优先受偿权的,在灭失留置权的情况下,按登记时间先后受偿。当事人在享有优先受偿权的情形下,对分配方案提出异议之诉的,应当按照优先顺位予以处理。

在仅有未经登记的普通担保,当事人又无特别约定的情形下,民事担保与执行担保处于平等地位,无先后之分,此刻通过异议之诉主张民事担保优先的,不应当支持,执行分配方案不应区分是不是民事担保和执行担保而应当按照债权比例分配。

【基本案情】

原告聂某清,被告张某云、杨某芬、刘某枚、刘某琴、刘某凤、杨某兰、

* 欧阳家福,富川瑶族自治县人民法院民事审判庭庭长,一级法官。

刘某庆、刘某妹、莫某军、钟某珍等人与杨某、周某等人的民间借贷纠纷均已进入执行程序。周某文于 2016 年 8 月 15 日出具《保证书》一份，保证愿意用个人工资每月偿还刘某凤等 10 个案的债务，直至全部债务清偿完毕止。2016 年 8 月 31 日，达成《执行和解笔录》，周某文愿意以个人工资为周某的债务提供担保。在执行过程中，法院执行部门依法扣划周某文工资 96001.41 元，并就原告与被告等 12 个执行案件作出执行财产分配方案。原告对该分配方案不服，认为法院扣划工资应当全部用于清偿其债权，向执行法院提出执行异议，而张某云等 10 人认为原告的异议主张不成立，同时对分配方案无异议。后法院执行部门作出通知书，通知原告在收到通知书 15 日内起诉，逾期将按分配方案进行分配。原告于 2021 年 2 月 19 日提起执行分配方案异议之诉。

原告聂某清与被告周某、周某文、温某英民间借贷纠纷一案，被告周某文、温某英为担保人，承担连带保证责任。钟某珍与被告周某、周某文、温某英民间借贷纠纷一案，被告周某文、温某英亦为担保人，亦承担连带保证责任。

【裁判结果】

法院经审理认为：民事担保与执行担保并存的情况下，并无法律明文规定民事担保一定优先于执行担保，且本案被告周某文、温某英提供的均为个人担保，本案中各债权人的债权均为同等债权。被告周某文在出具《保证书》之后，又在执行法官的主持下达成执行和解协议，协议中被告周某文、温桂英明确表示自愿用工资对被告周某与张某云等 10 人的债务提供担保，如担保人和被执行人未按期履行，则恢复原判决的执行，继续追究担保人的担保责任。和解协议中的担保条款可以视为被告周某文、温某英向法院提供的保证书，且经张某云等 10 人同意，并且《保证书》及《执行和解协议》已入卷存档，得到了法院的批准，该担保也符合执行担保需向法院提供的形式要件，故该《保证书》以及《执行和解协议》合法有效，被告周某文、温某英在协议中也已放弃了抗辩权。故原告认为《保证书》以及《执行和解协议》无效的理由不成立。在债务人周某不履行债务时，债权人张某云等 10 人可以申请追加周某文为被执行人，法院亦可直接执行被告周某文的工资用于清偿债务。本案被告张某云、杨某芬、刘某枚、刘某琴、刘某凤、杨某兰、刘某庆、刘某妹、莫某军等人持有金钱给付的生效法律文书且均向法院申请强制执行，在被告周某文、温某英为周某提供执行担保，债务人周某不履行债务时，张某云等人作为取得债权执行依据的当事人有权参与对法院直接执行扣划被告周某文的工资分配，故原告要求不予执行《执行财产分配方案》，即确认张某云、杨某芬、刘某枚、刘某琴、刘某凤、杨某兰、刘某庆、刘某妹、莫某军、钟某珍等人无权参与分配没有事实和法律依据的请求本院不予支持。对于原告要求被告周某文被扣划的工资96001.4元全部用于偿还拖欠原告的债务的主张,因被告张某云等10人对周某文扣划的执行担保财产享有权利,故原告的请求不符合规定,依据《中华人民共和国民事诉讼法》第64条、第147条、第238条,《最高人民法院关于适用〈中华人民共和国民事诉讼法〉的解释》第90条、第506条规定,判决驳回原告聂某清的诉讼请求。

原告不服一审判决提出上诉,二审法院经开庭审理后,维持一审判决。

【裁判评析】

本案的处理难点在于执行分配方案异议之诉中,民事担保与执行担保并存的情况下分配顺位(受偿)问题,民事担保是否具有绝对的优先分配的权利。本案中,保证人既提供有民事担保又提供有执行担保,且均合法有效。但提供的执行担保存在几个瑕疵:(1)被执行人未向执行法院提出书面申请;(2)担保人未向执行法院提交担保书;(3)无申请执行人出具书面同意意见。而且提供执行担保时原告并不知晓。

对于第一个瑕疵,《最高人民法院关于执行担保若干问题的规定》第6条规定:"被执行人或者他人提供执行担保,申请执行人同意的,应当向人民法院出具书面同意意见,也可以由执行人员将其同意的内容记入笔录,并由申请执行人签名或者盖章。"该案中,被执行人并没有采取书面申请的形式而是在执行和解时提出并由执行人员记入笔录,被执行人在执行和解时提出申请并由执行人员记入笔录的行为应视为被执行人在执行过程中有明确表示的,符合《民法典》第140条的明示的情形,应视为提出申请并且申请执行人也在场签字,故应视为符合《最高人民法院关于执行担保若干问题的规定》第6条规定。

对于第二个瑕疵,《最高人民法院关于执行担保若干问题的规定》第3条规定:"被执行人或者他人提供执行担保的,应当向人民法院提交担保书,并将担保书副本送交申请执行人。"第4条规定:"担保书中应当载明担保人的基本信息、暂缓执行期限、担保期间、被担保的债权种类及数额、担保范围、担保方式、被执行人于暂缓执行期限届满后仍不履行时担保人自愿接受直接强制执行的承诺等内容。"笔者认为,担保人在向部分申请执行人出具《保证书》后,又在执行法院的主持下,在执行和解笔录中直接作出执行担保的承诺,这种情形也应视为提交了担保书。

对于第三个瑕疵,在法院执行部门的执行和解笔录中,涉及执行担保的申请执行人均在场，并在笔录上签字，也应视为经过了申请执行人的同意。

在上述情况下，执行法院在当事人约定履行期限到后，直接扣划担保人的工资，也应视为得到了执行法院的许可。因此，笔者认为，周某文的行为已经构成执行担保。

对于执行分配的受偿顺位问题。在民事担保与执行担保并存的情形下，执行担保一般不具有优先受偿权。但是对于民事担保是否具有优先权应视情况而论。对于民事担保的优先权，物权优先于债权。对同一财产设立有多个担保物权的，《民法典》第 414 条作出了规定，采取登记生效时间确定清偿顺序。未经登记的按债权比例分配。《民法典》第 456 条规定了留置权优先于抵押权、质权。故对民事担保应严格区分设立有优先受偿权的担保和无优先受偿权的担保。对于有优先受偿权的，按照法律规定应当优先于其他担保。有多个优先受偿权的，在灭失留置权的情况下，按登记时间先后受偿。当事人在享有优先受偿权的情形下，对分配方案提出异议之诉的，应当按照优先顺位予以处理。在仅有未经登记的普通担保，当事人又无特别约定的情形下，民事担保与执行担保处于平等地位，无先后之分，此刻通过异议之诉主张民事担保优先的，不应当支持，执行分配方案不应区分是不是民事担保和执行担保而应当按照债权比例分配。具体到本案，保证人在本案涉及的民事担保中提供的是保证不属于有优先受偿的情形，而在执行担保中明确提供的是金钱保证，指向了特定的物品，属于物保。执行法院执行的标的是金钱，也是属于特定物。在这种情况下，民事担保所成立在前，但并不具备优先权，故其请求得不到支持。

另外，在该案的执行担保中值得注意的是本案担保人是以工资作担保的，被执行人所负债务过大，担保人年龄较大的，又对多个执行案件提供担保，担保可行性以及能否清偿、清偿时间的问题，执行法院应当予以考虑。